海峡西岸经济区发展报告2020

洪永淼 主 编

蔡伟毅 郑若娟 副主编

中国财经出版传媒集团

经济科学出版社

Economic Science Press

图书在版编目（CIP）数据

海峡西岸经济区发展报告. 2020 / 洪永森主编.
—北京：经济科学出版社，2020. 12
ISBN 978 - 7 - 5218 - 2108 - 6

Ⅰ. ①海…　Ⅱ. ①洪…　Ⅲ. ①区域经济发展 - 研究报
告 - 福建 - 2020　Ⅳ. ①F127. 57

中国版本图书馆 CIP 数据核字（2020）第 229693 号

责任编辑：周胜婷
责任校对：齐　杰　靳玉环
责任印制：王世伟

海峡西岸经济区发展报告 2020
洪永森　主　编
蔡伟毅　郑若娟　副主编
经济科学出版社出版、发行　新华书店经销
社址：北京市海淀区阜成路甲 28 号　邮编：100142
总编部电话：010 - 88191217　发行部电话：010 - 88191522
网址：www. esp. com. cn
电子邮箱：esp@ esp. com. cn
天猫网店：经济科学出版社旗舰店
网址：http：//jjkxcbs. tmall. com
北京季蜂印刷有限公司印装
710×1000　16 开　18. 25 印张　300000 字
2020 年 12 月第 1 版　2020 年 12 月第 1 次印刷
ISBN 978 - 7 - 5218 - 2108 - 6　定价：88. 00 元
（图书出现印装问题，本社负责调换。电话：010 - 88191510）
（版权所有　侵权必究　打击盗版　举报热线：010 - 88191661
QQ：2242791300　营销中心电话：010 - 88191537
电子邮箱：dbts@ esp. com. cn）

前　　言

又是一年金秋时节，《海峡西岸经济区发展报告2020》如期与读者见面了。多年来，海峡西岸经济区发展研究课题组坚持跟踪海峡西岸经济发展动向，搜集最新发展数据，深入调研海峡西岸发展状况，形成系统性的分析框架和理论观点，并在此基础上提出与时俱进的研究内容和政策建议。这已经是课题组第九次发布海峡西岸经济区发展报告。依例，课题组历经一年的选题策划、研究探讨、分工撰写和编辑修改，将最新的观点和思考编辑成册，以飨读者。

《海峡西岸经济区发展报告2020》承续往年发展报告的风格和体例，所选的研究主题集中于海峡西岸经济区及福建省发展中的重点突出问题。全书将十一个研究主题划分为四个板块：贸易与开放、金融、产业发展以及高质量发展。

福建省作为"一带一路"建设的核心区，同时伴随着福州、厦门和平潭三个片区成为"自由贸易试验区"，福建省以及海峡西岸经济区正处于良好的发展机遇期。因此，开放发展一直是海峡西岸经济区发展的重要途径之一，也是课题组研究的重要内容之一。同时伴随着大湾区建设的兴起及其示范效应，海峡西岸经济区也正在兴起新一轮的城市群建设高潮。依托"一带一路"建设的大背景，提升交通基础设施，推动生产要素流动，协调布局产业发展，以"自由贸易试验区"的"点"带动城市群建设和国际化发展的"面"，海峡西岸经济区的开放发展将步入一个崭新的时代。

在建设"21 世纪海上丝绸之路"核心区和"自由贸易试验区"的过程中，金融服务是一项必不可少的重要组成部分。经济发展、产业结构调整、对外开放的深入，都离不开金融行业的参与和支持。课题组探究了普惠金融与福建县域经济发展，分析了厦台跨境电商物流融合发展路径，并探索了"一带一路"中的国际投资及风险防范，研究区域性股权市场及科技型中小企业新三板市场的融资效率问题。

产业发展一直是区域经济发展的核心命题。海峡西岸经济区正处于产业转型升级的关键时期，在后工业化时代，第三产业将成为海峡西岸经济区发展的重要支柱产业。依托港口滨海城市的独特优势，课题组研究了厦门及海峡西岸经济区产业发展问题。自 2019 年始，中国金鸡百花电影节将在厦门举办五届，海峡西岸经济区文化产业与旅游产业将获得巨大的发展推力，自然成为产业课题研究的重点。同时课题组还研究了厦门高质量发展的战略思路。

基于以上的现实状况与理论分析，课题组将以上的四个板块内容细分为十一个专业选题，进而形成本年度的发展报告。本年度发展报告各个专题的内容简述如下：

专题一　福建自贸区产业培育与升级研究

本专题对福建自贸区产业培育与升级问题进行研究。当下，福建自贸区在制度创新、招商引资、对台合作、风险监管方面取得了一定的成就，自贸区片区产业分工初具雏形。通过对全国自贸区发展经验的借鉴，以及将福建自贸区与全国自贸区产业发展做对比，本专题总结了自贸区发展的一般规律，包含加快政府职能转变、促进金融体系对外开放、促进投资自由化、创新贸易发展模式等措施，这些都应是福建自贸区建设的持续发力点。同时，福建自贸区发展也存在一定的问题。例如：闽台产业合作深度有待加强；政策、部门、区域之间的协同性不足；区内和区外的产业带动协同效应弱；产业规模和层次有待提升等。造成这些问题的主要影响因素既包括内部层面也包括外部层面。经过对福建自贸区产业发展的现实因素的考量，本专题综合战略地位与升级原则两个角度提出了福建自贸区产业培育与升级的总体方向，并对自贸区各片区产业升级的总体方向做出了规划。三大片区的产业侧重各有特色：福州片区的重点产业包含物联网、金融业、跨境电商与航运物流业等；厦门片区的重点产业包含航运物流业、服务贸易、旅游会展业、金融业等；平潭片区的重点产业包含物流贸易业、旅游业与文化康体等。基于福建自贸区产业发展的总体方向以及各片区不同的发展路径，本专题也针对性地为福州片区、厦门片区、平潭片区提出了具体的招商引资建议。最后，本专题建议进一步完善人才引进与培养政策以及创新扶持政策等相关配套措施，产业的培育与升级离不开人才的支持，也离不开激励创新的良好环境。

专题二　基于自贸区对接视角的厦台跨境电商物流融合发展路径研究

本专题以福建自由贸易试验区厦门片区和台湾地区自由贸易港区的对接为视角，分析了厦台两地跨境电商物流产业的发展现状、发展瓶颈和发展路径。首先，从厦台自贸区经济、文化、技术三个方面的发展现状与发展潜力出发，探究厦台自贸区的对接现状与对接模式，以及跨境电商和物流产业的互动机制、协同发展模式。其次，通过分别梳理厦台自贸区跨境电商产业和物流产业发展过程中存在的问题，发现跨境电商产业面临着对接范围窄且层次低、市场竞争力相对薄弱以及电商服务平台尚未成熟的发展瓶颈，物流产业存在着成本高昂、人才缺乏、信息共享程度低以及基础设施薄弱的问题。最后，结合厦台自贸区的自身发展特点和战略优势，提出关于厦台自贸区跨境电商物流产业融合发展的优化路径及政策建议。

专题三　福建省共建"一带一路"中的国际投资及风险防范

福建省作为21世纪海上丝绸之路核心区，在与"一带一路"沿线国家的区域经济合作与交流中扮演了重要角色。自"一带一路"倡议提出以来，福建省企业对沿线国家的投资上升趋势明显。福建省企业对"一带一路"沿线国家投资的风险因素包括东道国的经济、政治、法律和社会风险等因素，近期在新冠疫情影响下，风险程度有所上升。在选择债务投资方式时，东道国债务可持续性问题也不容忽视。针对以上风险因素，本专题提出包括国家层面、地方政府层面和企业层面三个方面的对策措施。

专题四　数字普惠金融与福建县域经济发展

本专题选取2014~2018年福建省县域的面板数据，运用熵权法从经济发展基本面、经济发展效率与经济发展的社会成果三个层面出发，构建了福建省县域经济发展水平评价指标；并采用北京大学数字普惠金融发展指数作为解释变量，构建系统GMM动态面板模型，对数字普惠金融与福建省县域经济发展的关系进行了实证分析。结果发现，福建省数字普惠金融发展对提升县域经济发展水平具有显著的正向促进作用，但对不同城镇化水平地区的经济促进作用存在明显差异。此外，福建省数字普惠金融的数字化程度所带来的发展优势尚未凸显，县域资本与人力资源的投入对经济发展的促进作用具有滞后性。鉴于此，本专题提出了加强数字普惠金融顶层设计，并因地制宜鼓励县域数字普惠金融试点建设等发展战略，以进一步优化资源配置，促进县域经济高质量发展。

专题五　区域性股权市场的融资效率及其对策研究：以福建省为例

为特定区域内企业提供股权、债权转让和融资服务的区域性股权市场是我国多层次资本市场的一个重要部分，是区域内中小微企业顺利融资的重要平台。本专题回顾了福建省股权交易市场的发展历程和现状，总结了其交易机制和对资本市场的发展做出的贡献，并结合海峡股权交易中心的相关数据，实证研究了股权交易所的小微企业融资效率及其融资机制；在此基础上进一步探讨福建省股权市场融资效率低下的成因及应对措施。研究发现，当前福建股权交易市场融资效率低下的主要原因在于其自身造血回血的能力不足。本专题分别从整合、融合与创新等方面给出了相应的政策建议。

专题六　科技型中小企业新三板市场融资效率：基于福建省企业面板数据的实证

随着新三板市场的不断发展，该市场已经成为科技型中小企业进行融资的重要渠道之一。本专题选择福建省在新三板挂牌的50家科技型中小企业为研究对象，运用数据包络分析法（DEA）对研究企业的融资效率进行静态和动态比较分析，研究结果均表明，通过新三板进行融资并没有实质性地提高企业的融资效率。基于DEA模型的实证结论，本专题进一步建立动态面板数据模型来研究影响研究企业融资效率的主要因素，研究结果表明，企业的融资能力、成长能力、融资能力、营运能力、资本结构和控制能力是影响企业融资效率的主要因素，但由于企业财务费用、负债成本过高等问题，企业的融入资金不能被有效利用，最终导致了在新三板挂牌的科技型中小企业融资效率的下降。最后，本专题分别从政府和企业两个层面给出了相应的对策建议。

专题七　在闽台资企业转型升级发展路径及支持体系研究

在闽台资企业在福建省的经济和两岸文化贸易合作交流中扮演着重要的角色。在全球经济愈加疲软恶化和中国转变经济发展方式严峻的环境下，在闽台资企业发展的瓶颈愈加明显，机遇与挑战并存。本专题运用文献研究和数据分析方法，在系统梳理在闽台资企业所处的国内外发展环境及其自身发展现状的基础上，从调整投资产业方向与结构、战略性投资区域转移和目标市场转移三方面对在闽台资企业的转型升级发展路径做出规划，并针对在闽企业的发展瓶颈从提升核心竞争力、市场引导、金融服务、人才引入和机制建设五个方面提出构建支持体系的系统性建议，以期为有效引导在闽台资企业转型升级和深化闽台经贸合作提供借鉴和参考。

专题八　福建省中小企业高质量发展研究

中小企业经济在福建省经济中占据重要地位，是福建省经济高质量发展的重要力量，因此认清福建省中小企业的发展现状、找出其发展中存在的问题并提出相应的对策建议，对于推进福建省经济高质量发展有着至关重要的作用。本专题共有六部分内容：第一部分，对中小企业高质量发展问题的相关文献进行研究，从中小企业高质量发展优势，以及融资、财务和成本管理、创新方面进行总结；第二部分，对福建省中小企业的发展现状进行系统的分析；第三部分，梳理福建省关于中小企业发展的政策演进过程，并解读 2020 年出台的最新政策；第四部分，选取了圣农发展作为典型案例进行分析，并总结出其实现高质量发展的优势；第五部分，综合前面的论述，总结出中小企业在成本和财务管理、创新、融资和财税政策四方面存在的问题；第六部分，针对中小企业发展问题提出相应的对策建议。

专题九　应对疫情下的海西文化产业发展

新冠疫情对产业发展产生巨大的影响，文化产业在其中受到的冲击较大。本专题全面分析了新冠疫情下海西文化产业受到的不利影响、正向影响和深远影响，之后，本专题基于化危为机的思路，针对疫情下海西文化产业的困境和机会，提出政府层面应加强政策扶持，企业方面应重拾信心、提升内在质量、重塑文化品牌，使得海西文化产业能够在疫情下不断恢复并促发逆势增长，为海西经济高质量发展充当重要的经济增长点。

专题十　厦门市建立企业类国有资产管理评价体系研究

为贯彻党的十八届三中全会"要加强人大国有资产监督职能"和十九大"要完善各类国有资产管理体制"的精神，各级政府都在积极推进国有资产管理评价体系建立。其中，在各类国有资产中企业类国有资产总额占比最大，故本专题聚焦研究厦门市科学建立企业类国有资产管理评价体系。本专题借鉴《中央企业综合绩效评价实施细则》的方法，对厦门市九家国有企业管理情况进行初步调查，并进行具体分析，从而对厦门市建立国有资产管理评价体系提出指导方向和建议。研究发现，建立企业类国有资产管理评价体系过程应该坚持分类、分行业评价原则，关注集团型企业多业态的特点，增加社会评价等非财务评价指标，最后评价指标应进行针对性调整。

专题十一　推动厦门经济持续稳定高质量发展的战略思路

改革开放40多年来，厦门从对台军事前线发展成为一个高素质、高颜值的现代化城市。作为最早设立的经济特区之一，在新的历史节点上，厦门如何在已有发展的基础上厘清新的战略定位，推动经济持续稳定、高质量发展，是事关厦门未来发展的重大决策。厦门既要避开或补齐自身的一些短板，又要充分发挥自身的优势和特色，权衡利弊，克服"小岛"意识，实现高质量发展和赶超发展，只有这样才能充当区域经济发展的引擎，增强辐射和引领带动作用，为新一轮的全面改革开放再立新功。

目 录

板块一 贸易与开放

板块二　金融

板块三　产业发展

板块四　高质量发展

板块一　贸易与开放

专题一 福建自贸区产业培育与升级研究

福建省是中国最具成长性和竞争力的新兴区域之一，自贸区的设立对福建的长远发展具有重大意义。当前，中国（福建）自由贸易试验区作为我国自贸区规划的重要一环，正在稳步有序地推进建设当中。经验表明，产业发展是自贸区建设的根基，只有依托于优势产业的不断培育与升级，福建自贸区才能获取更多的筹码，形成其竞争优势，从而更好地服务于"一带一路"倡议；若产业发展规划不能根据现实需求做出调整，则不利于福建自贸区的持续繁荣。在当下福建自贸区产业发展过程中，是否存在一定的问题？造成这些问题的影响因素有哪些？如何优化当前产业格局，并给出福建自贸区未来产业培育与升级的方向？在有了科学合理的发展路径之后，又该通过怎样的政策推动福建自贸区产业的进一步发展？这些问题都值得深入探讨。

有鉴于此，本专题将逐步对以上问题进行深入研究。第一部分解析全国自贸区产业发展的路径，总结自贸区发展的一般规律，并将福建自贸区与全国自贸区产业发展做对比；第二部分分析福建自贸区存在的问题，并通过内部与外部两个维度剖析其影响因素；第三部分指出福建自贸区产业培育与升级的总体方向，并针对三个片区的不同优势给出各自的升级总体方向；第四部分具体阐明福建自贸区产业发展的方向，并给出相应的招商引资建议；第五部分进一步提出福建自贸区产业规划的配套措施。

一、全国自贸区产业发展的经验借鉴

（一）全国自贸区产业发展的现状

截至 2020 年 10 月，我国自由贸易试验区分布于 21 个省区市，可以划分为三个地理区域，分别是：东南沿海地区，包括辽宁省、河北省、北京市、天津市、山东省、上海市、江苏省、浙江省、福建省、广东省和海南省；沿边地区，包括黑龙江省、广西壮族自治区和云南省；内陆地区，包括陕西省、四川省、重庆市、湖北省、湖南省、安徽省和河南省。

沿海自由贸易试验区包含的省区市最多，情况较为复杂，从总体上看产业发展状况良好，但内部也存在一定的分化。上海、江苏、浙江、广东和天津等省市经济发展结构合理，工业制造业以新能源汽车、电子信息和机器人等高端制造业为主，第三产业服务业则以技术咨询，金融，物流、对外贸易为代表的生产性服务业为主。在促进大数据、云计算、物联网和区块链等前沿科技与传统工业制造业和服务业有机融合，推动制造业智能化和服务业专业化方面成效显著。同时，民营经济与对外经贸的蓬勃发展带动了轻工制造业，夜间经济等新经济的崛起也大大丰富了生活性服务业的种类。得益于优良的营商环境、完善的融资体系、相关创新创业政策扶持和雄厚的教育科研实力，生物医药、集成电路、人工智能等战略新兴产业迅速崛起，正在成为这些省市经济发展的新动能。但另一方面，山东、河北和辽宁等传统重工业基地面临着经济转型的严峻考验，高污染高能耗，产能过剩等结构性问题突出，需要加快制造业的供给侧结构性改革和国企改制的进度。沿海自贸区内部经济发展水平有差异，产业结构也有所不同。

沿边自由贸易试验区的产业结构落后于沿海地区，目前第二产业的发展还主要停留在钢铁、有色金属、烟草、糖、石墨及其深加工、玉米加工、乳制品加工等传统工业制造业领域。虽然重点发展的方向是新材料、高端装备、生物医药等先进制造业和战略新兴产业，但是这部分产业仍在孵化培育阶段。第三产业方面，虽然服务业占比或服务业增加值占比都达到了50%，但是服务业构成中还是以旅游服务、家政服务等生活性服务业为主，金融、物流、信息咨询等生产性服务业在总体服务业中的占比较低，经济结构还有待进一步的提升与改善。因此，沿边自贸区可借鉴吸收沿海自贸区发展生产性服务业与高端制造业的经验，大力提升改善沿边自贸区内第二产业与第三产业的产业分布，并依托沿边地理优势，加大与周边国家在金融、劳务、旅游、能源、农业等领域的交流往来，进一提升自贸区自身的综合实力。

内陆自由贸易试验区的产业布局不仅涉及生产性服务业与高端制造业，

还涉及了传统的轻工业和农业。内陆自由贸易试验区在没有天然临海港口的前提下，主要依靠发展跨境电子商务，搭建对外贸易电子口岸与建设大型多式联运物流中转枢纽的方式建立起与沿海港口功能一致的内陆口岸，并进一步与"一带一路"建设、"西部大开发"等国家关于内陆地区经济产业对外开放的战略相互协调。目前，内陆自贸区着力于在工业强省的主体指导思想下，推进工业互联网在传统优势主导制造业中的应用，提升工业制造业的产品附加值，发展"屏芯端网"、石墨烯、导航、生物医药、新材料等新兴战略产业，以及云计算、物联网等新兴科技；逐步提升先进制造业在整个第二产业中所占的比重。对于第三产业则是生活性服务业与生产性服务业并重。对于旅游、养老、家政等生活性服务业主要从改善民众服务性消费质量、丰富民众服务性消费种类的角度进行改进与升级。

（二）全国自贸区发展的一般规律

由于区位经济发展水平和扶持政策的不同，全国不同自由贸易试验区在产业发展规划等方面都存在较为明显的差异，但是加快政府职能转变、促进金融体系对外开放、促进投资自由化与贸易自由化都是不同自贸区建设发展的统一目标。

（1）加快政府职能转变。深化行政管理体制改革，优化政府在经济社会运行过程中扮演的角色，将政府工作的重心集中到打造一流营商环境上来，如深化"证照改革"，简化企业注册、注销等办事程序，建立更加透明的市场准入管理模式，注重政府对于某些产业的政策扶持，为产业发展提供相应的政策与信息支持。

（2）促进金融体系对外开放。金融体系适当的对外开放，通过引进境外竞争者增加本地金融机构经营活力、创新能力，优化金融资源配置，可充分发挥金融行业对于实体经济的支持力度。因此，全国所有的自由贸易试验区都在不同程度地探索跨境人民币创新、深化外汇体制改革，拓宽金融服务领域，积极发展融资租赁与保险业务，并健全金融风险防范体系。

（3）促进投资自由化。适当提升相应产业的对外开放程度，建立完善的外商投资准入前国民待遇与负面清单管理制度，建立高效的外商投资服务体系，完善相关法律制度和外资管理、项目跟进与投诉等一条龙服务，为外商投资构建方便有效的投资环境。在引进外资的同时，还要鼓励企业"走出去"，为我国企业对外投资提供相关并购、会计、审计和法律等方面的服务，以自贸区为基点，增强自贸区口岸的辐射影响力。

（4）创新贸易发展模式。作为对外开放的主要经济活动之一，对外贸易模式的转型升级也是全国各大自由贸易试验区不断探索的目标之一，我国对外贸易的经济体量已经走到了世界的前列，现在亟须改进的是对外贸易的结构和与对外贸易活动相配套的各项政策与措施，因此，各个自由贸易试验区都在持续提升贸易便利化水平，如在符合条件的片区设立综合保税区，集中开展境内外货物转运、集拼和国际分拨配送业务；培育贸易新业态新模式，支持自贸区企业开展跨境电商进出口业务、推进数字化贸易；优化贸易结构；完善国际贸易服务体系等措施。

（三）福建自贸区与全国自贸区产业发展对比

1. 福建自贸区产业分工现状

自 2015 年中国（福建）自由贸易试验区设立以来，福建自贸区在制度创新、招商引资、对台合作、风险监管方面取得了一定的成就。当前，福建以国际商贸业、航运服务业、现代物流业、金融服务业、新兴服务业、旅游服务业、高端制造业七大产业作为重点发展产业。自贸区片区产业分工初具雏形，三大片区在各自的优势领域持续发力。

中国（福建）自由贸易试验区平潭片区于 2014 年 12 月被列入福建自贸区三大片区之一，并于 2015 年 4 月 21 日挂牌成立，实施范围 43 平方千米，采用电子围网监管模式，包括金井湾港口经贸园区、岚城高新技术产业园区、澳前旅游商贸休闲园区 3 个功能园区。表 1 为目前平潭片区各区块产业布局状况。

表 1   平潭片区各区块产业布局

平潭园区名称	产业集聚区	重点发展产业
金井湾港口经贸园区	港口物流集聚区	国际航运服务、保税物流等
	商贸服务集聚区	国际商贸、企业总部等
	电子信息产业集聚区	显示器和集成电路等

续表

平潭园区名称	产业集聚区	重点发展产业
岚城高新技术产业园区	研发总部集聚区	制造服务（科技研发、科技孵化等）
	海洋生物及医药集聚区	海洋生物、海洋医药、海洋食品和海洋生物精华系列化妆品等
	高端装备制造集聚区	智能轻型设备制造和医疗器械等
澳前旅游商贸休闲园区	滨海旅游集聚区	滨海旅游、健康养生和体育竞技等
	两岸旅游商贸集聚区	对台小额贸易、旅游商贸和农产品贸易等

资料来源：笔者整理所得。

中国（福建）自由贸易试验区厦门片区于 2015 年 3 月 1 日正式挂牌，总面积 43.78 平方千米，为福建自贸区最大的片区，范围涵盖东南国际航运中心海沧港区域和两岸贸易中心核心区。表 2 为目前厦门片区各区块产业布局状况。

表 2　　　　　　　　　　　　厦门片区各区块产业布局

厦门园区名称	产业集聚区	重点发展产业
两岸贸易中心核心区	国际贸易综合发展区	货物和服务贸易、跨境电商等
	金融商务服务区	跨境金融、融资租赁、互联网金融和专业金融等
	临空产业集聚区	航空物流、航空运输和飞机维修服务等
	邮轮母港配套区	邮轮旅游、商品交易等
东南国际航运中心海沧港	航运物流集聚区	现代化港口、现代物流和航运服务等
	临港产业发展区	国际商贸、航运物流和保税增值加工等
	新兴服务业集聚区	服务外包、专业服务和研发总部等

资料来源：笔者整理所得。

2015 年 4 月 21 日，中国（福建）自由贸易试验区挂牌仪式在福州举行，这标志着福建自贸试验区正式启动建设。福州片区实施范围为 31.26 平方千米，涵盖两个区域——福州经济技术开发区和福州保税港区，具体细分为 7 个片区，简称"两区七片"。表 3 为目前福州片区各区块产业布局状况。

表3 福州片区各区块产业布局

福州片区	产业集聚区	重点发展产业
福州经济技术开发区	马江现代服务业集聚区	国际商贸、跨境金融、文化创意、冷链物流及大宗商品展示交易等
	快安高端制造业集聚区	电子信息、智能装备制造、研发企业总部、产业金融、跨境电商等
	长安高端制造和商贸集聚区	海洋生物及医药、商品保税展示交易、冷链物流等
	南台岛商贸会展发展区	会展服务、专业服务、金融服务等
	琅岐生态旅游发展区	滨海旅游、健康养生、教育培训等
福州保税港区	江阴港口物流区	国际航运服务、现代物流、国际商贸、整车及零配件进出口贸易等
	新厝加工贸易区	保税增值加工、通用航空飞机制造和商品交易等

资料来源：笔者整理所得。

2. 沿海自贸区与福建自贸区产业发展对比

福建自贸区的产业发展路径与其他沿海自贸区具有很高的相通性，国际商贸业、航运服务业、现代物流业、金融服务业、新兴服务业等都是重点发展的产业。但是相比上海、江苏、浙江、广东和天津等省市，福建省的产业规模较小，同时产业结构有待调整，第三产业占比并不是很高，并在产业层次上缺乏优势，例如金融服务业仍以基础性银行为主，缺乏龙头企业。在第二产业中，福建自贸区业主要发展以电子信息、海洋生物和智能制造为主的高端制造业，形成了一定的规模与优势，但总体上多数制造业企业仍停留在传统工艺阶段，有待转型升级。总的来看，福建自贸区与东南沿海自贸区产业结构都具有重点发展生产性服务业的特点。因此，在这个层面上，除了发展以上产业外，福建自贸区也亟须发掘其余优势产业，错位竞争，形成自身独特的竞争优势。

3. 沿边自贸区与福建自贸区产业发展对比

沿边自贸区所在省区市的产业发展水平不及福建省，但在产业布局上特色明显。广西、云南和黑龙江三省份第三产业的发达程度相对较低，服务业构成中以旅游服务、家政服务等生活性服务业为主，生产性服务业、高端服务业的占比较小，发展尚处于初级阶段，而福建在电子商务、信息技术服务业、会展业等领域优势显著。相比沿边自贸区，福建自贸区在高端制造业方面发展势头更为良好，但是在生物医药等产业上，沿边自贸区着力发展，布局比重相对较高。同时，考虑到沿边自贸区促进沿边经济开放和同沿边国家进行经济往来的战略目标，跨境金融、跨境物流、跨境旅游等产业成为沿边自由贸易试验区的产业布局特色。尽管福建也具备对台交流合作的独特优势，但由于内外部因素复杂，目前对台合作深度有待加强。

4. 内陆自贸区与福建自贸区产业发展对比

福建自贸区与内陆自贸区都将产业分布的重点放在了生产性服务业和高端制造业上，但是内陆自贸区的产业布局较福建自贸区而言更为全面，不仅有上述提到的产业，还有轻工业和农业，而福建自贸区对于生产性服务业内部分工则更为细致，种类更加齐全。因此，福建自贸区的生产性服务业的发展水平、产业集聚程度、产业之间的协调程度要高于内陆自贸区，但是和福建自贸区相比，内陆自贸区和各项区域经济发展战略相协调，并依托内陆辽阔的地理面积和已有的交通枢纽，在打造大型物流中转中心方面的优势也明显高于福建自贸区。

二、福建自贸区发展现状与存在的问题

（一）福建自贸区存在的问题分析

1. 闽台产业合作深度有待加强

（1）就对台合作而言，虽然福建省有天然的地理文化等各方面的优势，但就台商在大陆投资情况来看，长三角地区和珠三角地区仍然是台商们优先考虑的地区，尤其是江苏省吸引了大量的台湾直接投资。福建省在这方面和其他地区存在着一定的竞争关系，且竞争压力相当大，需要在吸引台商合作的过程中寻找到自身具有的独特性并把它发挥出来。

（2）近年来由于台湾当局的阻挠，导致大陆与台湾经济往来活动无法正常进行，台湾地区对福建省的开放政策也比较少，许多贸易协议的审批缓慢，如何尽量减少政治因素对经济合作开展和继续推进已有项目的影响是需要自贸区对台合作问题要思考的方面。

（3）长期以来福建对台湾的贸易存在着较大的差额，2018 年，福建对台湾的出口额为 318.5 亿元人民币，进口额为 467.5 亿元人民币，说明福建省对台湾的贸易活动仍不活跃，而且从份额来看，福建对台湾的贸易额占福建总进出口额的 9.75%，且已经连续几年呈下降趋势，闽台合作的潜力并没有被完全激发出来，仍有很大的上升空间[①]。

2. 三个片区的协同分工问题

福建自贸区中的福州、厦门与平潭三个片区产业结构有相似性，三个片区的产业规划都涉及港口航运、现代物流、旅游会展、生物制药、高端制造、金融服务等产业，容易造成产业发展的重复建设问题。

福州和厦门都重点规划发展高端制造业、金融服务业、生产性服务业等，尤其在金融服务业方面，福州和厦门都提出要建设成为海峡西岸金融中心城市。厦门与平潭的产业规划中都将港口物流、文化旅游等作为重点发展产业。而福州与平潭在跨境电商、生物医药等方面的产业规划也有相同之处。

从产业规划的布局来看，需要强化片区的差异化发展，考虑投入产出比，合理分配资源，在培育过程中注意错位分工，规划方案不宜同质化，以增加片区产业规划的合理性。三个片区在某些产业上有重复布局的状况，需要在具体细分领域中进一步明确分工。三个片区的重点产业布局应该有所不同，要形成各自发挥优势、功能互补、片区联动的协同分工格局。

3. 区内和区外的产业带动协同效应弱，容易产生分化

福建省内地域发展差距较大，除代表城市福州、厦门、泉州之外，其他城市的经济发展状况相对落后，自贸区对周边城市的带动效应较小，产业链辐射未能向区外的城市继续延伸。

自贸区的作用好比打开对外交流的窗口，是连接内外的桥梁，但目前的规划强调更多的是区内的产业发展，和区外的联动较少，无论是在技术、管理、人才、资金、渠道、项目等各方面，区外仍有短板问题存在，经验不足，要素缺紧，产业链的附加值较低。在当前市场经济的环境之下，资本逐利的特性会导致两极分化的结果，在区内本身具有的一些贸易便利性可能会

[①] 资料来自《福建统计年鉴 2019》。

限制区外的投资机会和发展空间，产生"虹吸效应"，造成更大的人力资本流失和企业迁址的情况出现。

自贸区要形成示范作用和"溢出效应"，自贸区不单单是优惠政策的罗列和堆加，而是要和现有基础条件进行有机结合，不能把目光仅仅聚焦于自贸区这一点。在全面深化改革、继续扩大开放的道路上，要以自贸区为基点，进行覆盖面积更为广泛的产业升级和培育，实现区域发展的协调联动。

4. 产业规模和层次需进一步壮大和提升

福建自贸试验区目前产业总体规模较小，现代服务产业发展不足，高端制造业优势不够明显。

首先，从服务业的占比来看，福建省的第三产业占比相对发达省份并不是很高，同时优势并不显著，比如金融服务业的部门机构仍集中在基础性银行，其他证券、保险、基金、信托、资管等多种形式的金融机构数量很少，而且龙头企业也很少，金融市场并不是很活跃。在对台金融方面，台湾地区的保险行业比较发达和完善，福建引进台资保险机构总体数量还是较少，吸取的经验和开展的业务并不是很丰富，并没有形成规模效应，保险产业的改革进程仍比较缓慢。

其次，应该要意识到在这些新兴服务业的领域中，包括医疗、会展、电商、旅游、教育等方面，福建自贸区的创新力度并不够。服务业市场要满足消费者快速不断变化多样的需求，就要不断地创新出新的适应需求的新模式、新产品。

最后，在高端制造业，劳动成本的提高增加了企业的研发难度，技术创新和自主研发能力不足，产业转型升级过程缓慢，龙头企业的集聚效应不明显，大多数制造业企业仍停留在传统工艺当中，同世界发达国家差距较大，中低端产品缺乏市场竞争力，核心知识产权和专利技术仍需要从国外购买，主要原因是创新和生产的脱节，产学研整合力度不大，很多在实验室、高校的技术项目无法运用到企业的生产当中。

（二）福建自贸区所存在问题的影响因素分析

1. 内部因素

（1）自贸区企业的基本面特征。引入自贸区的企业是组成自贸区的基本单元，对自贸区企业的选择要基于企业本身特征和自贸区政策规划的契合程度。首先考虑的是企业所从事的行业，是不是规划中需要的重点产业，然后要看企业的规模和影响力，是否能为自贸区的发展带来新的动力，企业的选择在精不在多，要全面观察企业的历史经营状况、财务状况、发展潜力和成长性。

（2）自贸区产业链条的完整性。自贸区在产业链条上进行不断的完善有助于内部运行的效率提升，资源整合调配的速度也会同样上升，创造产业的集聚和竞争优势，从而吸引更多的相关企业加入产业链中。以制造业为例，产业链的上游是原材料的供给和产品的设计，中游是产品的加工制造，下游是产品的运输和分销，产业门类的齐全将提高生产的效率，产业链横向和纵向的延展将带动产业发展达到一个更高的水准，有着更高的专业程度，创造更多的产业附加值。

（3）自贸区政策法规的制定。自贸区在定位上肯定是受到国家照顾的，享受各方面提供的便利条件，但同样也是要受到相应规章、条例和法律条文的规范和约束，否则会出现法律使用上的区域性差异，从而导致扰乱市场秩序的情况出现。目前政策法规的合理性应该继续优化调整，做到灵活性和稳定性统一，有了明确翔实的法规文件就能够减少纠纷和争议的发生，达到提高政务管理效率的目的。

（4）要素资源和基础设施的配置。福建自贸区三个片区的要素分配问题和片区中产业的要素分配问题都是需要考量的影响因素。首先，对于人才的投入需要不同产业结合自身情况进行投入产出比的分析，才能制订合理的人才引进和培养方案。其次，在研发阶段的投入，无论是制造业还是服务业都需要不断推陈出新，提供有效供给，满足消费者的需求，同时要对产业未来价值的增长进行科学合理的预测，避免造成大量的沉没成本。还有其他的资源和基础设施的分配，例如土地、设备、交通、水电、房屋、医疗、卫生、教育等，这些在区域经济发展中都起着承上启下的作用，关乎区域内各个环节的有序进展，如果想要实现区域经济的规模效应，基础设施的优化配置必须在综合考量和比较之后给予落实，而不是仅仅停留在文件上，对于亟待解决的问题和紧缺的状况要给予优先权，但也不能搞大水漫灌，造成资源的浪费。

2. 外部因素

（1）全球经济形势。自贸区的诞生处在一个世界经济格局正在经历变革与转型的特殊时期，经济下行压力比较大，新的技术增长点尚未出现，多边贸易逐渐陷入困境，全球价值链体系重构，金融市场泡沫破裂，市场投资情绪低迷，以及一些不确定的、未知的突发事件都对国际贸易形势造成不利的影响。

（2）政治关系因素。首先，当前中国台湾地区不断变化的政治形势不容乐观，这给福建自贸区在对外开放的布局当中制造了一定的阻碍。其次，全球政治风云变幻莫测，欧美发达国家对我国实行的关税政策和贸易壁垒经常会对自由贸易加以限制，地缘政治和去全球化趋势带来的负面影响，贸易谈判协定难以推进，这些都给自贸区的发展增加了不确定因素。

（3）中国的经济发展背景。目前，我国发展也遇到了一系列问题，新老矛盾交织，周期性、结构性问题叠加，给自贸区的试验带来了一定的压力，尤其是新成立的中小微科创企业，生存环境艰难，容易在自贸区自由激烈的竞争中被淘汰。还有人民币外汇风险，地方债个人债不良贷款的控制，内需疲软，股市债市的制度完善问题和波动风险等，都会对活跃敏感的自贸区经济体产生一定的影响。

（4）行业的发展趋势和竞争格局。福建自贸区规划中布局了七大重点产业，这些产业在自贸区的发展现状和市场地位决定了下一步的目标和策略的制定。如果是自贸区刚刚培育的产业，就需要把前期的扶持和品牌效应的塑造放在首位；如果是自贸区升级的产业，要从扩大规模发挥优势和寻求新的增长路径两方面入手重点关注。企业生命力的维持要依靠对市场研判的前瞻性，企业要对市场集中度进行合理估计，根据市场集中度及时调整企业发展的定位，同时要从国内外行业竞争格局出发，认清企业的战略布局，把适合自己的市场做大做强，找到尚待挖掘的市场潜力。

三、福建自贸区产业培育与升级总体方向

（一）福建自贸区产业培育与升级的方向与原则

1. 福建自贸区产业升级的战略定位

福建省位于我国东南沿海地区，从地势上来看，具有"依山傍海"的特

征，而且福建省拥有众多优良深水港，大陆海岸线长度居全国第二位，仅次于广东省。多山的地理特质使得福建省内陆地区和沿海地区隔离开，福建内陆地区主要发展农业经济，而沿海地区则主要发展海洋经济。从地理位置上来看，福建省位于东海与南海的交界过渡区域，就是重要的商品货物贸易集散地，具有福州、泉州、厦门等重要港口城市。从历史发展的角度看，福建的国际贸易产业和制造业历史渊源悠久。福建自南宋时就出现了东方第一大港口——泉州港，泉州元、明、清时期海上丝绸之路的起点；洋务运动时兴建的福州船政局是中国近代第一个新式造船厂。

福建的地理和历史特征奠定了现在产业发展和升级的基石。因此，福建省具有发展自由贸易区，甚至是自由贸易港的天然和历史优势。福建省自贸区的产业培育与升级，也应该从"海"做文章，从对外开放和海洋经济出发来进行产业升级。

从国家战略定位的角度，福建自贸区立足于深化两岸经济合作和着力加强闽台产业对接、创新两岸服务业合作模式，以此来辐射带动海峡西岸经济发展。福建自贸区与我国其他沿海自贸区相比，虽然经济基础相对较差，但具有两点比较优势。第一，福建省邻近台湾地区。地理位置的邻近使其在对台的政治、经济、贸易、文化往来上都具有无可替代的优势。第二，福建省是海上丝绸之路经济带的起点。这一政策窗口给福建省各项产业的国际化、全球化带来很大机遇。福建省可以借此承接发达国家和地区，尤其是中国台湾地区的制造业转移，并将自身的物联网、旅游、物流产业推向全球。福建省政府在对产业进行规划时，需要充分利用这两点福建自贸区的独特优势，以弥补其经济起步较晚、基础不足的短板。对与前述两比较优势相关的产业应重点发展创新，同时兼顾其他产业的长期发展规划，实现稳中有进。

从福建自贸区作为我国东南沿海地区重要的经济发展支点的角度而言，福建自贸区产业升级的具体战略定位应该包含以下几点。

第一，要建设区域性国际航运物流中心，促进区域航运主体和航运要素集聚，形成覆盖海峡西岸经济区的综合集疏运网络，并推动对台航运物流取得重大进展，加强与海上丝绸之路沿线国家和地区的航运物流合作，形成海上丝绸之路重要的物流节点和航运枢纽。

第二，成为区域性国际贸易中心，形成功能齐备、辐射面广、具有两岸特色和海上丝绸之路特点的大宗商品交易中心和区域性国际贸易中心。

第三，要建设两岸金融服务中心，以建立跨境金融、专业金融和融资租赁等为重点，力争全面开展各项本外币业务，建设辐射两岸的区域性金融服务中心。

第四，要建成新兴服务业合作示范区，大力发展制造服务、服务外包、专业服务、文化创意、社会服务、会展服务等新兴服务业。

第五，要成为国际休闲旅游目的地，加快旅游要素集聚提升，推进旅游产业向纵深迈进，开发邮轮旅游、文化旅游、滨海旅游、健康养身、旅游商贸、体育竞技等功能。

第六，要成为高端制造业基地，要发展电子信息、海洋生物及医药、智能装备等高端制造业，打造研发、设计、生产、营销、技术服务、检验检测等功能为一体的产业集群，引领传统制造业向高端制造业转型升级。

2. 福建省自贸区产业升级原则

根据福建省及自贸区的地理位置、行业现状、国家"十四五"规划的政策导向和国家不同自贸片区的定位与分工，我们认为精简化、创新化、国际化是福建省产业升级的总体原则。第一，精简化是指政府政策的精准化和简洁化，做到职能范围清晰、监管力度适当。第二，创新化是指利用大数据、物联网、互联网等最新科学技术，实现产业的智能化。第三，国际化是指福建省利用好自身对台窗口和"一带一路"重点发展区域的战略位置，一方面积极引进台资和外资企业与高端人才，另一方面注重将产品和服务出口到中国台湾地区和"一带一路"沿线国家，从而深化中国与其他国家和地区在各个产业领域的全方位合作。

从自贸区产业发展的具体方向而言，福建自贸区产业培育与升级除了遵循如上的"三化原则"之外，还要遵循如下的具体原则。

第一，发挥比较优势，延续产业优能。要坚持靠海、对台、海上丝绸之路的天然优势，利用台湾地区和东南亚地区的产业资源来推动福建自贸区产业培育与升级。同时要从海洋优势和福建省的传统产业出发，在变与不变中寻求均衡点，持续利用好和发挥好福建省现有的产业优势和发展动能。

第二，纵向延伸与横向拓展相结合。产业培育与升级可以分为两个维度，其一是从纵向上延长产业链条，其二是从横向上做大产业规模。福建自贸区产业培育与升级过程中，要主动使用好这两个维度，在某些地方、某些行业需要推动纵向延伸，而某些地方、某些行业需要推动横向拓展，要注重区别对待，精准施策。

第三，坚持对内分工与对台合作。福建自贸区三个片区都要坚持对台合作的基本原则，利用台湾的优势来推动产业升级。同时，三个片区还要注重与长三角、珠三角以及国内其他自由贸易试验区进行产业分工，要在更广的区域上形成产业分工合作的良性循环。

第四，片区协调发展，避免重复建设。福建自贸区内部三个片区要加强分工合作，在具体产业规划上各自有所侧重，有所差异，一定要避免重复建设。优势互补、协调发展是福建自贸区三个片区产业升级的基本原则。

第五，产业规划先行，制度创新辅助。自贸区产业培育与升级是一项系统工程，需要产业规划与各项制度、政策、措施的辅助。而后者的制定与变革相对较慢，因而在制定产业规划时不能过度拘泥于现有的制度规则，而要对制度变革有前瞻性思维。产业规划先行，进而利用制度创新来辅助产业培育与升级。

第六，加速项目落地，配套措施保障。产业规划只是一种宏观规划，要将宏观发展思路具体化为真正的发展行动，还需要配合相应的招商引资政策、人才引进政策和创新鼓励政策等。因而，在产业规划中，要注重招商引资，注重加速项目落地，同时要做好配套保障措施。

第七，充分争取与利用中央政策。自贸区是我国新型对外开放战略的新举措，是一项意义重大的经济体制改革创举。在福建自贸区产业培育与升级中，要积极争取中央支付给予福建省更大的发展动力和发展自由度。

（二）福州片区产业升级总体方向

根据福建省政府的规划，福州片区将重点建设成为先进制造业基地、21世纪海上丝绸之路沿线国家和地区交流合作的重要平台、两岸服务贸易与金融创新合作示范区。该定位与福州所面临的政策机遇与产业现状紧密相关，也是福州片区产业升级的最终目标。

第一，协同发展制造业和物联网业，实现共同升级。制造业作为第二产业的重要组成部分，是福州市的核心产业之一。对于制造企业而言，研发、生产、销售、售后所带来的附加值较高，组装所创造的附加值较低，这个规律被称为制造业的微笑曲线。因此，制造业产业链前端和后端的四个环节是盈利能力的重要影响因素。对于销售和售后环节的升级，福州市应抓住"一带一路"政策所带来的机遇，积极承接发达国家的制造业项目，利用好自己深厚的制造业基础，结合包销、代理、寄售、跨境电商等多种现代商务方式进行出口贸易，从而实现市场最大化。而对于研发和生产环节的升级，制造类企业应主动依托福州具有的物联网平台资源优势，自行研发或与其他物联网企业合作，打造出适合自己企业管理与生产的工业物联网系统，从而提高生产效率、产品精度和寿命，实现前端产业链的升级。同时，福州市政府则应根据福州市和福建省的实际需求，完善目前的物联网产业链，积极引进原材料企业、软件技术企业和物联网平台企业，对制造业和物联网业进行统筹兼顾，把福州市打造为东南地区的物联网中心和制造业中心。

第二，整合跨境电商业和航运物流业。从跨境电商业和航运物流业的角度来看，福州市已初具规模，但尚未利用好自身海上丝绸之路起点的战略定位，存在出口产品种类较少、出口运输时间较长的问题。为解决产品种类较少的问题，政府可以引导目前的电商企业对自己所经营的产品进行细分，每个企业出口自己最具有比较优势的产品，避免出现同质化现象。为解决商品出口到国外时间较长的问题，政府可以对符合条件的企业和个人简化出口流程和手续。同时，加强物流设备的建设并整合现有物流资源，实现物流效率的最大化。此外，政府还可以和"一带一路"沿线国家的部分重要港口签订相关协议，给予两国货物在对方国家指定港口的通行便利，做到与厦门、漳州等贸易物流港的定位有所区分。

第三，持续升级金融服务业。福州片区短期内应注重补齐自身在股权投融资上的短板，加强金融业与实体产业间的联动效应，并兼顾将金融业向科技化方向发展，从而提高投融资效率。在补齐短板后，再积极发展跨境金融，尤其是对台金融业务。我们建议福州市招商局设立产业基金，与市内的优秀资管企业合资设立基金。根据招商局的产业发展规划确定该基金投资的行业与目标，利用资管企业专业管理人的投资技能和经验，挑选出盈利能力高且能够填补目前产业链缺口的初创企业，诸如高端制造业、国际贸易行业的初创企业等，将它们引入福州落地并为之提供便利融资。这种合作设立基金的模式可以弥补政府单位投资的非专业性和企业投资方向的盲目性，使得引进的企业在行业需求上具有直接导向性，在经营质量上具有一定保证性。在此基础上，积极利用福州独特的物联网平台资源，探索目前已经在全国多个自贸片区展开试点的区块链金融技术，从而帮助企业降低融资成本、提高融资效率和资金的安全性和开发安全可行的跨境投融资平台，为日后开展跨境业务奠定基础。

综上所述，作为海上丝绸之路起点的核心城市，福州片区的产业升级应该以制造业、物联网业、跨境电商业、航运物流业为依托，通过金融业的改革创新支持实体企业的发展，从而实现以下目标：短期内，巩固制造业、物联网业、跨境电商业的发展，保本增效；长期目标是建设成为 21 世纪海上丝绸之路沿线国家和地区交流合作的重要平台、两岸服务贸易与金融创新合作示范区。

（三）厦门片区产业升级总体方向

根据福建省政府的规划，厦门片区的升级目标是成为两岸区域性金融服务中心、两岸贸易中心、东南国际航运中心和两岸新兴产业和现代服务业合作示范区，主要产业包括交通运输和仓储邮政业、信息传输和信息技术、商贸服务业、会展旅游业、金融业、机械制造业、航空维修业和电子产品制造业。

第一，提高航运物流与贸易业的效率。厦门片区需要加快货物的通关效率、港口的运作效率以及货物和人员运输的效率，力争建设为东南地区的国际航运中心和两岸贸易中心。厦门市政府应从三个方面进行规划。首先，厦门片区的港口和机场应该与邻近的国际性（尤其是台湾地区的）港口和机场合作建立港口联盟、机场联盟。各成员港口和机场间统一货物检验标准、分享实时交通流量信息和未来班次规划，协调相互之间货物运输的时间安排，以最大化空间利用率和运输效率。其次，厦门片区应该运用福州片区的物联网和大数据技术将区内设备数字化、智能化，运用线上平台管理商品入库、出库、运输的全流程，从而提高货物存储、发出仓库和运输的效率。最后，适当简政放权，完善国际贸易"单一窗口"建设，便利进出口流程。

第二，发挥好旅游会展业的竞争优势。从旅游会展业的角度来看，厦门片区需要利用数字经济、绿色经济和国际经济为产业赋能。厦门作为经济发达、风景优美、环境宜居的滨海城市，是旅游和会展的理想地点。厦门也是国内最早意识到旅游会展业的发展对服务业、制造业、零售业、房地产业等其他产业的带动作用，并大力发展旅游会展业的城市之一。但随着浙江、广东、上海等沿海自贸区的旅游会展业高速发展，厦门片区需要对现有的旅游会展模式进行革新，才能够保持行业的增长韧性。我们建议政府从三个角度采取措施。首先，借助数字经济实现业态创新和产业转型，推出智慧旅游、智慧会展项目，全面降低行业成本，提高运营效率。其次，遵循可持续发展的理念，参考台湾地区在旅游、会展绿色化方面的经验，推出绿色旅游、绿色会展项目，吸引环保观念较强的客户。最后，聚焦国际化、高端化、定制化旅游、会展服务，打造具有厦门特色的旅游和会展产品。

第三，扩大金融服务业的开放水平。从金融业角度来看，厦门片区金融产业升级的长期目标是利用好自身的地理位置，效仿香港特别行政区的金融体系，建设为一个金融自由港。首先，由于大陆地区和台湾地区的直接资金往来不便，给两个地区的投融资带来了较大阻碍。厦门自贸区建设为金融自由港后，两岸的资金都可以在片区内进行自由兑换和流动，不仅能够大大促进厦门片区以及整个厦门市的发展，也有利于大陆地区和台湾地区的金融合作。其次，厦门金融自由港的出现可以起到模范作用，吸引更多的台湾优秀人才来厦创业或就业，深化两岸互信，为两岸和平统一奠定基础。为实现这一目标，政府应对片区内的金融体系进行改革，逐步放宽片区内的金融管制，但在改革过程中同时也要注意到这是一个长期而渐进的过程，既要兼顾对台和对"一带一路"沿线国家的金融经济效应，也要合理控制开放的力度和进程，避免造成金融体系的混乱。

综上所述，作为离台湾地区最近的大陆城市，厦门的各项产业在升级过程中应注重其对台的导向性和示范性。短期内大力促进航运物流业、贸易业、旅游会展业的转型升级，保持传统行业的增长幅度；长期看，要持续发展和完善自由的金融体系，建设成为两岸区域性金融服务中心和金融自由港。

（四）平潭片区产业升级总体方向

根据福建省政府的规划，平潭片区将重点建设两岸共同家园和国际旅游岛，在投资贸易和资金人员往来方面实施更加自由便利的措施。平潭片区应牢牢抓住这两个立足点，进行旅游业、文化康体业、物流贸易业的升级并积极打造总部经济。

第一，发挥旅游业发展的资源禀赋。从旅游业的角度来看，平潭片区优越宜居的地理环境和丰富的物产、文化资源禀赋使得它成为发展旅游文化业的天然良岛。国家发展和改革委员会2011年10月颁布的《平潭综合实验区总体发展规划》指出：平潭片区旅游产业的发展需打造滨海度假、文化旅游和休闲养生三个亮点。为更好地实现这几个亮点，平潭片区应对上游旅游资源的供应、中游旅游产品的分销、全产业链的智能化和产业监管政策这四个方向进行改革，从而实现产业升级。

第二，开发文教康养业发展的土壤。从文教康体业的角度来看，平潭片区具有富有特色的文化优势、一定的产业基础和两岸合作经验。平潭片区具有独特的闽台民俗文化与历史遗址，可在此基础上开发相应文创、体育产业。同时，平潭片区已经批准了4家台资医院和一家闽台合资的养老院的设立。我们建议平潭市政府参考开曼群岛、冲绳、普吉、海南等旅游岛的经验，以发展旅游业为主体，兼顾文教康体业的发展，实现以旅游业带动文教康体业目标。例如，鼓励平潭的旅游产品分销商推出医疗旅游项目，吸引更多的游客来平潭进行具有台湾特色的医养旅游等，从而实现旅游业与文教康体业的协同升级。同时，平潭岛的文化康体业的发展是其建设为对台先行社区的"硬实力"，有利于吸引更多的台湾居民来平潭岛创业就业。

第三，规划与完善物流贸易业与总部经济。从物流贸易业和总部经济的角度来看，平潭片区虽然近年来有所发展，但起步仍然较晚，相关企业的数量还不足以实现规模效应，产业链各个环节也不够完善。建议政府从长期角度对这两个行业进行规划，发挥平潭市企业落户政策条件较为优惠、竞争相对较少的优势，先从台湾地区、厦门片区、福州片区引入条件不满足在当地设立总部，但满足在平设立总部的成熟企业或初创企业，再逐步完善产业链条。

综上所述，作为离台湾岛最近的地方，平潭片区的产业升级应该建立在两岸互利互惠政策的框架下。短期内，平潭片区应从其核心产业——旅游产业出发，实行全域旅游的发展模式，以旅游业的升级带动医疗、教育、康乐等民生产业的升级，并利用这些产业的发展吸引台湾居民来平创业就业。长期看，要利用好自身"对台窗口"的特殊地理位置，发展物流贸易业和总部经济，建成对台贸易中心和航运中心，从而实现将其打造为国际性旅游岛和两岸共同家园的战略目标。

四、福建自贸区产业发展方向与招商引资建议

（一）福州片区

1. 物联网

物联网产业是福州片区重点发展的产业，福州自贸区是福建省目前唯一的国家级物联网产业基地。相较于无锡及重庆等地区的物联网产业发展而言，福州片区物联网的发展虽然迅速，但仍处于较为初级的阶段，引入的企业数量及产业核心产值较为有限，现有企业所涉及的产业链环节不全面，仍存在不少薄弱环节。福州物联网产业借鉴无锡及重庆经验，应当寻找产业发展的核心产业与突破点，以核心产业为着力点构建上下游贯通的产业链。建议福州片区将数字经济、智慧城市建设与物联网有机结合，推动物联网产业与大数据的联动，积极布局系统集成、运营服务、推广应用及硬件制造等多个产业链环节，通过引入或者培育本地龙头企业，带动大中小企业参与建设，着力完善片区内的产业链布局。

2. 金融业

福州片区在跨境金融业务方面进行了多项有益尝试，重视对台开放，给予台商台胞政策优惠。积极推动融资租赁业的发展，先后吸引了大批融资租赁企业落户福州自贸区，并建立集聚私募股权基金的马尾基金小镇，为福州的实体经济带来了新支持。福州片区目前在跨境金融业务、融资租赁、股权投资方面均取得了巨大进步，但仍存在需要改进之处。首先是需要继续引导区域内的股权投资基金与融资租赁企业服务于省内的实体企业。其次是需要着眼于供应链金融与金融科技，依托福州的数字经济优势，吸引前沿企业，将区块链技术应用到金融场景中，以区块链技术助力企业降低交易成本、保护资金安全。最后是考虑到融资租赁、供应链金融等方面尚缺龙头企业，可考虑引入国内知名的金融机构。

3. 跨境电商与航运物流业

跨境电商是福州片区发展国际商贸业的一大突破口，福州的出口加工区已成为跨境电商集聚的重要阵地，入驻企业包括菜鸟网络、网易考拉等知名

跨境电商企业。目前沿海省份均发力进行跨境电商建设，不同地市的定位难免会出现重合，需要福州片区结合自身特色找寻发展定位，可通过深化与海上丝绸之路沿线国家与地区的贸易往来与电子商务合作，并加强与平潭片区与厦门片区在航运物流方面的合作，拓展辐射范围。跨境电商的蓬勃发展需要物流的保障。相较于厦门及平潭片区，福州片区最大的优势及特色在于依托天然水深良港江阴港区，发展冷链物流等物流业务，发展面向"一带一路"沿线国家尤其是东南亚地区的航运物流。在冷链物流方面，福州需要依托中国—东盟海产品交易交易所，引入海内外的大型物流企业，实现优势互补，做大做强福州的冷链物流与海产品交易。同时，福州作为沿海城市，交通设施发达，尤其是海运通道及陆路通道通畅，具有发展海铁联运的条件，需要多加探索面向东南亚地区等"一带一路"沿线地带的航运物流业务。

（二）厦门片区

1. 航运物流业

厦门片区的定位之一是"东南国际航运中心"，从海陆空三个维度发展航运物流产业。在海运方面，主打"丝路海运"联盟；在陆路运输方面，中欧班列（厦门）的开行为厦门接通了欧洲大陆的诸多商机。厦门片区虽开创了海铁联运模式，但是目前厦门片区开辟的丝路航运路线密度依旧不足，中欧班列开行的频率也较低。在海铁联运模式下，厦门片区需要加快基础设施建设，将海港码头与铁路、公路连接起来，加快远海全自动化集装箱码头的建设，构建自动化铁路专用线，寻求以新技术提升港口效率与中转效率。在航空运输方面，高崎国际机场无法有效满足货邮航运的需求，将来需要将大部分业务转移至新建的翔安国际机场。在位于两岸贸易中心核心区的临空产业集聚区，也需要进一步规划发展航空物流、航空运输和飞机维修服务，建设物流配送、商务餐饮等基础配套服务。

2. 服务贸易

在产业升级的背景下，服务贸易是实现对外贸易转型升级的重要手段之一。厦门市可主打外包服务、对台服务、航空维修服务及文创服务等服务贸易，实现厦门市对外贸易结构的转型升级。这是由于厦门市拥有跨境电商与对外贸易基础，可以寻求为国际知名电商及传统零售品牌提供服务贸易，并依托软件和信息服务技术，为国内外企业提供软件和信息系统运营维护外包、信息系统研发设计、业务流程外包等技术含量高的服务，尤其是发挥对台优势，积极拓展对台服务贸易，为台商在大陆经营提供便利。同时，厦门市可提托一站式航空维修基地，与广州飞机维修工程有限公司进行合作，就飞机维修技术及人员培训、流程管理等达成合作。文创方面，厦门片区可依托游戏、动漫及影视文创的优势，大力发展文化贸易，继续扩大文化领域的开放，吸引两岸的文化企业集聚，培育具有优质内容与竞争力的文化贸易出口企业。

3. 旅游会展业

旅游会展业作为厦门市千亿产业之一，具有良好的发展态势。首先，厦门旅游业仍以境内游客为主，入境旅客数量仍然较少，需要聚焦高端化、国际化、定制化旅游服务以吸引境内外游客，并集中力量发展邮轮旅游、游艇自由行等旅游项目，寻求与台湾在游艇旅游及邮轮旅游方面进行合作，增加厦门旅游业的吸引力及竞争力。其次，厦门片区需要继续推动发展全域旅游，让旅游路线延伸到自贸区内，将旅游场景同厦门的文创、农业、商贸、工业等有机结合起来。最后，建议厦门片区借助数字经济实现业态创新和产业转型，推出智慧旅游项目，提升旅游监管的质量与游客的出行满意度。建议引入或进一步加深合作的企业包括携程、去哪儿网、飞猪、途牛等网络旅游公司以及中智云游（北京）科技股份有限公司、北京巅峰智业旅游文化创意股份有限公司等前沿智慧旅游公司。在会展行业方面，厦门已吸引一批重大展会落户厦门，下一步需要着力扩展会展产业链，凭借厦门构建东南海航运中心的优势，积极辐射东南亚地区等海上丝绸之路沿线国家及地区，在打造大型会展综合体时，也注重专业化发展，着力培养会展行业的本土品牌，引入龙头企业。同时，以物联网、人工智能等技术改进厦门的会展基础设施，构建更加智能化的先进展馆。

4. 金融业

金融业一直是厦门地区的主导产业之一，从 2015 年开始金融业的营收已经突破了千亿元的大关。厦门片区在吸引台资、扩大对台金融开放这一层面一直走在全国前列，而在金融科技、普惠金融及财富管理、融资租赁等方面则稍显不足。厦门片区被定位为"两岸区域性金融服务中心"，旨在发展面向台湾的区域性金融中心，这就需要厦门片区继续立足推动两岸金融开放合作，形成对东南亚等"一带一路"沿线地区的有效辐射。为了实现这一定位，厦门片区一是要继续推动金融业对外开放，重点发展对台业务。二是需要积极引进金融科技，鼓励区域内的金融企业以金融科技创立新业态，积极推动互联网金融发展与金融创新，提升片区内金融机构的竞争与服务能力。三是要进一步引导区域内的金融机构立足实体经济的需求，实现产融协调发展。尤其是针对小微企业融资难的痛点，积极发展普惠金融，以及金融科技赋能服务变革。同时，继续打造厦门两岸股权交易中心，以更好地扶持小微企业的发展。四是凸显厦门特色，重点培育多元化的财富管理业务，吸引高净值人士及高端金融人才，打造创新财富管理的新名片。

（三）平潭片区

1. 物流贸易业

平潭作为对台投资贸易先行区，在物流贸易产业上与台湾地区联系紧密，跨境电商、海运快件及对台贸易是平潭物流贸易业的亮点，但是由于起步较晚，产业链体系初设，仍需要继续扩大招商力度，完善产业链结构。与福州、厦门相比，平潭片区缺少国际性的跨境电商龙头，下一步需要在加快金井湾跨境电商物流园区的同时继续加大招商力度，引进龙头企业，提升金井湾跨境电商物流园区的使用效率。同时，平潭目前虽已建立起了电商产业链，但链上连接企业数量有限，经济体量偏小，需要继续引进电商平台企业、物流企业、支付企业及报关企业，以完善产业链布局。其次，随着对台农渔产品进出口产品的增多，平潭需要构建冷链物流体系，为海产品提供冷链保鲜、存储及运送等服务，通过与福州、厦门及漳州、泉州等地市合作，建立起一定规模的冷链物流园，以满足进出口农渔产品对冷链运输与仓储的需求。

2. 旅游业与文化康体

平潭的旅游业还处在规划与建设的阶段，基础设施初步完善，自然环境优美，具备打造生态旅游的优越条件。下一步，平潭旅游业需要继续加快基础设施建设及生态旅游路线开发，并从文化、体育、健康、医疗等服务业等层面丰富平潭旅游的内容，实现文化康体与平潭生态游并行融合发展。在基础设施建设方面，平潭需要继续加强在公共交通、文化、体育、卫生等领域的基础设施建设，尤其是在对台航运、陆上交通、航空运输方面需要继续进行规划协调，并借鉴厦门市的经验，构建数字化旅客网络服务平台及旅游基础信息数据库，联通各大旅游场景，为游客提供贴心的智慧旅游体验。在医疗健康方面，可发挥平潭对台开放优势，发展两岸高端医疗养生。在文化方面，建议在科学开发的基础上，基于南岛语族文化开发一条龙文旅路线，鼓励文创公司落户平潭，吸引台湾及东南亚等地区的游客前来体验特色历史文化。此外，平潭地区可继续加大对影视行业投资的扶持力度，主打两岸影视品牌，通过试点两岸影视后期制作、共建合资影视公司等方式探索两岸影视合作的新路径。在体育运动方面，建议平潭进一步发展公共体育设施，并利用平潭的靠海优势，打造具有平潭特色的体育文化赛事，举办棒垒球、沙滩排球、帆船、风筝冲浪、自行车运动等公开赛事，积极申办全国性体育赛事活动，吸引来自两岸的运动爱好者前来体验，为构建时尚运动基地打下基础。

五、福建自贸区产业规划的配套措施

（一）人才引进与培养政策

尽管目前福建自贸区推出了详细的人才引进政策与奖励补助机制，人才引进成效显现，但仍存在着高端人才引进难度大、基础型人才引进不足、产业基础不足以支撑高端人才落户、配套设施有待完善等问题。福建自贸区需要继续加大人才引进的力度，可从以下方面做出改善：

1. 加大柔性引才的力度

就人才引进方式而言，可以分为刚性引才与柔性引才。福建自贸区前期的人才政策十分重视刚性引才的作用，但这种刚性全职引才需要地方政府及企业出台十分优厚的引才措施与政策，导致用人成本过高；同时，这种方式对于吸引基础性人才效果较为明显，而对于吸引高端人才的效果并不一定显著，无法保证让人才长久地留在区域内，更好的发展机遇才是吸引人才的关键因素。建议福建自贸区重视柔性引才的方式，通过聘用顾问、咨询、讲学、科研与技术合作、合作经营等方式达到柔性引智的效果，借助发达的互联网技术采取远程办公、远程会议等工作模式，让有限的高端人才资源发挥最大的效用，既避免出现地区之间的引才待遇恶性竞争，又能为福建地区引入急需的人才储备。

2. 着手完善自贸区周边基础设施配套

长期而言，面对着福建自贸区基础设施配套不完善的问题，还需要进一步着力发展自贸区产业，提升自贸区周边的城市配套设施，可以从交通、医疗、教育及生活圈四个方面做出改善。第一，构建轻轨交通等连接自贸区与主城区的交通网络，实现生活圈相通，并借助公路、陆路系统联通各地区，便利自贸区就业人员的工作与生活出行。第二，优化自贸区周边的教育资源配置，改善教育资源分配不均的问题，通过城区名校建立自贸区分校、鼓励名校名师调往自贸区周边学校授课等方式，提升自贸区配套教育资源的质量，解决中高层次人才的子女就业问题。第三，引入优质医疗资源，鼓励各地区的三甲医院、体检中心、养生医疗机构等前往自贸区周围设立分支机构，集中建设高水平医院及疗养区，满足自贸区人才的就医与养生需求。第四，推动建设娱乐文化及公共体育设施，在自贸区内及周边建设公共服务设施完善的人才房、人才集聚园区，并引入及购物、餐饮、影视、健身等于一体的城市商业体，通过规划建设公园、广场、绿道、球场等公共活动区域，发展公共体育。

3. 重视基础型人才引进

基础型人才也是推动产业发展与升级的重要力量，建议放宽对引进人才层次的要求，结合各片区具体情况引进产业所需基础型人才。对于海外硕博士、国内重点高校研究生、"双一流"高校本科毕业生及双非本科毕业生适用不同级别的引进政策，并对技术型人才引进设置专用政策与措施，进一步细化高中低层次人才的优惠政策，明确落户标准、补助范围、奖励数额及津贴领取条件等。同时，福建自贸区周边的高房价是阻碍人才流入的因素之一，可考虑在自贸区周边建立人才房的同时，为自贸区就业人员提供租房补贴与购房优惠。同时，发挥对台优势，吸引台湾劳动力前往福建自贸区寻找就业机会，注重对台湾技术人员的引进，为企业招收一般基础性员工提供方便。在制定人才引进标准时，也需要各级部门与用人单位充分沟通，防止出现只重传统学术标准忽视技术经验等脱离实际的情况，让企业在人才引进与评定标准中有话语权。

（二）创新扶持政策

目前，福建自贸区适用的创新扶持政策力度较大、范围较广，辐射规模以上企业及规模以下高科技企业，部分政策也较为切实可行。但是仍然存在一些问题：第一，目前的政策主体是规模以上企业，对于中小微企业的关注还不够，部分政策的门槛过高，导致企业难以达到；第二，自贸区的创新扶持举措主要为行政创新、制度创新与构建创新创业服务平台，但从各片区实际出发的特定政策仍较为缺乏；第三，现有的创新扶持政策对于各类企业都是适用的，缺少指向性，没有考虑不同行业的不同特征；第四，尽管现有创新扶持政策及举措较多，但其创新激励效果依旧较为有限，企业在进行创新创业与研发投入时仍会受到产业基础限制、人才限制、科研条件限制、资金限制和环境限制。

福建自贸区可以从以下方面做出改善：

（1）细化部分政策，针对各片区重点发展的行业进行实地调查，了解企业的痛点难点，出台具有当地特色的创新扶持政策，例如人才引入专项政策、知识产权保护政策、促进成果转化政策、科技金融服务政策等。

（2）建设自贸区专属创新服务平台，对接自贸区内企业与自贸区外科研机构、企业主体，对内服务企业间交流合作，对外推广企业。尽管目前福建省技术研发及攻关的主力是规模以上企业，中小微企业的创新也不可忽视，应注重对中小微企业的扶持，可将厦门市建设科技创新创业综合服务平台的经验在福建自贸区的三个片区进行推广，强化对中小微企业创业创新的扶持力度，为中小微企业提供制度保障与审批、咨询、科技金融等完善服务。

（3）为自贸区企业打造适于创新、激励创新的良好环境，加强在人才、土地与资金上的保障。在人才引进上，需要同时重视高层次、高学历与基础型人才，相关建议已在人才引进政策部分进行分析。在土地上，为创新创业企业提供土地租赁优惠，通过建设创业孵化基地为初创高科技企业提供用地保障，并鼓励孵化基地以租金折价入股的方式参股投资在孵企业。在资金上，创新金融手段为高成长性科技企业和创新创业企业服务，可以通过发展科技信贷支持、贷款贴息补助、创业投资引导基金等方式为有潜力的高成长性科技企业提供资金支持。

（4）通过完善知识产权保护与交易制度，加强知识产权保护，设立自贸区知识产权保护中心，鼓励企业进行专利创造与运用，并提升现有研究成果的转化率。目前高科技对自贸区产值的贡献率相较于发达省份的自贸区而言依旧偏低，这可能会制约产业发展的后劲。福建省的高校和企业的高水平科技创新平台数量偏少、实力偏弱，尚未形成集聚效应，仍存在缺乏高层次创新团队与人才的问题，自贸区新兴产业的规模依旧较小。可通过与福建省内的高校加强合作，鼓励省内高校在自贸区内设立实训基地或科研基地，并与省外知名高校就科研与成果转化进行合作，充分利用省内外科研资源，促进产研学一体化发展，为自贸区企业提供智力支持。

（5）加强对台合作，携手台湾企业研发高科技产品，推动两岸科技合作，引入台湾地区在知识产权、技术研发、先进经验方面的优势，引进台湾科技人才，增强自贸区内企业的核心竞争力，发展集成电路、电子信息、新材料等重点领域。

参考文献

［1］陈淑梅，陈梅. 中国特色贸易调整援助机制建设研究［J］. 国际贸易，2019（4）：52－59.

［2］福建社会科学院课题组，李鸿阶. 深化福建自由贸易试验区与台湾自由经济示范区对接合作研究［J］. 亚太经济，2016（3）：130－136.

［3］顾苏海，陈丽郦. 上海自贸区人民币回流机制建设研究［J］. 经济视角（上旬刊），2014（7）：59，60－62.

［4］黄启才. 福建自贸试验区社会事业试点创新与影响分析［J］. 东南学术，2017（1）：214－223.

［5］黎绍凯，李露一. 自贸区对产业结构升级的政策效应研究——基于上海自由贸易试验区的准自然实验［J］. 经济经纬，2019，36（5）：79－86.

［6］李华青. 人民币回流问题研究［J］. 区域金融研究，2011（5）：4－10.

［7］林涛，林珊. 福建自贸试验区贸易便利化措施及其评估［J］. 亚太经济，2016（6）：57－62.

［8］任春杨，张佳睿，毛艳华. 推动自贸试验区升级为自由贸易港的对策研究［J］. 经济纵横，2019（3）：114－121.

［9］王丙莉，桑睿，韩冰. 离岸人民币回流途径、影响及对策［J］. 经济视角（上旬刊），2014（8）：28－30.

［10］王晓东. 建立在港人民币回流机制探讨［J］. 对外经贸实务, 2014 (5)：94 - 96.

［11］王晓玲. 国际经验视角下的中国特色自由贸易港建设路径研究［J］. 经济学家, 2019 (3)：60 - 70.

［12］伍长南. 福建省推动自贸试验区产业创新发展研究［J］. 亚太经济, 2019 (3)：129 - 134.

［13］武剑, 谢伟. 中国自由贸易试验区政策的经济效应评估——基于 HCW 法对上海、广东、福建和天津自由贸易试验区的比较分析［J］. 经济学家, 2019 (8)：75 - 89.

［14］张奇斌, 陈雄, 郭铼力. 福建省跨境人民币发展平台期的特点、原因及展望［J］. 福建金融, 2018 (4)：11 - 17.

［15］庄伟卿. 福建省自由贸易试验区的金融审计制度构建与创新［J］. 经济问题, 2018 (5)：94 - 98, 104.

专题二 基于自贸区对接视角的厦台跨境电商物流融合发展路径研究

一、厦台自贸区跨境电商物流发展背景

（一）厦门自贸片区与台湾自贸区

自由贸易区（以下简称"自贸区"），是指主权国家或地区在对外经济技术贸易活动中，专门划出一定地域，采取更加开放的特殊政策，实施关税减免等一系列优惠措施，提供良好服务设施，建立高效能管理机构，以便吸引外商前来投资或经营其他事业的一种特殊经济地域单元。国内外发展经验及研究表明，建立自由贸易区是用于吸引外商投资、扩大贸易规模、降低物流成本、引导国内消费、增加就业和提高劳动生产率的有力政策工具，其"境内关外"的经济属性有利于促进贸易自由化和投资便利化，因而成为一国或地区参与全球价值链分工的重要发展战略。

中国（福建）自由贸易试验区（以下简称"福建自贸区"）于2015年4月21日挂牌成立，总面积118.04平方千米，涵盖福州、厦门、平潭三大片区，立足于深化两岸经济合作，以发挥近台优势、推进与台湾地区投资贸易自由化进程为主要战略目标。2015年4月，国务院出台《中国（福建）自由贸易试验区总体方案》，就深化两岸经济合作提出"创新两岸合作机制、推动各类要素自由流动、增强闽台经济关联度"三大任务。2018年5月，国务院印发《进一步深化中国（福建）自由贸易试验区改革开放方案》，明确指出到2020年，福建自贸区应"率先建立同国际投资和贸易通行规则相衔

接的制度体系,形成法制化、国际化、便利化营商环境,打造开放和创新融为一体的综合改革试验区、深化两岸经济合作示范区和面向 21 世纪海上丝绸之路沿线国家和地区开放合作新高地"。

福建自贸区厦门片区(以下简称"厦门自贸片区")是福建省最大的自贸片区,总面积为 43.78 平方千米,包括象屿保税区、象屿保税物流园、海沧保税港区以及航空港连接区域。根据功能定位,厦门自贸片区可划分为两岸贸易中心核心区和东南国际航运中心核心区两个部分。两岸贸易中心核心区总面积为 19.37 平方千米,北、西、东三面邻海,南面以成功大道、疏港路和枋钟路为边界,功能定位是以中国为立足点面向亚太地区开拓市场,推动金融服务、高新技术研发、专业服务等产业健康发展,构建两岸经贸合作最紧密的区域,打造区域性国际贸易中心。东南国际航运中心核心区总面积为 24.41 平方千米,南面邻海,东至厦门西海域,西至厦门漳州跨海大桥,北面以南海三路、角嵩路、兴港路和南海路为边界,功能定位是夯实现代临港产业基础,促进航运物流、保税物流、口岸进出口产业协同发展,打造绿色低碳、高效舒适的物流网络和功能齐全、质量精良的现代航运服务体系,目标是建设成为具有配置全球航运资源能力的亚太地区重要集装箱枢纽港。作为福建省最大的港口,目前厦门自贸片区拥有国际水准的物流航运公司和较为现代化的港口物流设施。2019 年,厦门国际邮轮中心共完成 136 艘邮轮,同比增长 41.67%,居全国第二位;旅客吞吐量高达 41.37 万人次,同比增长 27.38%,居全国第四[①]。

中国台湾自由贸易港区(以下简称"台湾自贸区")制度于 2003 年 7 月 23 日开始施行,现有七个自由贸易港区("六海一空")被核准设立并投入营运,按建立时间依序为:高雄港自由贸易港区、基隆港自由贸易港区、台北港自由贸易港区、台中港自由贸易港区、桃园航空自由贸易港区、苏澳港自由贸易港区及安平港自由贸易港区。2013 年 4 月,台湾地区有关部门核定通过了旨在促进自由贸易港区转型的《自由经济示范区规划方案》,从 2013 年 8 月至 2015 年底,共有 30 家企业入驻园区,总投资约合 69.73 亿新台币(福建社会科学院课题组,2016)。然而,由于货物通关效率不高、管理机关

---

① 数据来自中国(福建)自由贸易试验区网站的《厦门自贸片区出台新政策,进一步促进邮轮物供产业发展》。

协调不畅等问题，自由贸易港区的招商成果远未达预期，政策效果也大打折扣。

当前两岸经济合作正在遭遇发展模式的瓶颈制约。在贸易保护、区域重塑和科技革命的大背景下，自贸区所具有的单边开放、区域衔接、功能培育和制度创新等特性有利于突破两岸制度性和功能性的经济合作瓶颈，增强两岸自贸区创新协同联动发展对于深化两岸经济合作和推进区域经济一体化进程具有重要战略意义。

（二）跨境电商与物流产业链

跨境电子商务，是指两个贸易商在不同关区进行跨境商务活动，交易由双方通过电子商务平台成交，由买家支付，由卖方通过跨境物流将货物交付给买方，从而完成整个交易。从狭义上讲，跨境电子商务可以看作跨境零售；从广义上讲，跨境电子商务可以看作对外贸易中的电子商务。目前，我国跨境电子商务主要分为两类：B2B 模式与 B2C 模式。采用 B2B 模式的企业利用电子商务平台发布信息，但交易、报关等过程均在线下完成并进入海关统计；而采用 B2C 模式的公司以个人消费品为主要销售商品，交易和支付流程在电子商务平台上进行，使用航空包裹、邮递和快递等进行货物的运送，由快递公司、航空公司和邮局负责报关。

跨境电子商务是一种开放、立体的交易模式，具有全球性、多边性、即时性、高频性和匿名性等特征。跨境电子商务作为帮助中小企业拓展市场渠道、迅速融入国际贸易的重要平台，有助于提升公司的经济效益。同时，跨境电子商务可以在生产企业和最终用户群体之间建立直接联系，从而减少中间环节的贸易关系，降低运营成本，进一步提高企业盈利能力，更好地实现消费者良好的购物体验。

物流是指物品从供应地向接收地的实体流动过程，物流产业链是指与物流运输相关的上下游、周边和其他产业。物流产业链主要涵盖以下几个方面：维持物流中心正常运行的物流设备，储存库存的物流房地产，诸如飞机、轮船、卡车等可以满足不同货物运送需求的现代交通工具，改善物流效率的技术，提升物流信息化水平的信息技术等。

如图 1 所示，电子商务与物流产业链的发展呈现出相辅相成的关系。电子商务通过平台渠道吸引大量消费者，通过供应链管理与物流企业形成连接；而物流企业则通过物流管理和投递服务将产品最终交付至电子商务的客户手中。电子商务发展的核心是客户的消费体验，而物流体验是客户消费体验的重要组成部分。也就是说，物流业的迅速发展是保证跨境电子商务贸易稳定进行的基础，而跨境电子商务的发展通过提供丰富的订单资源大大促进了我国物流产业的高速发展。

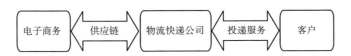

图1　电子商务与物流产业链的关系示意

二、厦台自贸区跨境电商物流发展现状

（一）外部环境分析

1. 厦台经济发展概况

厦门又称鹭岛，不仅是中国经济特区，还是东南沿海重要港口城市，也是全国优秀旅游城市。2019年，在全国、全省经济增速放缓的情况下，厦门总体经济形势依然保持积极活跃的态势。首先，厦门市2019年地区生产总值增长率全年保持在8%水平附近，增长速度从第一季度的全省排名第6位上升到全年的全省排名第4位，在全国副省级城市中从第一季度的排名第4位跃升到全年的排名第1位，这也是自2015年以来最好的排名情况；其次，厦门市各经济指标的全省排名大幅提升，农村居民人均可支配收入、社会消费品零售总额的增长幅度居全省首位，实际利用外资、固定资产投资等在全省排名第2位，城镇居民人均可支配收入、地方级财政收入、财政总收入的增长幅度列全省第3位。根据厦门市统计局统一核算数据，2019年厦门市实现地区生产总值5995.04亿元，以第四次经济普查总量为基数，初步核算增长7.9%，比全省高0.3个百分点，排名全国（不含港澳台地区的数据）前

33 强①。

台湾地区 2019 年的地区生产总值为 18.9 万亿新台币，约合 42180.68 亿元人民币，同比增长 2.73%，略低于 2018 年 2.75% 的增速。从季度分布上看，2019 年第一季度的同比增长率为 1.84%，第二季度为 2.6%，第三季度为 2.99%，第四季度为 3.38%；从经济构成上看，2019 年台湾地区的投资增速为 5.41%，出口增速为 1.25%②。

2. 厦台文化同根同源，促进厦台自贸区建设

在海峡两岸社会的诸多特征中，文化是最核心的要素，自然地理条件和历史因素造就了闽台特有的文化体系。闽台文化根源于中原文化。中原是闽台之根，中原文化向闽台区域传播，首先的传播方向是福建。中原文化对台湾的传播以迁移扩散为主，以扩展扩散为辅。在扩散过程中主要是以闽文化作为传播中介。福建和台湾地区两岸一衣带水，仅相隔一条海峡，情同手足，血浓于水。闽台的文化联系在历史的长河中可以一直追溯到原始社会。考古学上曾经提到台湾地区最早的古人类"左镇人"和"长滨人"都是从福建进入台湾地区的。据 1926 年台湾地区有关部门对台湾地区民众祖籍统计的结果显示：台湾地区民众祖籍为福建的占 83.1%，其中漳州府属的各县占比为 35.7%，福建的其他各地占 3.2%，泉州府属的各县占比达到 44.8%③。同根同源的亲缘纽带和同文同种的文化积淀为两岸交流合作奠定了坚实的民众基础。

3. 5G 产业和新基建对自贸区发展的影响

2019 年，厦门积极布局 5G 产业发展，推动云计算等形成新业态，建设大数据公共服务，开放平台。恰逢 5G 商用元年，借助 5G 技术的"高速率、低时延、广连接、低功耗"优势，厦门市开发区全方位推进"5G + 数字自贸"，加强 5G 等新一代信息基础设施建设，加速探索构建"互联网 + 自贸区"的新模式产业生态，全面构建智能化园区，推动开发区和自贸区信息化建设取得新突破。

"新基建"包括 5G、城际高速铁路、大数据中心、人工智能、工业互联

---

① 资料来自 2020 年 1 月 21 日厦门广电网的《2019 年厦门经济运行新闻发布会》。
② 资料来自 2020 年 1 月 26 日新浪财经网的《台湾地区 2019 年经济增长在全国的排名》。
③ 资料来自 2013 年 6 月 16 日海峡之声网的《海峡论坛"同名村—心连心"联谊活动周开幕》。

网、物联网等领域，象征着新工业革命的前进方向。在当前疫情导致经济下行压力持续加大的背景下，"新基建"既是实现经济平稳有序发展的重要方法，也是应对挑战、转型升级的重要机遇。"新基建"有助于中国产业的转型升级。通过大力发展"新基建"，中国将不再处于全球供应链的中下端，制度优势将使中国在全球供应链中实现大逆转，不仅领跑数字经济、云计算、大数据、智能制造等产业，还将促使中国制造业、中国的实体经济在新一轮世界竞赛中处于更强的地位。"新基建"的建设将大大推进自贸区的信息化布局，对自贸区将来的发展发挥重要作用。

（二）厦台跨境电商物流发展现状

1. 厦台自贸区对接情况

（1）"境内关外"合作推动厦台自贸区无缝对接。"境内关外"指的是厦台两地的保税港区、自贸港区。厦门自贸片区在全省三个自贸片区中面积最大，包含了两个核心区域：两岸贸易中心区和东南国际航运海沧港区。其中，两岸贸易中心区总面积 19.37 平方千米，东南国际航运港区约为 24.41 平方千米。厦台自贸区对接规划首重货物自由流通，探索"境内关外"模式。厦台自贸区合作的主要精神，在于以"境内关外"的方式进行操作，采取自主管理为原则，提供各种优惠的营运环境，以吸引相关产业者进驻。

随着自贸区建设的不断深入，透过自贸区"境内关外"的特性，推动消除区内企业合作、人流、金流、物流等流通障碍，提升自贸区的竞争力，同时也为未来扩大两岸区与区产业合作与经济交流奠定基础。厦台自贸区对接的主要功能定位于通关便利、两岸直航、资讯技术、管理服务四大面向，具体的内容包括：①两岸必须积极建置货物通关绿色通道，达到货物通关便利；②两岸直航，建立港对港快速运输、通关通道；③资讯技术方面，降低监管的程序，改善通关的效率；④管理服务方面，要建立统一标准的便捷的文档文本对接方式、办事机构对接方式。

（2）两地政策保驾护航，推动厦台自贸区无缝对接。厦门建立自由贸易区是在新形势下经济特区全面深化改革、扩大开放和深化两岸经济合作的关键举措，对于厦门增强创新优势、引领新常态具有重要作用。目前，以自由贸易区建设推进厦门经济特区各项事业改革和制度创新，已成为引领厦门经济特区的强大引擎。"加快建设自由贸易试验区"等工作事项已经列为厦门市深化全方位开放合作的重要内容。表 1 列出了国内针对自贸区的相关政策。

表 1　　　　　　　　　　国内针对自贸区的相关政策

出台部门	时间	文件名称	主要目的
国务院	2018 年 1 月	《国务院关于自由贸易试验区暂时调整有关行政法规、国务院文件和经国务院批准的部门规章规定的决定》	放宽外资可投资领域，推动全面开放新格局的形成
商务部	2015 年 8 月	《商务部关于支持自由贸易试验区创新发展意见》	放宽投资准入门槛，从简政放权
	2015 年 4 月	《自由贸易试验区外商投资备案管理办法（试行）》	扩大对外开放，在自贸区营造适当的营商环境
银监会	2015 年 4 月	《中国银监会办公厅关于自由贸易试验区银行业监管有关事项的通知》	做好自贸区银行业监管工作
质检总局	2015 年 3 月	《质检总局关于深化检验检疫监管模式改革支持自贸区发展的意见》	提升便利化水平
专门针对福建省的政策	2015 年 12 月	《中国人民银行关于金融支持中国（福建）自由贸易试验区建设的指导意见》	便利化金融服务体系
	2015 年 5 月	《工商总局关于支持中国（福建）自由贸易试验区建设的若干意见》	"三证合一"，全程电子化登记管理，简化流程
	2015 年 4 月	《国务院关于印发中国（福建）自由贸易试验区总体方案的通知》	推动两岸金融合作试行；两岸学历资历对接互认推进服务贸易自由化

资料来源：根据公开资料整理。

鉴于制度创新和功能培育是自贸区建设的生命线，在两岸关系"遇冷"的当下，两岸自贸区对接联动发展可以部分弥补公权力协商制度安排的功能缺位。一方面，在制度（政策）合作层面"先行先试"，利用自贸区的制度创新特性和开放基础，打破制度瓶颈释放发展动能，通过产业制度安排、组织结构设置、合作机制构建等方式促进相关领域法律、法规的对接，营造良好的制度环境，打通两岸人流、物流、资金流、技术流、信息流的通道，进而促进产业融合。另一方面，在企业合作层面"先行先试"，利用自贸区的功能培育特性和产业基础，创新合作模式拓展合作空间，通过整合产业资源、加快要素集聚、优化经贸流程等方式促进创新融合，构建具有国际市场竞争力的开放型产业体系，进而倒逼制度创新。

2. 厦台自贸区对接模式

自由贸易区的发展一般可分为三个阶段：一是自由港区主导阶段；二是出口加工区主导阶段；三是多元化发展阶段。随着经济的发展、时代的进步，自贸区功能由贸易向投资转变、由在岸业务为主向离岸功能拓展转变、由货物向服务转变。当下，自贸区主要有四种典型模式："贸工结合以工为主型""综合型""贸工结合以贸为主型""贸易型"。鉴于当前厦台"两区"的功能和定位特点，"两区"的对接模式如表2所示。

表2　　　　　　　　　　厦门台湾自贸区对接模式

模式类型	对接区域	
	厦门自贸区	台湾自贸区
贸工结合以贸为主型	厦门东南国际航运中心海沧港区	安平港
综合型	厦门两岸贸易中心区	高雄港、台中港

资料来源：根据王春雷（2018）资料整理。

由表2可知，厦台两岸自贸区的产业对接模式主要是以厦门东南国际航运中心海沧港区与安平港对接的"贸工结合以贸为主型"以及厦门两岸贸易中心区与高雄港、台中港对接的"综合型"模式（彭海阳，2016）。

目前，结合厦门自贸片区整体的产业重点和发展定位，厦门自贸片区有望实现"贸易+航运+金融一体化"的空间产业格局。而台湾自贸区规划的重点产业包括金融服务业、国际物流业、免税购物业、国际医疗高值服务业、国际休闲娱乐业、跨国教育合作业六大产业（见表3）。总体而言，厦台自贸区对接的产业重点集中于金融服务、跨境物流、免税消费购物、高端国际医疗以及国际休闲娱乐五大产业。

3. 厦台跨境电商物流现状

跨境电商贸易近年来借助互联网已成为国际贸易新兴产业，推动外贸经济转型升级。"一带一路"沿线国家和地区的跨境电商产业迅猛发展，为两岸跨境电商物流产业融合发展提供了新机遇。如图2和图3所示，厦门跨境

表3   台湾自由经济示范区产业布局

一级子区	二级子区	重点产业
北部片区	台北港	国际医疗、金融服务、教育创新、空港联运
	基隆港	公共仓储、多国拆并柜、加工贸易
	桃园航空	加工贸易、国际空港转运、国际医疗
泛中部片区	苏澳港（中部偏北）	绿色能源产业、港航物流
	台中港	智慧物流、农业增值、国际医疗、金融服务、教育创新
	仑尾区	国际企业基地、加工贸易、转口贸易
	安平港（中部偏南）	海运快递专区、委托加工、贸易物流服务
南部片区	高雄港	出口加工、文化创意、国际休闲、金融服务、教育创新
	屏东农技区	增值农业、节能环保农业、农生科技

资料来源：根据台湾自由贸易港区网站及相关公开资料整理。

电子商务近年来呈现较好的增长态势：其中，跨境电商进出口货物总值逐年攀升，从2015年的7377亿元增长至2018年的9000亿元，年均增长率为7%；货运量稳中有进，从2015年的10021万吨增长至2018年的10200万吨，年均增长率为2%；集装箱总数逐年上升，从2015年的470万箱增长至2018年的574万箱，年均增长率为7%。

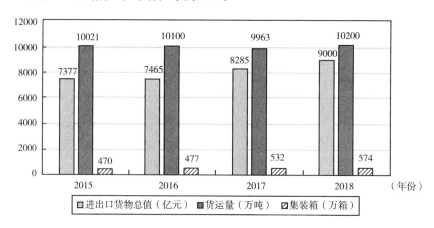

图2   厦门跨境电商的数据统计

资料来源：中华人民共和国厦门海关网站。

根据世界经济论坛发布的《2016年全球信息技术报告》中以"网络就绪指数"对电子商务业排名情况，中国台湾地区排在第19位，这意味着中

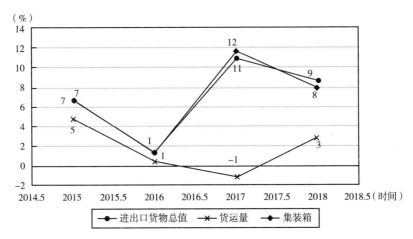

图3　厦门跨境电商增长率数据统计

资料来源：中华人民共和国厦门海关网站。

国台湾地区的电子商务发展水平和市场成熟度较高，但内部市场已趋于饱和，急需拓展外部市场。同时，根据台湾地区"经济研究院"2019年12月份发布的《中国台湾企业跨境关键报告2.0》的研究报告显示，中国大陆目前是台湾地区企业跨境市场的主力，在未来有接近五成的台湾地区企业最希望拓展的跨境市场是中国（如图4所示）。

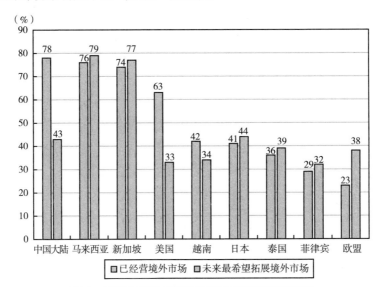

图4　我国台湾地区网店跨境市场经营情况统计

资料来源：台湾"经济研究院"2019年12月发布的《中国台湾企业跨境关键报告2.0》。

然而，现阶段厦台两地采取的物流对接模式仍然是区域物流模式，通过专线物流、海运快件、国际快递等实现物流运输，以达到包裹交递的目的。这种物流对接模式存在着诸如产业缺乏多方位互补集成、产业价值链难以有效向外协同拓展等一系列亟待破解的难题。

（三）厦台跨境电商物流融合分析

1. 跨境电商与物流产业链互动机制

跨境电商与物流产业在其业务与商业模式上具有交集，物流是跨境电商模式中不可或缺的一部分，但物流产业又不仅仅存在于跨境电商中。从社会生产角度出发，产业划分的依据是其提供的社会价值，每个产业都是依据其价值链的差异而形成特定的产业活动，故产业融合的过程在本质上是新融合型产业价值链取代旧产业价值链的过程。在融合前跨境电商与物流产业彼此独立，各自客户不同，甚至跨境电商是物流企业的客户，而融合后二者共同面对终端消费者，为其提供物流、信息、交易等多种服务。

跨境电商的飞速发展需要物流产业链提供深厚的支撑，物流对跨境电商来说是最关键的一环。物流产业的发展为跨境电商的发展奠定了基础，跨境电商的发展也为物流产业的进一步发展提供了动力。在全球经济一体化进程加快的背景下，物流产业面临着巨大挑战，资源在全球范围内的流动和配置要求大大增强。跨境电商的发展要求注重客户消费体验，物流体验就是其中重要的组成部分，这在客观上要求物流产业必须与现代科技结合起来，推动物流产业逐步实现其信息化、网络化、电子化、智能化和全球化。根据产业融合理论，产业融合现象集中表现为产业的技术边界、产业的业务边界、产业的产品边界和产业的运作边界及相应的产业市场边界模糊化，如图5所示。事实上，跨境电商与物流产业相互配合完成一类经济活动——跨境电商通常是以平台为主为消费者提供商品，而物流产业是通过实现商品的移动使经济活动最终实现。因此，跨境电商与物流产业链的发展紧密相关，两者相辅相成、互相促进，如图6所示。

2. 厦台跨境电商物流协同发展模式

跨境电商物流产业的发展水平与价值创造能力依靠该产业价值链的层级和该产业价值的多样化能力。目前，两地物流信息追踪、大数据分析、

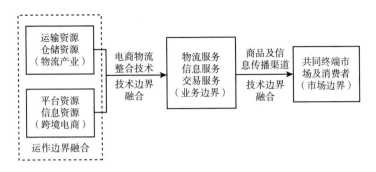

图 5　跨境电商与物流的边界融合

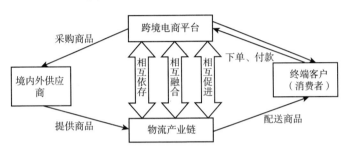

图 6　跨境电商与物流产业链的互动机制

逆向物流等高端的现代物流服务产业存在极大的空白。我国大陆与台湾之间的区域性电商贸易是厦台两地跨境电商物流的主要服务区域（见图 7），但两地的跨境电商物流资源整合的层次较低，有效性不足。因此，如何将价值链延伸并融合至全球跨境电商贸易之中，如何提升对接层次，更为有

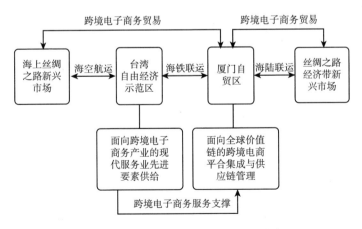

图 7　厦台跨境电子商务协同发展模式

效地整合两地跨境电商物流资源，是两地跨境电商物流产业实现合作发展的核心之所在。

三、厦台自贸区跨境电商物流发展瓶颈

（一）跨境电商存在的问题

1. 对接范围窄，层次低

台湾地区不仅拥有丰富的跨境电子商务商品资源，而且拥有畅通发达的国际市场跨境物流渠道资源。结合目前厦门和台湾跨境电子商务贸易平台的发展现状，厦门对台湾的进口多于对台湾的出口，两地跨境电子商务物流合作仅限于从台湾市场到大陆市场，区域物流和通关合作尚未充分开发和有效利用两地的丰富国际航运物流资源（朱丹，2018）。此外，在高水平现代附加值物流服务方面的合作，如提供物流供应链的信息、提供个性化的物流解决方案和物流供应链的融资等方面，目前还处于空白阶段。

从图 8 可以看出，中国出口电商的主要出口国家及地区仍然是美国、法国等欧美发达国家，近年来，俄罗斯、巴西、印度等新兴市场蓬勃发展，也吸引了大量中国电商企业及卖家快速布局，是电商市场的蓝海所在。因此，充分发挥两地自贸区的区位优势和政策优势，拓展厦台两地跨境电商物流产

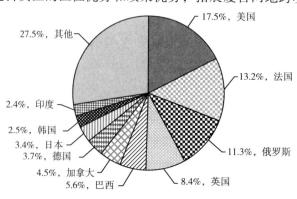

图 8　2018 年中国出口跨境电商的出口国家及地区分布

资料来源：中国电子商务研究中心。

业的对接范围，建立各种基于网络的技术数据和营销手段，将有效提升厦台跨境电商的业务水平、推动物流产业完善布局，为构建一个立足两岸、走向世界的供应链物流综合服务平台奠定良好的基础。

从图9可以看出，我国跨境网购用户主要集中在东南沿海地区，但福建的跨境网购用户基础相较于广东、上海、浙江等地仍然较为薄弱。东部地区相比西部地区来说，更早拥有国家政策红利，经济水平也比较高，十分有利于进口跨境电商发展贸易，但厦门金融市场比较狭窄、电子商务缺乏资金链，网络、可信交易、统计体系建设等尚未达到系统的标准，这都是目前厦门电子商务基础平台公司在运作和发展过程中面临的重要难题。

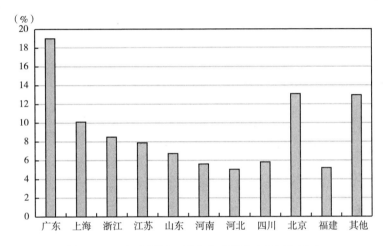

图9　2018年中国进口跨境电商用户主要地区分布

资料来源：中国电子商务研究中心。

2. 市场竞争力相对薄弱

厦门的电商平台多为中小规模，缺乏淘宝、天猫、京东、当当等具有较大影响力的网购平台。另外，厦门还没有形成具有全球竞争力的B2B平台，缺乏国内外知名的电子商务企业，导致对高端电子商务人才的吸引力严重不足。

由于周边经济区域的同行竞争，厦台跨境电商物流市场地位削弱、市场份额流失是一个不可避免的问题。近年来，厦门作为对台经济联系中的核心城市地位持续下降，台商也不断发展拓宽在大陆的投资路线。苏州、杭州、广州、深圳等地对台湾地区的经济影响已超过厦门（朱丹，2018）。15个跨境电子商务经济示范区涵盖了上述台商主要聚集区，这使得厦门对台发展跨境电子商务处于极其不利的地位。特别是同属于福建自贸区的福州片区和平潭片区已被批准建设海峡两岸电子商务经济合作试验区，享有政策支持，导致厦门的对台跨境电子商务物流业务面临巨大压力。

3. 电商服务平台尚未成熟，支付存在风险

相比于国内发达城市跨境电子商务的迅猛发展，厦门的跨境电子商务发展仍比较落后。目前，厦门还没有成熟的跨境电子商务综合服务平台，从而削弱了厦门关于跨境电子商务的招商引资优势。

大多数跨境电子商务平台都存在付款问题，其中也包括厦门自贸片区。跨境电子支付服务主要包括两种方式，即网上银行支付服务系统和包括第三方支付平台在内的电子支付服务。如今，厦门保税区的大多数跨境电子商务平台都使用网上银行付款方式。由于付款和收货并非同时进行，那么某一方货款两失的可能性是存在的。有些平台出于安全及公平的考虑，采用第三方支付平台，款项先支付到第三方，但是由于交易具有周期性，第三方平台很有可能会存在大量资金沉淀的问题。一旦资金管理出现问题，或者是系统出现故障导致信息丢失都会给交易各方带来重大损失，因此，无论哪种支付方式，都存在一个共同的风险——网络支付信息被非法盗取带来的损失。

（二）物流存在的问题

1. 物流运输时间长，价格高，退货难

厦门保税区的商品主要通过跨境 B2C 电子商务平台进行订购，发货方式是保税地区发货或者海外直邮方式。跨境出口货物在出口时需要对接海关，由于程序复杂、监管严格、备案麻烦，导致客户的收货周期通常是相对较长的。

跨境电子商务距离过长，需要面对跨洋贸易和海关检查等问题。这些方面通常很耗时，使得跨境电子商务物流成本非常高昂，根据谭林曦（2020）的研究显示，中国的跨境电子商务物流和运输成本占跨境电子商务总成本的1/3。

因退换货品、售后维修等而产生的逆向物流涉及昂贵的国际运费、较长

的物流周期和烦琐的清关退税等问题，消费者不得不在考虑多个因素后放弃自己的权益。一些跨境电子商务分销商不提供商品的线下展示与试用，使得用户在购买前对产品属性、功能和其他信息未有全面的了解以及直观的体验，从而导致错误购买或放弃购买。因此，无论是逆向物流问题还是线下交互问题，都会导致不好的用户购买体验，从而对客户的留存率和价值挖掘方面产生不利的影响。

2. 专业型人才缺乏

首先，自由贸易区的建设推进了新型贸易模式的发展和创新，进而促进人才需求不断增长。许多新贸易模式不仅发展迅速，而且拥有广阔的市场前景。例如，跨境电子商务涉及较长的产业链和较大的市场空间，对参与其中的规划运营、市场分析、商业谈判、管理营销等人才需求猛增。其次，政策开放后也激发了人才需求问题。在自由贸易区的"负面清单"管理模式下，放宽政策后，许多过去无法完成的新业务和新产品纷纷进驻自由贸易区。许多公司尤其是境内公司涉足境内首次开放的业务。业务细分精度和专业深度要求都很高，因此十分缺乏熟悉和运营新兴业务的人才。例如，在自由贸易区的"文化贸易"形式下，似乎有很多人了解现实中的文化，但很少有人了解文化贸易。这些新业务需要具有丰富经验、深厚资历和真正知识的专业人员。

与此同时，我国的自由贸易区目前缺乏具有国际市场概念、国际专业知识、互联网、外语和其他硬件条件的国际人才。自由贸易区的许多企业都涵盖了跨国公司的全球业务。此模式中的大量业务涉及跨境交易和跨境管理。客观上，参与自由贸易区的专业人员需要熟练使用全球通用的语言、工具、规则和管理技能，并具有一定的战略决策、市场分析、业务洽谈和管理协调能力。

跨境电子商务物流具有很高的专业要求。在跨境电子商务物流中，需要面对诸如国际结算、进出口检验、国际贸易等问题。这些问题对于传统物流人员来说比较困难。事实上，只有加强对跨境电子商务物流人才的培训，才可以确保跨境电子商务物流企业的各种问题得到很好的解决。

3. 物流信息共享程度低

物流信息不仅是有效进行物流管理的必要投入要素，而且是持续创新物流服务价值的资源依赖。信息共享对厦门与台湾之间的贸易发展具有积极作用。目前，厦门海关正在积极推动两地基层海关之间合作，并在自贸区平台上进行海关关务交流，以便为两地之间的贸易提供高效便捷的通关环境。在此基础上，厦台海关有效缩减了两地之间的跨境电子商务进出口物流环节，加快了两地之间的进出口检验和放行效率。但是，从跨境物流的全过程来看，海关监管区域外的入境前以及出境后的物流环节仍处于信息黑匣子的状态。跨境电子商务分销商和最终消费者对跨境交易货品的全程供应链物流信息追踪未能有效实现，从而导致用户收货体验不佳。此外，还存在着电子商务平台商品展示与实际货品库存、发货信息不匹配等问题。

4. 基础设施薄弱，海运规模较小

厦门的自动仓储设施技术含量低、标准化应用滞后、信息化应用低，这使得厦门对电子商务物流公司的吸引力减弱。厦台快递航线目前不具备强大的运输能力，还没有成为厦台跨境电子商务物流的主要渠道。大量的跨境电子商务货物的运输方式依然是直接航空运输或第三地过境运输，因此，海上快递运输路线的优势尚未得到充分证明。厦门与台湾地区之间开展跨境电子商务物流业务的创新能力有待提高。

四、厦台自贸区跨境电商物流融合的发展路径

（一）吸引龙头企业，丰富商品种类

首先是借助厦门自贸片区和台湾自贸区的区位优势，吸引跨境电商龙头企业进驻片区，并快速配套基于第三方平台等多种模式的电子商务产业链。处于产业链核心的企业是价值的关键创造者，是产业链开创和维持的支柱。要借助大中型跨境电商公司和利益相关者的引进，来拉动跨境电商供应链核心企业的发展，进而通过核心企业形成市场虹吸效应，为"海上丝绸之路"等新兴市场集聚合作伙伴与优质资源。通过构建全球性跨境电子商务供应链，鼓励厦门本土企业把上下游融入整个产业链中去，支撑厦门的跨境电商企业赴台投资，融入跨境电商的合作系统，引领企业实现长远的可持续发展。

其次是扩大跨境电商产品进出口的品种，推动化妆护肤品、母婴用品、

电子产品、潮流服饰、综合保健品、生鲜蔬果等深受中国消费者欢迎的商品作为跨境电商进口的主流。同时将中国生产的户外用品、小手工艺品、代加工产品、基础生活用品等跨境电子商务热门的产品作为出口项目。进出口商品的多样性是扩大外贸规模和效益的重要因素之一。唯有通过建成具有鲜明个性化的、结合厦门本土特色的电子商务区，才有可能规避与周边地区的电子商务区形成同业竞争，才能更好地突出自身特色实现突破发展。厦门自贸片区需要充分发挥自身优势，大力建设海峡两岸冷链物流平台，协同推进冷链物流标准化规则，持续完善冷链物流基础设施，丰富冷链物流产品种类，推动冷链物流产业成为厦门自由贸易区的核心优势之一。在此基础上，厦台跨境电子商务可以着力发展农产品、水产品、肉制品等冷链产品，发展与之相关的花卉苗木产品等，丰富现有的产品种类。

（二）发展文化贸易，打造特色品牌

产品同质化是制约我国区域经济发展的通病之一，在自贸区建设领域也体现得比较明显。厦台跨境电商产业只有走差异化发展的道路，才可能逐步形成自己的品牌优势，才能在与周边地区的经济竞争中胜出，进而形成对外贸易吸引力。

建设具有特色化的生产片区对于厦门来说至关重要，如何把握自贸区的发展方向需要考虑多方面因素，其中文化产品贸易是厦台跨境电商产业的潜在市场，以此作为特色切入点对于厦门自贸片区来说会是一个不错的发展方向。厦门与台湾同属闽南地区，有着相似的文化背景。台湾的文化产业现已初具规模，在创意研发和品牌营销、资本积累等方面都取得了不错的成绩，积累了丰富的经验。依托于文化产业而形成的文创产业有着较高的经济附加值，在这一点上，厦门的文化贸易有着得天独厚的自然优势，应该充分挖掘利用。厦台之间可以构建基于共同文化的独特文创产业交易平台，开发一系列具有闽南文化特产的电商产业文化服务项目，将文化品牌市场化，在增强闽南文化感染力和影响力的同时，通过对文化产品共同认知的特性，传播文化产品认同，提高在不同产品市场的开发程度，将文化产业在区域化内做大做强。

共同的文化认同是厦台拓展跨境电商市场的优势资源之一。厦台文创市场交流的深度和广度，将为其他领域的协调合作提供示范性作用，同时也可以为拓展跨境电商物流市场创造有利条件。在良好的沟通交流的前提下，基于电商平台的便利性，借助 O2O 模式拓展消费市场，可以借助平台融合两岸间的文化产业发展，并不断扩展厦台两地电商服务规模，逐步培养两地消费者的行为习惯，这需要两岸通力合作。

以文化先行助推两岸跨境电商平台发展，是厦门自贸片区目前的当务之急，积极探索文化产品贸易的发展道路，借助两地一致的文化风情，充分发挥好这方面的先行优势。以文化区为基础发展厦台跨境电商，提升两岸文化价值推动产业发展，深化两岸文化产业合作和文化市场对接，加速形成两岸文化品牌效应。

（三）建立支付担保平台

近些年来，随着跨境电商物流的高速发展，也产生了诸多问题，在这其中最突出的问题体现在信用方面，即：由于跨境交易的特殊性，交易双方对于对方的信用无法完全相信，从而导致双方在该领域的冲突不断加剧。为缓解信息不对称引发的冲突和矛盾，建立双方互信机制是关键，而自贸区的对接或可为化解这一风险提供有效途径。两岸自贸区对接平台的建立可以打破信息壁垒，通过交易流程和担保机制的规范化建设，充分保障信息安全和资金安全。

目前，亚马逊中国发起的支付方式是一种相对安全和快速的支付方式。付款方必须在亚马逊账户中保存信用卡信息。订单成功后发货后，银行将自动从信用卡中收取货款。虽然该模式不接受密码核验，但安全标准比较高。这是因为亚马逊中国为消费者提供了最严格的风险管理体系和专业的风险控制业务团队，严格遵循 PCI-DSS 认证模式，实施多项保障措施，能够实现对客户信息的严格保护。厦门自贸片区可以尝试引领与亚马逊支付平台的合作，为自贸区企业提供安全的跨境支付平台和跨境支付的安全性。借助亚马逊等国际电子商务平台，厦门自贸片区跨境电子商务将迈上新的阶段。

（四）构建完整的跨境电商供应链物流规划

跨境电子商务业务和快递业务是相互扶持的，相互融合有利于二者的共同发展。境内外企业通过将业务在跨境电商和物流领域进行融合，可以提高二者的融洽性，促进二者实现双赢。与此同时，还可以提升物流的整体效率，实现物流及电商企业协同盈利的良好局面。

1. 加深物流对接合作

加速港口设施建设，积极推动自贸区建设，完善境内公路、铁路、机场协同配套的运输体系，构建快速高效的国际物流配送。协作加强厦台海、陆、空一体化物流通道建设，实现直航航线港口间良好的商务合作，打通一系列快速高效的通关渠道，完善包括检验检疫、跨境支付、退税申请等在内的政策体制，逐步申请厦门与台湾地区各城市港口的直航航道申请。支持第三方物流平台加入，发展农产品物流、冷链物流等特色物流产业，把厦门建设成两岸重要的农产品集散地和冷链物流中心。

2. 加深物流信息化建设

当前厦门物流企业的信息化建设还不够完善，基于高层次互联场景的计算应用较少，诸如流程改造与优化、决策支持等在电商物流建设中仍处于起步阶段。厦门和台湾的物流公司可以考虑建立健全 EDI 中心，加快基础设施建设，为海关、港口、货代、理货、船队等联系方式打造 EDI、RFID 等物流技术，简化通关流程，提升物流信息待办效率，简化流程审批，加速货物报关、运输等。

3. 加深物流政策协调

海峡两岸物流实现互利共赢离不开双方的通力合作。两岸电商物流体系的协同构建，离不开管理部门之间的协调指挥，尤其是厦门自贸片区方面要积极发挥政府侧的带动作用，通过吸引能给两岸企业带来经济效益的项目，调动企业的积极性；通过分析总结试点地区的成功经验，结合厦门自贸片区的实际情况，推进跨境电商物流产业竞争力的逐步提升。

4. 加深电商物流合作

目前，大数据的发展赋予了电商物流新的发展模式和增长途径。随着电商产业逐步渗透到人们生活的各个方面，海峡两岸电商物流的合作发展前景是十分广阔的。两岸基于历史原因在对方市场的渗透率并不高，也就意味着两岸的物流合作有着很大的发展空间。因此，通过配套物流技术的改革，改善电子商务物流环境，构建更加灵活、智能、可视的合作模式，构建支撑电子商务发展的软硬件系统，推动两岸电子商务供应链的管理发展，建立高效配送、国际货运代理、中央数据库管理等先进的电子商务物流管理模式，进而推动两岸电子商务的协调发展，是实现自贸区发展优势的必然选择。

（五）构建自贸区创新发展路径

厦台两地自贸区的创立开创了两岸经济合作的新平台，厦门自贸片区应该要充分发挥"先行先试"的制度优势，从高维度的视角思考，推动自贸区合作发展，为自贸区的发展提供新的动力，开拓新的角度，积累新的经验。

1. 对接方式创新

对于区域间的经济合作，往往有着"先谈后做"的错误认知，即合伙人之间通常是先展开谈判，或者是借助双边或多边经贸协定来规划问题的框架基础，再落实到实际中去。这种"自上而下"的对接方式容易产生脱离实际、效率低下等多方面问题。因此，可以尝试诸如"寻找痛点，马上行动，日后定规"等"自下而上"的对接方式，提升对接效率，一边行动尝试，一边随时解决出现的问题，最终形成完整具体的规章制度。

2. 对接机构创新

机构的服务人员可以从两岸经济问题解决专家库中参考个人意愿与专业领域后随机抽取。在开始阶段，组织的运作可以采用"战时拼凑，战后解散"的模式，在经过不断磨合修正后再形成一个专职机构。基于实情考虑，机构应该以试验区平台为载体，推动相关产业合作，创新对外经济合作体制机制，以应对新时期下的新变化和新要求。通过体制机制创新，吸引新的投资者和贸易伙伴，进而推动经济持续发展。

3. 跨境电子商务业务创新

为实现厦台两地自贸区电商业务创新，可以从以下三方面深化改革：其一，推动厦台跨境电商和邮政体系一体化建设，使之成为服务两岸客户的综合化服务；其二，推动两岸跨进电商物流产业的融合，借助自贸区的平台建立电商物流中转仓储中心，整合"仓储配送一体化"服务，完善"仓储＋

快递"业务链；其三，推动两岸物流运输一体化建设，同时提供陆运、海运、空运等多种服务模式。

参考文献

［1］福建社会科学院课题组，李鸿阶. 深化福建自由贸易试验区与台湾自由经济示范区对接合作研究［J］. 亚太经济，2016（3）：130 - 136.

［2］胡平珍. 跨境电商视角下的物流运作模式研究［D］. 南昌：江西财经大学，2017.

［3］康子暄，霍小翠，李明阔. 跨境电子商务下物流模式的问题与对策［J］. 中国市场，2019（20）：152 - 153.

［4］彭海阳，詹圣泽，陈忠. 厦门自贸区特色及其差异化发展路径选择［J］. 企业经济，2016（1）：122 - 127.

［5］谭琳曦. 我国跨境电商物流模式存在的问题与对策研究［J］. 现代营销（下旬刊），2020（2）：149 - 150.

［6］王春雷. 福建自贸区与台湾自由经济示范区对接研究［J］. 经济论坛，2018（1）：31 - 34.

［7］徐凌琦. 共享经济模式在跨境电商物流中的应用研究［D］. 杭州：浙江大学，2019.

［8］钟峥. 我国跨境电商物流模式存在的问题与对策［J］. 商业经济研究，2018（5）：107 - 109.

［9］周明璐，陈梦. 21 世纪海上丝绸之路背景下福建省自贸区物流发展研究［J］. 物流科技，2020，43（2）：108 - 110，118.

［10］朱丹. 厦台跨境电子商务物流模式创新研究——基于自贸区平台［J］. 内蒙古财经大学学报，2018，16（1）：28 - 32.

专题三　福建省共建"一带一路"中的国际投资及风险防范

　　自 2013 年"一带一路"倡议提出以来，中国与"一带一路"沿线国家的区域经济合作与交流迅速发展。"一带一路"沿线国家和地区市场潜力巨大，与我国产业发展的互补性强，具有广阔的投资前景。当然，与任何其他国际投资一样，共建"一带一路"中的国际投资既面临着商业、运营、金融等多方面经济风险，也面临着地缘政治、国际安全、非传统安全等多重非经济风险。2015 年 3 月，经国务院授权，国家发展改革委、外交部、商务部发布《推动共建丝绸之路经济带和 21 世纪海上丝绸之路的愿景与行动》，明确提出支持福建省建设 21 世纪海上丝绸之路核心区。本专题从福建省作为 21 世纪海上丝绸之路核心区的角度，对福建省在共建"一带一路"进程中的国际投资现状、存在问题和风险因素进行分析，并分别从政府和企业层面提出防范投资风险的相应对策措施和建议，助力福建省建设 21 世纪海上丝绸之路核心区的有序、深入实施。

一、福建省对"一带一路"沿线国家的投资现状及存在问题

　　"一带一路"倡议提出以来，极大地推动了中国对沿线国家的经贸往来、基础建设和人文交流。福建省作为 21 世纪海上丝绸之路核心区，省内企业"走出去"的意愿强烈，对沿线国家的投资上升趋势明显，在与"一带一路"沿线国家的区域经济合作与交流中扮演了重要角色。

（一）福建省对外投资现状

根据福建省人民政府 2013～2019 年公布的《福建省国民经济和社会发展统计公报》（以下简称《统计公报》），福建省 2013～2019 年备案和核准的对外直接投资项目共计 1616 个，其中 2016 年备案和核准的对外投资项目最多，达到 607 个（如图 1 所示）。受全球经济复苏步伐缓慢以及保护主义盛行等因素影响，2017 年福建省对外直接投资项目数量相较 2016 年下降了310.14%，之后处于缓慢的上升趋势，2019 年达到 267 个。

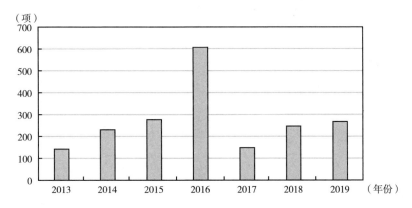

图 1　2013～2019 年福建省对外投资项目数量

资料来源：2013～2019 年《福建省国民经济和社会发展统计公报》。

根据《统计公报》，2013～2019 年，福建省备案和核准的对外投资协议投资额共计 319.82 亿美元，实际投资额为 185.58 亿美元，到资率为 58%。2016 年是近年来福建省对外投资协议额和实际对外投资额最多的一年，分别为 111.55 亿美元和 54.66 亿美元（如图 2 所示）。2019 年对外投资协议额为38.3 亿美元，相比 2018 年下降了 30.62%；实际对外投资额为 43.2 亿美元，相比 2018 年增加了 52.11%。

（二）福建省对"一带一路"沿线国家投资现状

"一带一路"倡议自提出以来促进作用明显，根据福建省商务厅统计数据，福建省 2013～2019 年对"一带一路"沿线国家协议投资额共计 87.9 亿

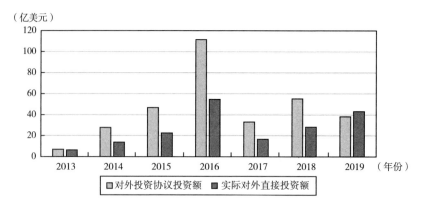

（亿美元）

图2 2013~2019年福建省对外投资协议额与对外投资额

资料来源：2013~2019年《福建省国民经济和社会发展统计公报》。

美元，实际投资额19.5亿美元，到资率为22%。福建省2016年对"一带一路"沿线国家投资备案项目达22.6亿美元，同比增长61.6%；2017年对"一带一路"沿线国家投资备案项目达到22.9亿美元，占全省对外投资的65.5%，是近年来的峰值。2019年协议投资额再次上升，全省新备案对"一带一路"沿线国家投资为7.8亿美元，同比增长142.2%。福建省对"一带一路"沿线国家投资的增速明显高于对外投资协议额和实际对外投资额的增速，可见"一带一路"倡议促进作用大，企业对沿线国家投资热情高涨。

从投资来源看，福建省对"一带一路"沿线国家投资主要来源于厦门、福州。其中厦门的协议投资额为41.2亿美元，福州为28.9亿美元。两市合计70.1亿美元，占全省79.7%。

从投资目的地看，福建省对"一带一路"沿线国家投资主要投向东盟国家，协议投资额达到70.1亿美元，占比为79.6%。根据福建省商务厅《境外投资企业（机构）备案结果公开名录》，截至2020年7月底福建省一共在30个"一带一路"沿线国家设立了504家境外投资企业，亚洲除了东北亚之外的各个区域的覆盖率都较高。其中，东盟10国覆盖率达到100%，是福建省最主要的对外直接投资地区，占境外投资企业总量的73.61%（见表1）。福建省对"一带一路"沿线国家投资主要位于东南亚国家，这是因为福建与东盟的地缘、人缘与商缘关系最为密切，也是中国—东盟自贸区协议为区域经贸合作创造了良好的营商环境所致。

表1　　　　　福建省境外投资企业在"一带一路"各地区的分布

地区	"一带一路"沿线国家总数（个）	境外投资企业覆盖国家数量（个）	覆盖率（%）	境外投资企业数量（家）	占比（%）
东北亚	1	0	0	0	0
东盟	10	10	100	371	73.61
西亚	18	8	44.44	25	4.96
南亚	8	4	50	44	8.73
中亚	5	3	60	21	4.17
独联体	7	1	14.29	1	0.20
中东欧	16	4	25	42	8.33
合计	65	30	41.96	504	100

资料来源：根据福建省商务部《境外投资企业（机构）备案结果公开名录》计算。

从具体国家来看，截至2020年7月底，福建省境外投资企业主要分布于印度尼西亚、马来西亚、新加坡、越南、柬埔寨、菲律宾、印度、波兰、缅甸和乌兹别克斯坦，其中印度尼西亚最多，有113家境外投资企业（如图3所示）。根据国家开发银行发布的《"一带一路"经济发展报告（2019）》，除了新加坡和波兰两个高收入国家以外，其余8个国家国民收入处于中等水平；基础设施风险评分平均2.9分①，处于中等水平；国家社会安全水平中等偏

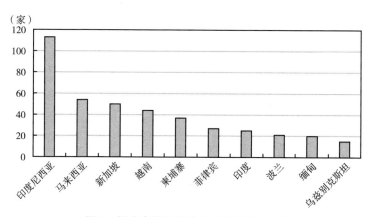

图3　福建省境外投资企业数量前10国

资料来源：根据福建省商务厅《境外投资企业（机构）备案结果公开名录》计算。

---

① 根据计金标和梁昊光所著《中国"一带一路"投资安全研究报告（2018）》数据计算得到，总分为5分，数字越大说明风险越高。

上。政治稳定风险指数平均为 45 分①，处于中等水平，其中柬埔寨政治稳定风险最高（65 分），新加坡政治稳定风险最低（20 分）。福建省没有倾向于对政治稳定风险较低水平的国家进行投资，原因可能是政治制度较好的国家法律制度完善程度高，企业进入门槛较高或企业受东道国优惠较少。

（三）福建省对"一带一路"沿线国家投资特点

1. 投资目的地集中在东南亚

东南亚是福建省对"一带一路"沿线国家的主要投资区域。东南亚国家多为中等收入国家，劳动力资源丰富且成本较低，吸引福建省企业在传统劳动密集型制造业进行投资，获取低廉的劳动成本优势。如泉州市铭诚体育用品有限公司投资缅甸制鞋业，福建省晋江市深沪达丽服装针织有限公司投资柬埔寨制衣业。此外，东南亚国家拥有丰富的橡胶、矿产和渔业资源，而福建省对这些初级产品和资源的市场需求增长较大。比如，印度尼西亚作为世界上最大的群岛国家，渔业资源丰富，吸引了福建远洋渔业集团公司、福建省恒利渔业有限公司、福建省平潭县远洋渔业集团有限公司等企业对印度尼西亚渔业进行投资。老挝的采矿业是政府重点扶植的产业，拥有丰富的金、银、铜矿产资源，分布广泛。这吸引了福建省尤溪县远鑫矿业有限公司投资老挝采矿业。

2. 从个体分散投资为主向抱团集聚方向发展

随着紫金矿业、福耀玻璃这些福建省"走出去"明星企业在海外获得成功，不少中小企业对外发展的愿望也越来越强烈。但是，这些企业存在资金规模小、公司制度不完善、海外拓展经验匮乏等问题。为分散海外投资风险，实现企业间优势互补，越来越多的闽企选择抱团出海，共同拓展海外市场，以福建特色的抱团式对外发展模式整合产业链，实现资源共享（林春回，王国平，2016）。例如，"丝路海运"由福建省交通运输集团有限公司、厦门港务控股集团有限公司发起，并联合众多港口、航运和物流企业共同组成我国首个以航运为主题的"一带一路"国际综合物流服务平台，以海运业务为主干，服务于"一带一路"国家和地区。2019 年，该平台在厦门启动

---

① 根据经济学人智库数据计算得到，总分为 100 分，数字越大说明风险越高。

运营,通过海路运输联系沿线国家,为进一步促进各国间的经济合作做出了重要贡献。

3. 鼓励建设境外投资合作区

福建省政府按照"政府搭台,企业运作,政策扶持,讲求实效"的基本思路,积极引导和鼓励企业集群式出海,在境外建设经贸合作园区、贸易促进中心、工业加工区、商品城等多种形式的境外投资合作区,以点带面,整合资源,集聚规模。例如,由福建中柬投资有限公司占股65%、柬埔寨泰文隆集团占股35%合作设立的福隆盛(中柬)工业园区得到福建省商务厅等部门的关注和支持,2014年于柬埔寨贡布省注册成立,以重工业、汽车生产和建筑材料生产为主。福隆盛(中柬)工业园区拥有丰富的石灰岩矿山储备,直接服务于柬埔寨基础建设市场,能够满足柬埔寨水泥市场60%的需求量(全毅,高军行,2018)。

4. 不断深化海洋经济合作

福建地缘上接近南太平洋和东南亚,依山傍海的地势条件培养了福建省的海洋文化。作为21世纪海上丝绸之路核心区,充分发挥其优越的区位条件推进远洋渔业发展,积极深化与"一带一路"沿线国家的海洋产业深度融合,创新发展模式,使海洋经济成为建设"一带一路"的重要载体和支撑。目前闽企在印度尼西亚、缅甸、毛里塔尼亚等国建立了9个境外远洋渔业综合基地,10家企业在境外建立渔业养殖基地,行业综合竞争力居全国前列,境外渔业基地数量与规模为全国第一(王海峰,2019)。在服务于境外远洋渔业和境外水产养殖业的同时也带动当地居民就业和收入增加。为了进一步加强与各国的海洋事业联系交流,福建省还成功举办了中国(福州)渔业博览会、厦门国际海洋周、平潭国际海道论坛和中国—小岛屿国家海洋部长圆桌会议等国际性活动,充分展示海洋事业的发展成就以吸引更多的境外合作。

(四) 福建省对"一带一路"沿线国家投资存在的问题

1. 企业海外市场发展融资困难

福建省投资的"一带一路"沿线国家大多数为新兴经济体和发展中国家,这些国家发展程度低,整体的经济基础较为薄弱,债务结构不合理,偿债能力不高；部分国家政治风险较高，内部冲突不断，政权更迭频繁（张国旺，2017）。这些因素使得企业在"一带一路"沿线国家的经营和扩张具有巨大的不确定性，阻碍投资活动的规划和执行。社会安全隐患、受教育程度低和对资本和劳动力流动性的限制等问题进一步导致了国内金融机构贷款意愿低，且融资贷款的门槛较高，贷款申请过程中，结算、结汇等业务环节多、手续烦琐复杂，比如要求企业提供股权质押、境外资产质押等第二还款来源等，这大大延缓了贷款的时间，使得企业申请贷款难度较大、融资成本较高。并且，企业对外投资所获得的固定资产无法在中国进行抵押贷款融资，使得资产挤压，流动性受到限制。

另外，目前，"一带一路"沿线国家的投资项目多为基础设施建设，资金规模需求大，且投资回报周期长。一方面，融资渠道的局限性导致企业融资困难，境内银行项目贷款渠道单一，债券市场融资手段缺失，无法满足企业资金需求；另一方面，"一带一路"沿线国家的许多城市中尚未有中资银行的派驻机构，这使得企业对外投资缺乏境外金融支持。

2. 投资结构不合理

福建省对"一带一路"沿线国家和地区投资结构的不合理，主要体现在投资的区域和行业分布上。从区域结构看，截至 2020 年 7 月底福建省对"一带一路"沿线各个区域都有投资，但是对东盟国家协议投资额达到总额的 79.6%[1]，在东盟的境外投资企业占总量的 73.61%[2]，对其他区域国家的投资较少。对外投资的区域过于集中会导致福建企业同质化竞争严重，难以实现可持续发展，影响福建省境外市场的拓展和企业自身利益。

从投资行业看，虽然福建省对外直接投资行业越来越多，目前已涉足第一、第二、第三产业的各行各业，范围已经很广，但是投资重点却较集中。根据商务部发布的《2019 年中国对外投资发展报告》，福建省 2018 年对外直接投资流向租赁和商务服务业 24.96 亿美元，同比增长 169.7%，占总体投资 55%；批发和零售业 5.84 亿美元，同比下降 47.2%，占总体投资 12.9%；制造业 5.55 亿美元，同比增长 37.6%，占总体投资 12.2%，以上三个行业合计占比 80.1%。其余行业情况为：采矿业 4.09 亿美元，占 9%；

---

① 福建省商务厅统计数据。
② 根据福建省商务厅《境外投资企业（机构）备案结果公开名录》数据计算得到。

建筑业 3.51 亿美元，占 7.7%；其他行业 1.44 亿美元，占 3.2%。由此可见，福建省对外直接投资的行业结构仍处在不均衡状态，将影响福建省企业在境外投资的效益和竞争力。

3. 投资风险管理不到位

福建省在发展中国家进行投资，可以享受准入门槛低、优惠程度高的好处。特别是东盟国家，《中华人民共和国与东南亚国家联盟全面经济合作框架协议投资协议》为中国企业在东盟国家投资提供了很多便利。相应地，在发展中国家开展投资和经营活动也往往面临较高的风险，如政治风险、法律风险、汇率变动风险等。并且相比于发达国家，这些国家的不稳定因素也更高。

根据普华永道《2019 年"一带一路"境外投资风险防控现状与对策》，参与调研的企业中有 52% 的企业没有明确责任部门管理对外投资过程中面临的各项风险，而是由企业总部实行"一起管"的管控政策。仅有 18% 的企业设置了专职境外监督人员，37% 的企业进行任期内经济责任审计与过程审计，45% 的企业定期及不定期派出总部人员进行现场检查或审计。这表明企业对境外经营单位常用的监督检查及审计方式主要包括财务报表审计、定期获取财务及经营数据的方式进行监控，企业对对外投资项目的监督检查方式较为单一，较难及时、全面、有效地发现境外投资企业经营过程中的重大风险。企业在对外投资前，需要理顺企业内部的风险管理职责来支持境外投资的风控管理，同时审视自身的监督手段是否能有效、及时发现对外投资过程中的重大风险。

4. 缺乏统一的投资信息平台

福建省对外投资信息供给机制不够完善，缺乏统一的"一带一路"投资信息汇总平台。福建省对于"一带一路"倡议相关信息发布主要通过省市政府的工作报告、省市电视台的报道等，信息发布具有时效性不高、碎片化的特点。这使想要对"一带一路"沿线国家进行投资的企业不能够及时得到全面的、针对性强的信息（太平，李姣，2019）。甚至，还有不少企业不懂得通过省市政府的官方网站了解对外投资政策，导致了企业对"一带一路"政策的认识了解较为滞后，以致相关政策红利效果差。

"一带一路"沿线国家发展程度差异大，政治、经济、社会、文化以及宗教环境也复杂多变，适用的法律规范也不尽相同，企业获取境外投资相关信息的渠道少，对沿线国家缺乏必要的了解，供需信息不能够及时对接。不少民企只能依赖于私下获取信息渠道，但信息质量往往难以保证，往往使得企业在投资决策时面临的风险增加，以致企业参与"一带一路"建设的投资热情受到阻碍。企业迫切需要具有公信力的政府信息服务平台出现，以解决信息不对称问题。

5. 企业国际化经验不足

福建省企业对"一带一路"沿线国家投资的国际化经验不足。一方面，企业对外投资过程中缺乏全局性国际发展战略眼光，没有制定详尽的境外发展战略。从发达国家大型跨国公司的国际化进程来看，这些企业通常都有制定较为完整的发展战略，以国际市场作为投资目标，对各个投资环节都进行了全面系统的安排。而福建省企业由于国际化进程尚短，还处于经验探索阶段，并没有制定清晰的对外投资发展战略。首先，福建省部分企业并不是在生产经营达到一定程度后开展对外投资的，这种对外直接投资带有尝试性和偶然性。其次，大部分福建企业对外直接投资的目的是为了扩大出口，增加外汇收入，而不是带有发展战略计划实施的投资行为，这种对外直接投资缺乏持续性和全局性，会导致企业在国际市场上缺乏竞争力。

另一方面，缺乏经验使得不少企业在对外投资过程中陷入困境。一是缺乏安全意识。企业在对外投资过程中没有基本的流程知识，在缺乏充分的市场调研、科学的论证以及严密的对外投资战略和具体的发展规划的情况下，盲目进行投资决策，在项目进行过程中也没有完善的风险管理系统，导致了许多项目后期经营困难，损失惨重。二是前期论证不足。很多企业海外投资时缺乏对投资国政治、经济环境的调研，对投资国的政治经济政策不了解，导致投资失败。有的企业在合作伙伴的选择上也具有一定盲目性，企业没有对投资合作伙伴充分调查，急于追求高收益，陷入骗局。

6. 对外投资企业多为国有企业

目前"一带一路"建设以"道路连通"，即基建、运输等项目为主。从投资规模来看，省属国企在"一带一路"沿线国家投资占据重要地位。如本次调研的省属国企中国武夷主要布局于东南亚（菲律宾和印度尼西亚）、非洲（肯尼亚、乌干达和坦桑尼亚），主要业务是对外援助、国际工程承包（公路、机场等基础设施项目）等。虽然国有企业经验丰富且政府支持力度大，但是受到国家政治因素的影响，其对外投资会受到当地政府的限制，民营企业的优势便由此体现出来。然而福建省民营企业在大多数对外投资项目中只是扮演国有企业的补充作业角色，缺乏独当一面的能力。这些企业甄别项目盈利能力和控制风险能力较差，对外投资规模也较小。

7. 竞争优势不明显

到目前为止，福建省企业在技术、品牌、商业模式、全球市场布局和国家化运营能力等各方面仍然存在不足，核心优势的缺失不利于福建省对"一带一路"沿线国家长期化运作。中国企业需要提升自己在全球价值链中的地位，打造国际性品牌，这样才能在越来越激烈的国际竞争中站稳脚跟，在越来越复杂的国际形势中提高自己的话语权。

二、福建省对"一带一路"沿线国家投资中的风险因素

从投资行为的角度出发，任何一项投资均存在风险因素。具体到福建省对"一带一路"沿线国家的风险因素，本专题分为中长期和近期因素分述如下。

（一）中长期风险

1. 东道国的经济风险

一是部分国家主权债务危机比较严重，债务可持续性存在较大问题。如巴基斯坦，2016 年巴基斯坦公共债务占 GDP 比重达到 59.5%，2017 年进一步上升至 60.8%，超过了巴基斯坦《财政责任和债务限制法案》中规定60% 的上限[1]。二是整体宏观经济不景气。一些非洲大陆国家主要是以矿石等初级产品为主出口商品，产品结构缺单一，缺乏弹性，当大宗商品价格持续低位，其国民收入降低经济困难加深，发生系统性经济危机的可能性加大。2020 年以来，原油价格持续在低位徘徊，以出口石油赚取主要外汇收入的国家如俄罗斯、伊朗等外汇收入下降严重，经济衰退比较严重。三是部分

---

① 中国出口信用保险公司. 国别投资经营便利化状况报告（2018）［EB/OL］. http：//www. sinosure. com. cn/khfw/wytb/tzhzcj/2019/06/197405. shtml.

"一带一路"沿线国家利率变动比较频繁。北京零点有数科技公司 2019 年 8 月 7 日发布的《"一带一路"沿线中国民营企业现状调查研究报告》表明，中资企业工作人员在"一带一路"沿线国家开展涉外经济和金融活动时，多数中资企业面临的首要问题是所在国货币利率变动频繁或变动剧烈造成经济损失①。

四是"一带一路"东道国汇率持续贬值且波动较大，严重影响中资企业在东道国的投资回报率。如图 4 和图 5 所示，以俄罗斯和伊朗为例，2013～2019 年

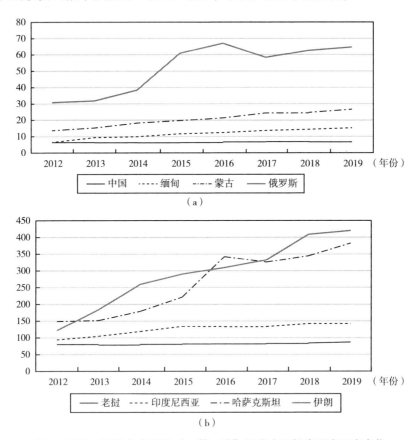

图 4 2012～2019 年中国及"一带一路"沿线主要投资国家汇率变化

资料来源：世界银行 https：//data. worldbank. org. cn/。其中，中国、俄罗斯、哈萨克斯坦的货币汇率表示为 1 美元的本币单位，伊朗、蒙古、缅甸、印度尼西亚、老挝表示为相当于 0. 01 美元的本币单位，时期平均值。

① 2019 年 4～7 月，由全国工商联牵头、各省区市工商联、各直属商会联动，917 家民营企业参与了"2019 年'一带一路'沿线中资民营企业现状问卷调查"。零点有数公司负责本次调查的问卷设计、数据清理分析及问卷分析和报告撰写工作。

俄罗斯卢布兑美元贬值高达 103.34%，伊朗里亚尔兑美元则贬值了将近 128.08%。中资企业投资项目一般以美元和当地货币作为计价和结算货币，其中当地货币占有很大比例，而东道国货币的持续贬值使得中资企业投资风险加剧。

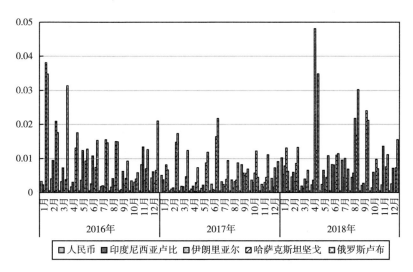

图5 2016～2018 年中国、俄罗斯、哈萨克斯坦、伊朗和印度尼西亚汇率变异系数

资料来源：https：//www.imf.org/external/np/fin/data/param_rms_mth.aspx。

2. 东道国的政治和法律风险

一是东道国政局不稳，当执政党变更或者政府换届时，与上一届政府签订的投资项目合同存在被新一届政府重新评估、修改增加条件的风险。如 2015 年 3 月 5 日斯里兰卡新任总理拉尼尔·维克勒马辛哈下令叫停由中国企业投资建设的科伦坡港口城项目的施工，对该项目展开调查并进行进一步评估①；2016 年 8 月 2 日该项目重新启动，但斯里兰卡政府收回了之前协议里中方 20 公顷土地的永久产权，并将该项目中划归中方使用的土地使用权限改为 99 年的租赁②。二是局部冲突不断，2020 年以来印度与尼泊尔、印度与巴基斯坦、以色列与伊朗等局部冲突有升级的趋势，这使得在所在国投资

---

① 斯里兰卡政府暂停中国投资项目［EB/OL］．http：//www.xinhuanet.com/world/2015－03/06/c_1114539327.htm.

② 斯里兰卡一度叫停中斯港口城内幕曝光 美媒：印度施压［EB/OL］．http：//www.cankaoxi-aoxi.com/world/20160806/1258709.shtml.

项目不确定性增加。三是部分国家法制建设不完善，通过世界银行发布的《2019营商环境报告》可以看出，南亚国家中文莱、老挝、缅甸、印度尼西亚等营商环境较差，存在法制不透明、执法和司法不公正等现象，总体司法环境不容乐观，中国企业在当地投资会有较高的风险。四是各个国家有不同的法律制度，如宗教法、普通法和民法，且各国合同的执行和确定财产权的规定也不尽相同。对外投资项目可能因为这种差异而面临更大困难。

3. 东道国的社会风险

一是"一带一路"沿线国家大部分经济发展比较落后，国民教育水平不高，员工素质普遍不高，中资企业在当地难以招募到合格的管理人员和技术工人。二是中资企业中中方员工与当地员工之间在语言交流、生活习惯、工作方式、宗教信仰、文化习俗等方面存在差异，员工之间容易产生矛盾，给公司经营管理带来一定的困难。三是中资企业难以被当地居民接受认同。一方面是来自西方媒体的刻意歪曲报道比较多，不断渲染所谓的"中国威胁论""中国掠夺资源""污染破坏环境"等来煽动误导不明真相的当地群众；另一方面是部分中资企业不注重树立企业社会责任形象，参与当地慈善事业较少，给当地居民留下了只顾追求经济利益的不好形象。

4. 东道国的对华关系

总体而言，"一带一路"沿线国家以及与中国签署共建"一带一路"政府间谅解备忘录的37个非洲国家与我国关系较为紧密[①]，但是国与国之间的关系容易受到地缘政治风险和大国之间博弈的影响，从而使得投资风险增加。

近几年来，美国保护主义全面升级，美国为了遏制中国和平发展不断采取一些非常规动作，从英国禁止华为参与本国5G建设可以看出，未来一段时间内美国会不断给其他国家施压以促使其在中美之间选择站队，未来中资企业对外投资极有可能被美国战略压制。

（二）近期风险

2020年以来，突如其来的新冠疫情不断肆虐，新冠疫情对世界各经济体

---

① 中国已与105个国家签署123份"一带一路"合作文件[EB/OL]. https：//www.yidaiyilu. gov. cn/xwzx/gnxw/66324. htm.

的经济均产生重大影响。各国在面对疫情时采取了积极的应对措施，但是以隔离封闭为主的应对措施减少了经济活动，对经济产生较大的影响。同时，在新冠疫情下经济活动也承受着总需求下降、供应链中断和金融环境恶化等情况的影响①。不仅如此，COVID－19 大流行造成了巨大的不确定性冲击——比 2008～2009 年金融危机造成的冲击更大，其程度与 1929～1933 年大萧条期间的不确定性上升更为相似②。

根据国际货币基金组织 2020 年 6 月发布的《世界经济展望最新预测》，2020 年世界经济将下降 4.9%；世界银行在 6 月 8 日发布的 2020 年第 6 期《全球经济展望》中预测全球经济将下降 5.2%，为二战以来最严重的经济衰退。世界贸易组织也预计全球货物贸易将下降 13%～32%③，联合国贸发会议（UNCTAD）6 月发布的《2020 年世界投资报告》指出全球贸易量预计下降 20%。整体经济的下降以及不确定性的增加将对福建省在"一带一路"沿线国家的投资产生巨大冲击，投资风险增大。

三、福建省共建"一带一路"中的债务可持续性问题分析

从投资类型上看，福建省对"一带一路"沿线国家投资中存在相当一部分债务性投资。因此，"一带一路"沿线国家的债务可持续性问题成为这类投资一个非常重要的风险因素。本专题以下部分对此进行分析。

（一）福建共建"一带一路"中沿线国家的债务现状

福建省对"一带一路"沿线国家主要投向于东南亚国家和中东欧国家，

---

① Klaus-Jürgen Gern, Saskia Mösle. The Impact of the COVID－19 Pandemic on the Global Economy——Survey-based Evidence From Free Zones［J］. Kiel Institute for the World Economy, 2020, 4（139）: 9.

② Scott R. Baker, Nicholas Bloom, Steven J. Davis, and Stephen J. Terry. COVID-Induced Economic Uncertainty［J］. National Bureau of Economic Research, 1050 Massachusetts Avenue Cambridge, MA 02138, 2020（4）: 7.

③ Trade set to plunge as COVID－19 pandemic upends global economy［EB/OL］. https://www.wto.org/english/news_e/pres20_e/pr855_e.htm.

其中东盟国家是福建省最主要的对外直接投资地区，其中主要代表国家有印度尼西亚、马来西亚、新加坡、越南、泰国、柬埔寨、菲律宾。此外，根据2016 年度中国对外直接投资统计公报，南亚地区的主要投资东道国家为印度、巴基斯坦、斯里兰卡、孟加拉国，吸引了该区域 90% 以上的对外投资；伊朗和埃及是中东欧地区的主要投资东道国，占该区域投资总额的 50% 以上。因此，本专题拟选择以上 13 个国家的外债现状进行分析，但由于世界银行数据库中新加坡和马来西亚的外债数据不完整，最终只包含了 11 个国家。以上 11 个"一带一路"沿线国家 2010 ~ 2017 年对外债务存量和外债负债率的变化情况见表 2 和表 3。

表2　　　　　11 个沿线国家 2010 ~ 2017 年外债存量变化情况

国家	外债存量（亿美元）								年均增速（％）
	2010 年	2011 年	2012 年	2013 年	2014 年	2015 年	2016 年	2017 年	
柬埔寨	38	45	66	74	81	97	112	119	17.60
越南	449	539	616	654	724	778	856	1041	12.76
斯里兰卡	217	258	357	393	423	439	467	501	12.72
埃及	368	352	400	465	417	483	676	829	12.31
印度尼西亚	1983	2196	2526	2655	2930	3062	3210	3544	8.65
印度	2904	3344	3926	4273	4576	4789	4556	5132	8.47
孟加拉国	269	273	286	318	330	363	388	472	8.36
巴基斯坦	628	645	621	580	615	658	722	845	4.33
泰国	1064	1099	1343	1374	1353	1297	1215	1298	2.88
菲律宾	654	661	694	662	774	764	730	731	1.61
伊朗	197	172	74	69	57	63	59	67	－ 10.87

资料来源：世界银行数库。

表3　　　　　11 个沿线国家 2010 ~ 2017 年外债负债率变化情况　　　单位：%

国家	2010 年	2011 年	2012 年	2013 年	2014 年	2015 年	2016 年	2017 年
柬埔寨	35.65	36.56	49.24	50.98	51.37	57.23	59.63	57.20
越南	40.27	41.55	41.17	39.94	40.83	42.44	43.49	48.81
斯里兰卡	38.65	39.91	53.16	54.19	54.50	55.93	58.62	59.10
埃及	17.14	15.30	14.67	16.54	14.00	14.78	20.59	35.89
印度尼西亚	26.98	25.29	28.31	29.99	34.03	36.79	35.57	36.03

续表

国家	2010 年	2011 年	2012 年	2013 年	2014 年	2015 年	2016 年	2017 年
印度	17.72	18.51	21.74	23.30	22.71	23.05	20.27	19.76
孟加拉国	21.57	19.65	19.74	19.65	17.90	17.48	16.58	18.10
巴基斯坦	34.10	28.89	26.30	23.85	23.84	22.93	24.40	26.28
泰国	32.54	30.38	35.39	34.91	35.01	34.06	30.96	29.80
菲律宾	27.17	24.62	23.02	20.04	22.45	21.59	19.89	19.38
伊朗	4.06	3.00	1.24	1.49	1.33	1.65	1.42	1.49

资料来源：世界银行数据库。

本专题所分析的样本期间，正是全球债务规模处于持续上升时期，国别和区域债务问题不断暴发的时期，不论美国、日本、欧盟成员国等发达国家或地区，还是广大亚非拉发展中国家，概莫能外。这是我们在分析共建"一带一路"中的债务问题时，必须认识到的全球背景。在此基础上，我们观察福建省对 21 世纪海上丝绸之路沿线国家主要东道国的债务指标（如表 2 和表 3 所示），可以看出以下三个特点：

首先，从外债绝对规模看，印度、印度尼西亚等经济体量大的国家其外债存量远高于其他样本国家，这两个国家 2017 年的外债存量分别为 5132 亿美元、3544 亿美元。柬埔寨、伊朗等国的外债存量小于其余沿线国家，这两个国家在 2017 年的外债存量分别为 119 亿美元、67 亿美元。从外债绝对规模变动趋势来看，所有沿线国家在 2010～2017 年的外债存量都呈显著上升态势。

其次，从外债相对规模看，大多数沿线国家的负债率远超过 20% 的国际警戒线。2017 年，斯里兰卡的外债负债率达到 59.10%，在 11 个沿线国家中排名第一；柬埔寨、越南、埃及、印度尼西亚、巴基斯坦、泰国等国家的外债负债率也都超过了国际警戒线。

最后，从外债存量的增长速度来看，11 个样本国家中，外债存量在样本期间的年均增长速度超过 8% 的国家达 7 个。其中，柬埔寨、越南、斯里兰卡、埃及的外债存量增速达到 10% 以上。2010～2017 年，柬埔寨的外债存量由 38 亿美元增至 119 亿美元，年均增速达 17.60%，居沿线各国之首；越南、斯里兰卡、埃及的外债存量年均增速均超过 10%。

（二）"一带一路"沿线国家的债务风险评估

1. 评估方法、指标选取及数据来源

本专题参考胡颖和刘营营（2020）的做法运用模糊物元法对沿线国家外债风险进行评价。本专题的指标体系以负债率、债务率为基础，再加一些可以描述一国外债结构与清偿能力的指标来评价目标国的外债风险①。因此，本专题选定 5 个指标来构建外债风险评估指标体系（见表4），并对目标国的外债风险进行测定。

表4　　　　　　　　　　　债务风险指标体系

一级指标	二级指标	三级指标	测算方法
外债综合风险	外债规模与结构	负债率 C_1	外债余额/GNI
		短期外债占全部外债比重 C_2	短期外债/全部外债
	偿债能力	债务率 C_3	外债余额/外汇收入
		短期外债占外汇储备比重 C_4	短期外债/外汇储备
		储备债务系数测度 C_5	外债余额/外汇储备

2. 评估结果及分析

本专题首先计算表4中各指标的均值、标准差以及变异系数，再通过各指标的变异系数计算得到各指标的权重②，结果如表5所示。再将表5中各指标的权重及各国指标数据代入公式得到各国的外债风险值，结果如表6所示。

表5　　　　　　　　各指标均值、标准差、变异系数及权重

统计量	负债率	短期外债占全部外债比重	债务率	短期外债占外汇储备比重	储备债务系数测度
均值	0.6160	0.7119	0.6780	0.7770	0.8374
标准差	0.2808	0.2142	0.2798	0.1949	0.1678
变异系数	0.4558	0.3009	0.4127	0.2508	0.2004
权重	0.2813	0.1857	0.2546	0.1548	0.1236

---

① 聂飒. 我国外债风险的综合评价与预警分析 [J]. 宜宾学院学报，2013（7）：57－61.
② 具体模型及计算公式参见胡颖和刘营营（2020）。

表6　　　　　　　"一带一路"沿线国家 2010～2017 年外债风险值

国家	2010 年	2011 年	2012 年	2013 年	2014 年	2015 年	2016 年	2017 年
柬埔寨	0.4495	0.4603	0.5801	0.5966	0.5648	0.5941	0.6155	0.5389
越南	0.8348	0.9183	0.6578	0.6547	0.5911	0.6738	0.6122	0.6264
斯里兰卡	1.0878	1.2260	1.7106	1.7536	1.7081	1.8693	2.2268	1.9321
埃及	0.4116	0.6023	0.8579	0.8230	0.8042	0.9343	1.1189	0.9909
印度尼西亚	0.7391	0.6849	0.7764	0.8742	0.9086	1.0169	1.0252	1.0016
印度	0.4650	0.4893	0.5712	0.5891	0.5744	0.6000	0.5666	0.5620
孟加拉国	0.7791	0.8030	0.6691	0.6049	0.5549	0.5611	0.5448	0.6398
巴基斯坦	1.3265	1.2474	1.4803	2.4054	1.3598	1.2006	1.2981	1.5979
泰国	0.4259	0.3945	0.4468	0.4650	0.4638	0.4525	0.4112	0.4027
菲律宾	0.5914	0.5503	0.5285	0.4986	0.5358	0.5294	0.5012	0.4620
伊朗	0.1742	—	—	—	—	—	—	0.1328

通过表 6 数据可以看出：从外债风险程度看，越南、泰国、柬埔寨和菲律宾等国家的外债风险始终处于较低或极低的水平，斯里兰卡、巴基斯坦等国家的外债风险处于较高水平，发生债务风险的概率较高。从外债风险变化趋势看，11 个沿线国家存在较大差异。其中，斯里兰卡和巴基斯坦在观察期内的外债风险始终都很高；柬埔寨、斯里兰卡、埃及、印度尼西亚等国的外债风险在观察期内呈增大态势；越南、孟加拉国的外债风险则在观察期内呈下降趋势；印度、泰国、菲律宾、伊朗等国的外债风险始终保持稳定。

(三)"一带一路"沿线国家的债务风险成因分析

以上分析得出的各国外债风险值，显示外债风险大小。进一步地，通过对"一带一路"沿线国家的具体问题进行分析，可以得出沿线国家债务风险的真正成因，主要包括以下几个方面。

1. 财政赤字

沿线国家连年居高不下的政府财政赤字是产生债务风险的最主要原因。福建省在"一带一路"中的主要投资国大多为发展中国家，"一带一路"建设为它们提供了更多的投资机会和渠道，为这些国家的现代化建设提供了强劲动力，但同时公共项目的过度支出也导致了各国政府连年的财政高赤字。

随着时间的推移，财政赤字居高不下，债务积累连年增加，同时借债本身的便利性也使其成为替代提高税收、增加政府收入的更有效方式，这又进一步促进了债务的增加。如果一国一直处于支出远大于收入的赤字状态，那么巨大的偿债压力最终就会导致债务危机。巴基斯坦财政部发布的数据显示，具有高外债风险的巴基斯坦在 2018～2019 财年和 2019～2020 财年的财政赤字占 GDP 的比重分别为 8.9%、8.1%。

2. 国际收支

当国家的外贸条件恶化、国际收支比例失衡时，该国的外债风险就会增加。出口收入是一国政府收入的重要项目，同时也是偿还外债的重要来源，特别是对于出口型国家。当贸易环境恶化时，会出现一国出口商品的数量减少或价格下降、进口成本相对增加、国际收支逆差等，进而导致出口收入减少、外债风险增加。伊朗是世界上重要的石油出口国，但出口商品结构比较单一。近年来受美国等西方国家经济制裁的影响，石油的出口量连年下跌，国际收支严重失衡，国内财政压力持续增加，2019 年伊朗政府财政赤字占 GDP 比重从上年的 2.1% 扩大至 5.6%[①]，威胁到了本国还本付息的能力，债务风险增加。巴基斯坦的自然资源较为匮乏，石油、钢铁等原材料需要从国外大量进口，而巴基斯坦出口的主要支柱产业是棉纺织业，结构比较单一；因此，巴基斯坦的国际收支状况极其容易受到国际大宗商品价格波动的影响。受到近年来国际棉花价格下跌的影响，巴基斯坦的经常性账户赤字还在持续扩大，导致近来巴基斯坦外汇储备下降以及外债偿还压力不断提升[②]。

3. 外债结构

不合理的外债结构也是影响国家债务风险的原因之一。外债结构可以分为债权结构、期限结构、层级结构等多个方面。从债权人类型的角度，国家外债可分为来自官方债权人的外债和来自私人债权人的外债，其中私人债权人外债主要来自商业银行和企业。私人债权人外债的高利率性和短期性使得外债的再融资风险增加。因此，私人债权人外债的比重越高，国家的外债风险越大。近年来巴基斯坦政府的外债中私人外债的比例快速上升，2017～

---

① 数据来自国际货币基金组织数据库。
② 蔡剑辉，陈丽芳，翁若宇. 似是而非的"一带一路"债务陷阱问题——以巴基斯坦为例 [EB/OL]. https：//rbrf. xnai. edu. cn/info/1010/1190. htm.

2018 年上升了 1.5 倍；世界银行数据显示，印度尼西亚的外债中来自商业银行的私人债权人债务占比一直保持在较高水平，2014～2017 年这一占比分别为 34.66%、34.95%、30.69%、30.77%[①]。

4. 宏观经济环境

全球经济增长缓慢是导致"一带一路"沿线国家债务风险增大的外部因素。外部经济环境和国家经济增长的稳定性是保证本国清偿债务能力、保持债务可持续性的重要因素。作为福建省在"一带一路"沿线的主要投资国，大多数的东盟国家都是发展中国家，它们的经济增长更容易受到世界经济环境的影响。世界经济衰退会导致国家经济活力低迷，失业率和通货膨胀率增加，政府收入下降，债务风险增加。近几年，由于中国经济进入"新常态"，欧盟和美国经济复苏缓慢，日本经济疲软，外部需求收缩，东盟国家以出口驱动的经济增长效应降低；再加上，2020 年突如其来的新冠疫情影响，全球经济不容乐观，部分国家的外债压力剧增，债务的可持续性可能难以为继。世界银行数据显示，2016～2019 年，巴基斯坦的年度 GDP 增长率由 5.53%降至 0.99%；斯里兰卡年度 GDP 增长率由 4.49%降至 2.28%；2009 年印度尼西亚年度 GDP 增长率为 4.63%，2010～2012 年则分别为 6.22%、6.17%、6.03%，之后逐渐降至 2019 年的 5.02%[②]。这 3 个国家的经济增长率都呈现了明显的下行趋势，这无疑增加了其偿债压力，外债风险增加。

四、相关政策措施建议

（一）国家层面的政策措施建议

一是加强国际合作。中国与大部分"一带一路"沿线国家关系友好，有悠久的合作历史和广泛的合作空间。在"一带一路"倡议下，一方面中国与"一带一路"沿线国家应加强高层互访，广泛签订双边合作协议以扩大和深化政府之间的合作；另一方面我国应与"一带一路"沿线国家持续签订双边本币互换协议，开展人民币跨境交易，持续推进人民币国际化。

---

①② 数据来自世界银行数据库。

二是加强公共服务体系建设。成立专门海外投资服务机构，建立信息发布平台，为相关企业提供信息和咨询服务。第一，加强"一带一路"沿线国家和地区的国别和区域研究，重视搜集整理境外安全风险信息，及时在政府门户网站等各类媒体上发布；第二，汇编对外投资法律法规文件及对外投资合作国别（地区）指南等，尽可能做到为企业提供全面的信息服务；第三，向有意向在当地投资的中资企业提供投资风险评估和防范风险培训，帮助中资企业充分了解当地的政治经济、法律规范、风土人情和宗教习俗等；第四，在中资企业进驻之后对相关人员提供培训，帮助中资企业快速熟悉情况，为中资企业融入当地社会保驾护航。

三是加强对中资企业对外投资扶持政策。第一，鼓励中资企业积极参加东道国慈善事业，树立良好的社会形象；第二，鼓励中资企业在当地招募员工，对本土化员工达到一定比率的企业给予相应经济上的奖励和税收减免；第三，持续推进金融改革，开辟对外投资企业服务绿色通道，积极解决企业投融资难题；第四，鼓励对外直接投资和外商直接投资使用人民币结算，支持企业设立跨境人民币资金池；第五，鼓励已投资企业和对外承包工程企业投保海外保险和人员保险，提高境外项目抗风险能力。

（二）福建省相关政策措施建议

一是强化政策引导。进一步完善对省级境外经贸合作区的政策支持，鼓励支持有实力的省内龙头企业牵头建设境外经贸合作区，为更多企业对外投资提供服务平台。出台优惠政策鼓励企业对外投资时向合作区聚集，形成省内企业境外抱团发展。

二是优化企业境外投资结构。鼓励支持企业向"一带一路"沿线国家投资发展，扩大省内企业对外投资区域；合理统筹企业对外投资项目，避免企业同质化竞争；支持国有企业境外投资的同时，加强对民营企业境外投资的扶持力度，做到"国""民"共进，优势互补，提升福建省企业对外投资的整体竞争力。

三是发挥传统优势打造福建企业名片。支持冶金、机械、纺织、服装、制鞋等福建省优势产业向境外稳步投资推进，加强现代农业和海洋渔业在"一带一路"沿线国家的基础设施投资，下大力气在工业、农业、海洋渔业等优势产业方面打造一批跨国明星企业，提升福建省企业在境外投资整体形象。

四是整合现有各类服务资源。依托福建省人民政府"21 世纪海上丝绸之路核心区"政务网站，将企业对外投资所需信息、融资、法律咨询、安全培训、风险预警等各类服务资源集中整理发布，为企业对外投资提供优质服务平台。

五是不断提升服务标准。在现有政策基础上进一步缩减企业对外投资审批流程，提升对外投资企业融资贷款效率，减少政府部门对企业经营不必要的干预，及时研究制定相应措施解决企业在新形势下所面临的各种困难和挑战。

（三）企业层面的建议

一是选择合适的投资区域和项目。在投资目的地选择上，福建企业在赴沿线国家开展项目合作前需要对东道国进行认真的调研，客观全面地认识该国的投资风险，包括经济风险、政治风险、法律风险、社会风险等多个方面，并针对不同风险程度的国家采取差异性的投资策略。同时，企业也要转变思路，勇于开辟新的投资空间，避免扎堆投资所带来的企业同质化和过度竞争。在投资项目的选择上，福建企业应积极开拓投资新领域，避免投资结构过于单一，增加制造业、采矿业、建筑业等方面的投资，调整福建省对外直接投资的行业结构，提高福建企业在境外投资的效益和竞争力。

二是为境外投资项目进行投保。主要以投资保险为主，例如投资东道国发生战争动乱、征收、汇兑限制等政治风险，这些是企业自身无法解决的问题。企业可以通过为项目进行投保从而规避部分不可控风险。此外，国家在境外投资项目上也有相应的政策优惠。根据福建省规定，对企业投保境外投资保险、为在境外开展对外投资合作业务的中方人员投保人身意外伤害和工伤保险的费用，按照不超过实际保费支出的50%给予补助。其中，属于"一带一路"的项目，按不超过60%给予补助，单家企业可获得最高支持金额为200 万元。[①]

---

① 福建省商务厅 福建省财政厅关于做好2019 年对外投资合作专项资金申报工作的通知［EB/OL］. http：//swt.fujian.gov.cn/zjswt/jgzn/jgcs/dwtzyjjhzc/zcfg_506/201906/t20190624_4905721.htm.

三是寻求多渠道多种方式降低风险。通过债转股方式，企业可以获得东道国的项目，从而减少项目风险暴露带来的损失；设立境外资金池，将集团资金汇总于境外金融监管宽松的国家或经济体，这一方面能够解决境外融资成本过高的问题，另一方面也能解决国内外汇管理严格导致外汇转出效率低的问题；引进外汇金融领域的人才，在实务中通过专业人才进行远期对冲和套期保值等操作从而规避汇率风险。

四是树立良好的企业形象。对外投资企业应积极主动参与当地慈善事业，主动招募本地员工并对其进行有效培训，尊重所在东道国宗教生活和文化习惯，树立良好的企业形象。

参考文献

［1］北京零点有数. "一带一路"沿线中国民营企业现状调查研究报告. 2019 年 8 月 7 日.

［2］胡颖，刘营营. "一带一路"沿线国家外债风险评价及启示——基于 31 个沿线国家的数据分析［J］. 新疆财经，2020（1）：62 – 71.

［3］胡玉洲. 基于模糊物元分析法的多指标面板数据综合评价［J］. 统计与决策，2016（14）：32 – 35.

［4］林春回，王国平. 中国民营经济在"一带一路"中如何"走出去"——以福建民营企业为例［J］. 华侨大学学报（哲学社会科学版），2016（4）：52 – 59，69.

［5］刘武强. 区域经济一体化下福建与东盟的贸易合作态势分析［J］. 对外经贸实务，2020（1）：28 – 31.

［6］全毅，高军行. 中国在东盟境外经贸合作园区建设状况的调研报告［J］. 东南亚纵横，2018（6）：54 – 61.

［7］太平，李姣. 中国对外直接投资：经验总结、问题审视与推进路径［J］. 国际贸易，2019（12）：50 – 57.

［8］王海峰. 新时期福建 21 世纪海上丝绸之路核心区建设思路探析［J］. 国际贸易，2019（5）：76 – 81.

［9］张国旺. 中国对"一带一路"沿线国家投资现状、风险与对策［J］. 中国市场，2017，27（9）：12 – 13，17.

［10］中国出口信用保险公司. 国别投资经营便利化状况报告（2018）［EB/OL］. http：//www. sinosure. com. cn/khfw/wytb/tzhzcj/2019/06/197405. shtml.

［11］周丽华. 吉尔吉斯斯坦外债：俄罗斯经济危机背景下的隐患［J］. 新疆财经，

2017（2）：56－63.

［12］Haran Arshad，Butt Safdar Role of Trade，External Debt，Labor Force and Education in Economic Growth Empirical Evidence from Pakistan by using ARDL Approach［J］. European Journal of Scientific Research，2008（4）：852.

［13］Klaus-Jürgen Gern，Saskia Mösle. The Impact of the COVID－19 Pandemic on the Global Economy—Survey-based Evidence From Free Zones［J］. Kiel Institute for the World Economy，April 2020，No. 139.

［14］Scott R. Baker，Nicholas Bloom，Steven J. Davis，and Stephen J. Terry. COVID-Induced Economic Uncertainty［J］. National Bureau of Economic Research，1050 Massachusetts Avenue Cambridge，MA 02138. April 2020.

板块二　金融

专题四　数字普惠金融与福建县域经济发展

一、引言

古人云，"郡县治，天下安"。县域经济是以我国县级行政区作为范围划分，以市场为主导，县级财政参与调控，具有较为完整的区域经济功能与地方特色的中观区域经济。

根据第六次全国人口普查数据中县级单位统计，我国县域常住人口达81540万，约占全国61.18%的人口总量。因此，县域经济是我国冲刺全面小康、进一步保障民生的重要基石，更是协调城乡发展、促进脱贫攻坚的关键环节。当下我国经济增速已经步入深化改革、减速换挡、结构优化升级的阶段。县域经济作为城市经济与农村经济承上启下的重要环节，是自然资源、劳动力、资金等经济发展必然要素交流融合的桥梁纽带，发展后劲十足，将成为我国经济新常态转型期间重要的发展新动能。然而，目前我国县域经济发展现状存在发展程度参差不齐，发展质量不高，跨区联动性较差等问题，特别是中西部及山地丘陵地区的资源特质尚未得到合理利用，仍有较大发展空间。在2019年度全国县域经济发展前100名①中，一半以上为东部县市，中部地区县市仅30个，在空间分布上呈现明显的"东多西少、强省强县"的区域差异格局。福建省地势依山傍海，作为全国县域经济的缩影，省内山地丘陵地貌占全省土地面积约89.3%，尤其中西部山地的区域相较于东南沿海分化情况较为严重。2019年度，福建全省共有晋江、福清、闽侯、

---

① 资料来自中郡研究所的《2019县域经济与县域发展监测评价报告》。

南安等6县（市）进入全国县域经济竞争力百强，均分布在福州及泉州下辖区域，呈现明显的聚集状态。因此，本专题以福建省县域为例，分析数字普惠金融对县域经济发展的影响，对于探索数字普惠金融促进县域经济高质量发展之道具有较强的现实意义。

根据新古典主义与内生增长理论，促进经济发展的根本要素主要包括人力、资本和科技创新，而除此之外县域经济发展又具备独有的特征。一方面，县域是城市与农村经济的有机结合，同时具备了农村山岭地区的自然资源与县城城镇化所带来的人口聚集红利优势，先进的技术信息也得以在县域推广传播；而另一方面，我国县域普遍工业基础落后，随着户籍制度的逐渐开放，人口大量向东南沿海输出，空心化进一步造成科技信息的聚集性较差，导致短期内县域只能依靠资本投入拉动经济发展。在目前我国县域经济发展水平总体较低的情况下，金融机构信贷投入不足、财政资金短缺导致县域长期资本形成不足，逐渐成为制约经济发展的重要因素。2013年普惠金融正式进入国家关于深化改革的决议后[①]，更多的学者开始关注普惠金融在服务区域经济发展中所起到的作用，并得出了许多不同的结论。一方面，金融发展通过提高农村居民与小微企业的金融可得性，促进资本形成，提升消费水平，从而对经济产生拉动作用；另一方面，农村地区不利的地理环境导致金融机构成本较高，传统的普惠金融依赖网点进行金融服务，其收益难以覆盖金融体系的内生成本，金融机构本质的趋利性必然要求高利率和高抵押，进一步加剧了金融排斥现象。由于我国地形地貌复杂，各地区基础设施水平相差悬殊，克服传统金融服务弊端、控制金融服务下沉成本成为亟待解决的问题。

随着互联网、移动通信等数字技术与金融业的不断融合，金融交易与服务模式也逐渐便捷化。通过打破地域限制，数字普惠金融为我国普惠金融服务的进一步推进提供了破题之路。数字普惠金融（digital financial inclusion，DFI）[②] 泛指传统金融机构与互联网公司等机构，通过运用数字技术与移动终端，为原本被排斥在金融服务体系之外的群体提供投融资、保险、支付结

---

① 2013年11月12日中国共产党第十八届中央委员会第三次全体会议通过《中共中央关于全面深化改革若干重大问题的决定》正式提出"发展普惠金融。鼓励金融创新，丰富金融市场层次和产品"（第三部分第12条）。

② 普惠金融概念2016年在G20杭州峰会上首次提出，参照《G20数字普惠金融高级原则》。

算等各种金融业务，包括互联网理财、众筹等多种服务模式。借助互联网和移动设备，数字普惠金融通过运用云计算和大数据等方式建立风险评估体系，降低了金融服务的获客成本，有利于进行更为精细化的风险管理，从而捕获"长尾客户"，弥补了传统普惠金融高成本与不可持续的弊端。同时，我国电子商务和移动信息技术走在世界前列。2018 年，我国移动终端设备普及率高达 68%①，位于全球中等偏上水平，具备发展数字普惠金融的优越数字条件，这正是我国在国际局势敏感复杂时期维持经济增速，促进经济结构优化，实现弯道超越的重要机遇。

福建省作为我国最早的沿海对外开放省份与海峡西岸战略经济区，其经济发展速度在全国名列前茅，因此研究其县域发展演化的一般规律对沿海乃至全国都有重要的借鉴及理论意义。因此，本专题以福建省为例，分区域研究数字普惠金融对县域经济发展水平的影响，对于我国发展数字普惠金融政策，协调区域资源配置具有重要的指导意义。本专题的贡献有两方面：一是，构建县域经济发展评价指标，建立面板数据模型探讨数字普惠金融发展对区域经济的影响；二是，根据区域发展特质，进一步细分子样本，探讨数字普惠金融发展影响的区域异质性。

二、文献综述

数字普惠金融作为一项中国特色的新型发展策略，其官方正式提出时间较晚，相关微观数据也较难获取。郭峰、王靖一等（2020）为数字普惠金融发展指数相关研究开辟了道路，在县级区域范围上，该指数第二期的数据覆盖了2014~2018 年中国约 2800 个县域的普惠金融水平测度。指数从普惠金融"普"和"惠"两个基本特点出发，包含了数字普惠金融的广度、深度和数字化程度三个一级维度，其中前两个维度主要反映了普惠金融"普"的特点，第三个维度主要反映"惠"，三个维度下又各自包含了多个具体指标共 33 个（见表1）。该指数采取了主观评价与客观评价相结合的方法，首先采用变异系数法通过变异程度客观地确定二级维度下具体变量的权重，后采用层次分析法，通过专家

---

① 美国独立民调机构皮尤研究所（Pew Research Center）调查结果。

比较的方法判定各个二级维度的重要性。本专题参考其他数字普惠金融相关文献的做法，取用"北京大学数字普惠金融指数"① 中县域层面 2014～2018 年度的数据对福建省县域数字普惠金融发展程度进行测度。

表1　　　　　　　　　　北京大学数字普惠金融指标体系

一级维度	二级维度		具体指标
覆盖广度	账户覆盖率		每万人拥有支付宝账号数量
			支付宝绑卡用户比例
			平均每个支付宝账号绑定银行卡数
使用深度	支付业务		人均支付笔数
			人均支付金额
			高频活跃用户（年活跃 50 次及以上）占年活跃 1 次及以上的比例
	货币基金业务		人均购买余额宝笔数
			人均购买余额宝金额
			每万支付宝用户购买余额宝的人数
	信贷业务	个人消费贷	每万支付宝成年用户中有互联网消费贷的用户数
			人均贷款笔数
			人均贷款金额
		小微经营者	每万支付宝成年用户中有互联网小微经营贷的用户数
			小微经营者户均贷款笔数
			小微经营者平均贷款金额
	保险业务		每万支付宝用户中被保险用户数
			人均保险笔数
			人均保险金额
	投资业务		每万人支付宝用户中参与互联网投资理财人数
			人均投资笔数
			人均投资金额
	信用业务		自然人信用人均调用次数
			每万支付宝用户中使用基于信用的服务用户数（包括金融、住宿、出行、社交等）

① "北京大学数字普惠金融指数"由北京大学数字金融研究中心与蚂蚁金服集团研究院合作编制完成。

续表

一级维度	二级维度	具体指标
数字化程度	移动化	移动支付笔数占比
		移动支付金额占比
	实惠化	小微经营者平均贷款利率
		个人平均贷款利率
	信用化	花呗支付笔数占比
		花呗支付金额占比
		芝麻信用免押笔数占比（较全部需要押金情形）
	便利化	用户二维码支付的笔数占比
		用户二维码支付的金额占比

资料来源：北京大学数字普惠金融研究中心。

对县域经济发展水平的准确评价，是探讨数字普惠金融与经济发展关系的基础，县域经济发展水平评价指标体系的构建应较为客观、全面。然而对于经济增长水平的界定属于一种规范性价值判断，不同的学者根据研究的实际情况采用了不同的逻辑主线与赋权方法。周再清、陈璐（2018）与钱海章（2020）在研究普惠金融与经济发展相关关系时直接采用了单一人均国民生产总值指标衡量县域经济发展水平。然而，在我国目前经济结构调整的大方向下，经济增长数量和速度已经不再是单一评判标准，另外一些学者从高质量发展角度考虑，融入了发展质量的概念。肖越（2011）结合县域经济的乡村性、地域性等特质，从发展水平、活力、潜力三个方面来构建县域经济发展指标；钞小静、任保平（2011）在经济结构、发展稳定性、福利分配、资源与环境代价四个维度之上，用 28 个指标构成经济增长质量指数，并采用主成分分析法（PCA）分配权重；魏敏、李书昊（2018）还进一步添加了创新驱动、资源配置、区域协调等维度，侧重从高质量角度归纳经济发展标准体系，并利用熵权 TOPSIS 法对指标进行赋权与区域评价；师博、任保平（2018）参考联合国人类发展指数，采用透明的均等权重法赋值指标，归类为经济基本面、社会成果两个维度，以加强指数的经济意义。

数字普惠金融是近年来一个新的热点话题，目前学术界关于数字普惠金融对经济影响的讨论仍如火如荼。在实证研究数字普惠金融对区域经济的影响时，众多学者基于不同的研究样本和研究方法所得出的结论也具有一定的差异性。贺健和张红梅（2020）基于熵权 TOPSIS 法测度了我国各省份经济高质量发展水平，采用系统 GMM 模型发现数字普惠金融与经济高质量发展正相关，并具有门槛效应；钱海章、陶云清等（2020）采用双重差分法与中介效应模型发现，数字金融激励创新创业是助推经济增长的关键渠道；成学真和龚沁宜（2020）采用中介效应模型得出正相关结论，但数字普惠金融的影响传导途径存在遮掩效应；刘锦怡和刘纯阳（2020）通过中介效应与交互效应模型发现数字普惠金融发展能够从提供农户金融可得性及创造就业机会两个方面减缓贫困；蒋长流和江成涛（2020）采用固定效应模型发现数字普惠金融的影响为非线性的，且在大城市影响逐步收敛，中小城市影响逐步加速。

总体来说，目前的研究均表明数字普惠金融对经济存在显著的促进作用，但在其影响途径与区域异质性情况方面存在不同看法。此外，由于县域经济存在特殊性，许多县级经济数据难以获取，现有研究大多从省市层面开展，罕有基于县域经济的实证检验，忽视了数据普惠金融发展对中观层面的影响。因此，在现有研究的基础上，本专题选取了福建省 2014～2018 年共计五年的县级面板数据，合理构建了县域经济发展水平指数，并采用北京大学发布的数字普惠金融发展指数，建模分析数字普惠金融对县域经济发展的促进作用；进一步地，根据经济发展状况的不同，分子样本对区域异质性进行讨论；最后就如何通过更加高效地发展数字普惠金融，最大化促进福建省县域经济高质量发展提出了相关政策建议。

三、县域经济发展测度及区域划分

（一）指标处理

1. 指标规范化处理

由于经济评价体系所含指标在数值和计量单位方面差异较大，为了便于指标间的可比性与赋权的稳定性，本专题对所有指标进行规范化处理，以统一其单位与数量级。目前，国内外学者常用的处理方法包括综合指数法、标准化法、对数变换法等方法。参考现存文献，为尽可能完整地保留变量变化信息，本专题将采用线性的标准化法，正向与负向指标的计算公式如下：

$$正向指标：y_{ijk} = \frac{x_{ijk} - \min\{x_{jk}\}}{\max\{x_{jk}\} - \min\{x_{jk}\}} \quad\quad (1)$$

$$逆向指标：y_{ijk} = \frac{\max\{x_{jk}\} - x_{ijk}}{\max\{x_{jk}\} - \min\{x_{jk}\}} \quad\quad (2)$$

其中，x_{ijk} 为福建省 i 县（市）第 j 个指标第 k 年的原始值，y_{ijk} 为福建省 i 市第 j 个指标第 k 年标准化值，其值域为 [0，1]。

2. 权重确定

综合目前较为常用的赋权方法主要有 Delphi、AHP 等主观方法，以及 PCA、变异系数法、熵权法等客观方法。与主观赋权法相比，客观赋权法具有较强的客观性、全面性和较强的数理依据。同时，考虑到本专题所采取的指标间相关程度较低，可替代性不强，进行主成分提取可能会抹杀各指标的实际意义，所以本专题参考师博、任保平（2018）的做法，采用熵权法对指标进行赋权。

熵权法属于评价指标的客观赋权法之一，具有较高的数理精确度。熵代表系统混乱程度，初为热力学概念，现已广泛应用于社科研究领域。熵权法赋值的内在逻辑在于不同指标所提供的信息量，而信息量与熵值紧密联系：数据越混乱，所提供的信息量就越大，则其在指标体系中的差异贡献度就越强，应被赋予的权重也越大。其计算公式如下：

第一步：计算第 j 项指标下，第 i 个县（市）占该指标比重（p_{ijk}）。其中，n 为样本县（市）个数，m 为指标个数，k 为相对应的年份，y_{ijk} 为标准化后的指标数据：

$$p_{ijk} = \frac{y_{ijk}}{\sum\limits_{i=1}^{n} y_{ijk}}; i = 1, 2, \cdots, n \quad\quad (3)$$

第二步：生成第 j 项指标的熵值（e_{jk}）与变异系数（g_{jk}）：

$$e_{jk} = -\lambda \sum_{i=1}^{n} p_{ijk}\ln(p_{ijk})，其中 e_{jk} \geqslant 0, \lambda = \frac{1}{\ln(n)} \quad\quad (4)$$

$$g_{jk} = 1 - e_{jk} \quad\quad (5)$$

第三步：归一化得出第 j 项指标的权重：

$$W_{jk} = \frac{g_{jk}}{\sum\limits_{j=1}^{m} g_{jk}} \quad\quad (6)$$

第 k 年 i 县（市）的经济发展水平指标：

$$D_{ik} = \sum_{j=1}^{m} W_{jk} y_{jk} \tag{7}$$

（二）构建评价指标体系

参考国内现有文献，评价区域经济发展的方法，一般从经济发展基本面、人民生活水平、环境友好程度三个层面入手，然而将传统的区域经济评价方法与区域经济特点相结合的文献十分匮乏。因此本专题借鉴师博、任保平（2018），从经济发展基本面和社会成果两个层面入手，并进一步结合县域经济"三起来"的发展目标，新增经济发展效率目标层面，以衡量县域经济发展的先进性。最终，依据县域数据的可得性、真实性和时效性，选取了三个维度共计 13 个具体指标①构建福建省县域经济发展水平指标体系，具体指标体系如表 2 所示。

表 2 福建省县域经济发展水平评价指标体系 单位:%

目标层面	系统层面	指标层面	平均权重
经济发展基本面	经济发展规模	地区生产总值	21.9
	经济发展强度	人均地区生产总值	8.4
	经济发展结构	第三产业占地区生产总值比例	3.7
	经济发展稳定性	经济增长率的移动平均型标准差系数	1.9
	经济发展均衡性	城乡人均可支配收入比	4.2
经济发展效率	资本生产效率	地区生产总值/固定资产投资额	9.3
	人力生产效率	地区生产总值/全部从业人员数	6.2
	农业生产效率	每千公顷耕地产粮量	4.9
经济发展社会成果	教育水平	每万人专职教师数	4.5
	医疗水平	每万人专职医生数	5.6
	基础设施水平	每万公顷土地公路千米数	15.1
	居民消费能力	城镇居民人均可支配收入	8.4
		农村居民人均可支配收入	5.9

---

① 本专题采用的原始数据及相关计算主要引自 2014～2018 年度的《福建省城市统计年鉴》及《中国县域统计年鉴》，部分数据来自福建省各县（市）政府工作报告。

　　从熵权法的赋权结果可以看出，福建省内各县市经济发展的基本面差异较大，因而权重占比水平最高，五年平均达到了40.1%，主要由经济发展地区生产总值规模差异贡献，其占比超过20%。其次是经济发展的社会成果，占比39.5%，其中基础设施水平、居民消费能力两个方面的省内差异尤其突出，五年平均权重均达到了10%以上。经济发展效率层面权重相对较低，仅占20.4%，其中资本生产效率权重9.3%。

　　通过熵权法对各县（市）各年度的经济指标进行赋权汇总，进而得到各个县市每年的经济发展总体得分。福建省各县市五年平均的经济发展得分如表3所示，2014～2018年五年平均得分前五名的县市分别为晋江、石狮、长乐、南安、福清。

表3　福建省县域2014～2018年经济发展水平综合指标平均得分

排名	县（市）	得分	排名	县（市）	得分	排名	县（市）	得分
1	晋江市	0.711	21	连城县	0.311	41	光泽县	0.259
2	石狮市	0.601	22	邵武市	0.308	42	大田县	0.258
3	长乐市	0.477	23	平潭县	0.306	43	顺昌县	0.257
4	南安市	0.472	24	漳浦县	0.306	44	建阳区	0.255
5	福清市	0.443	25	闽清县	0.306	45	云霄县	0.255
6	惠安县	0.437	26	仙游县	0.302	46	长汀县	0.252
7	龙海市	0.437	27	尤溪县	0.302	47	永泰县	0.249
8	永安市	0.417	28	闽侯县	0.302	48	浦城县	0.247
9	永春县	0.401	29	建宁县	0.294	49	屏南县	0.245
10	东山县	0.397	30	武夷山市	0.293	50	诏安县	0.244
11	沙县	0.382	31	安溪县	0.291	51	明溪县	0.236
12	长泰县	0.349	32	罗源县	0.291	52	宁化县	0.231
13	福安市	0.336	33	将乐县	0.289	53	清流县	0.230
14	漳平市	0.333	34	建瓯市	0.288	54	柘荣县	0.229
15	德化县	0.325	35	华安县	0.286	55	周宁县	0.219
16	上杭县	0.325	36	福鼎市	0.285	56	寿宁县	0.218
17	泰宁县	0.323	37	古田县	0.282	57	政和县	0.190
18	南靖县	0.323	38	武平县	0.273	58	松溪县	0.187
19	永定区	0.320	39	霞浦县	0.272			
20	连江县	0.318	40	平和县	0.261			

四、模型构建与实证分析

(一)变量选取与模型构建

1. 变量解释

本专题以 2014～2018 年福建省 58 个县级行政区域的面板数据①为样本,对数字普惠金融与县域经济发展的关系进行实证分析。

(1)被解释变量。本专题旨在探究数字普惠金融对福建省县域经济发展的影响,被解释变量采取前面熵权法所构建的经济发展水平指标分数。

(2)解释变量。本专题以"北京大学数字普惠金融指数"中 2014～2018 年度福建省县域数据作为模型的解释变量,包括县域总指数及三个细分维度的指数。其具体的构建方式及最终结果见前文。从图 1 可以看到,近年来福建省县域数字普惠金融发展趋势较为平缓,2014～2017 年呈轻微下降态势,2018 年度开始上升。而在区域分布方面,县域普惠金融指数总指

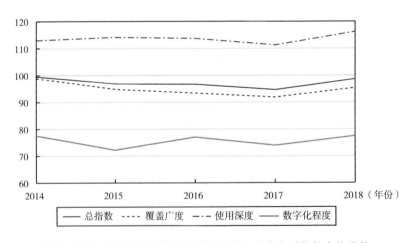

图 1　2014～2018 年福建省县域平均数字普惠金融指数变化趋势

---

① 原始数据采集自历年《福建统计年鉴》《中国县域统计年鉴》,并根据各县市官网发布的国民经济和社会发展统计公报进行了部分数据的补充。

数前三名分别为南平市、福州市、莆田市，并没有出现明显的沿海内陆区域差异（见图2）。

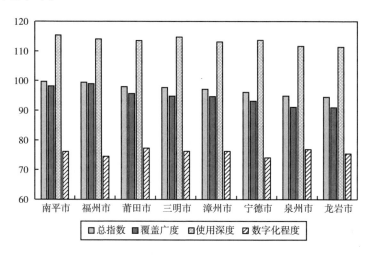

图2　福建省各地市级2014～2018年五年平均数字普惠金融指数

相较于传统的普惠金融模式，数字普惠金融的发展相对于传统金融主要存在两点优势。首先，数字普惠金融依靠其移动便捷性，打破了我国金融发展地理环境上的制约，直接增强了偏远地区居民与中小微企业的金融服务可得性；其次，数字普惠金融在服务质量上也得到了进一步优化，通过线上营销、大数据客户画像、大数据信用管理等方式，降低了居民和中小微企业的金融交易成本，并催生出更多新型的金融业务，真正实现了对传统金融机构的服务升级。

理论上来讲，数字普惠金融对地方经济的影响主要有四种渠道。其一，数字普惠金融服务深度与广度的提升直接促进了县域经济发展资本金的积累；其二，数字普惠金融通过数字化服务与较低的内部成本，提供更加便捷的客户体验，激发了部分居民的消费动力，进而促进地方经济发展；其三，通过为难以获得融资的农民、个体、小微企业提供融资渠道，促进了县域创新创业，进而拉动地区经济增长；其四，数字普惠金融通过提供网络平台，发挥县域承上启下的枢纽作用，使得信息与技术得到更快速的传播，提高居民的金融与信用意识，完成了普惠金融进入良性闭环的关键一步。

为了进一步把握数字普惠金融的不同特征对经济发展的影响作用，本专题将北京大学数字普惠金融指数中总指数下服务深度、覆盖广度、数字化程度三个细分指数分别作为解释变量进行研究，从而观察细分指标对经济发展的影响。

（3）控制变量。除数字普惠金融发展水平外，县域经济的发展还受制于许多其他因素，因此需要在模型中对这些因素加以控制。根据新古典经济学与内生增长理论，经济增长主要由科技水平、劳动投入量和资本投入量决定。对于县域经济来说，劳动力质量提升和资本形成是带动县域经济增长的重要因素，也是实现县域产业优化升级的重要源泉；较高的就业代表着县域人力资源的合理利用，地方科教投入则将极大地提升劳动生产效率，促进产业转型升级，并与县域的人才引进战略相辅相成。综上，本专题初步选取劳动力水平（L）、资本积累水平（K）、科技水平（A）三个方面的控制变量，所有解释变量的数据收集情况见表4。

表4   解释变量基本情况

变量	选取指标	指标代码	单位	样本数量
数字普惠金融发展水平	总指数	DIFI	—	290
	发展广度	DIFI_1	—	290
	发展深度	DIFI_2	—	290
	数字化程度	DIFI_3	—	290
劳动力水平（L）	单位在岗职工占年末常住人口数比例	labor	%	290
资本积累水平（K）	年末人均固定投资数额	Capital	万元	290
城镇化水平（U）	年末城镇常住人口占比	Urban	%	290
科技水平（A）	地方财政科教支出占比	Tech	%	290

其中，资本积累水平（K）用地区年末固定投资数与常住人口的比值来衡量。城镇化水平（U）的 urban 值越大，城镇化水平越高，预期地区生产资料的流通效率也将提高。科技水平（A）由地方科教类财政支出占财政总支出比重表示，tech 的数值越大，地方对于教育及研究拨款越多，科教水平将有所提升。

2. 动态面板回归模型的构建

本专题所选择的样本时间长度较短，截面个数较多，属于典型的短面板数据。从现实生活与学术研究中均可以发现，金融发展与经济增长的关系通常是动态变化的。这就要求我们在分析数字普惠金融对经济的影响作用时，不仅要考虑当前因素对经济的影响，还要考虑过去因素对其的影响，因此本专题选择使用动态面板模型进行估计。

加入了被解释变量滞后项后，应用差分估计要考虑内生性问题，与此同时，还需考虑到数字普惠金融与经济增长之间相互促进的内生性可能。若使用传统 OLS 估计，估计结果将有偏且非一致。因此，本专题选择 GMM 估计方法，该方法在处理变量内生性与弱工具变量问题方面具有显著优势。鉴于本专题样本有限，系统矩估计对矩条件要求更为严格，其结果更加可靠。此外，根据布伦德尔和邦德（Blundell & Bond, 1998）的研究，差分 GMM 的估计量受弱工具变量的影响，在有限样本的条件下将出现估计值偏小的误差。故本专题使用系统 GMM 方法对模型进行估计，设定基准回归模型如下：

$$Y_{ik} = \beta_0 + \beta_1 Y_{i,k-1} + \beta_2 \ DIFI_{ik} + \varphi X_{control} + \upsilon_i + \gamma_i + \varepsilon_{ik} \qquad (8)$$

其中：下标 i 和 k 分别表示县（市、区）和年份；Y 为因变量，表示县域经济发展水平，同时将 Y 的一阶滞后项作为解释变量纳入方程；自变量 $DIFI$ 代表数字普惠金融发展程度；$X_{control}$ 代表其他变量；υ_i 为特定地区固定效应，与时间无关；ε_{ik} 是未观测随机误差项。

（二）实证分析与检验

1. 描述性统计

为了初步了解每个指标的统计性质，模型所有变量的描述性统计结果汇总于表 5。通过观察可知，变量中同时包括绝对值与相对值，且单位量纲差异较大，因此后续模型回归将所有解释变量标准化后再进行；被解释变量 Y 的平均值与中位数均偏离最大值，福建省县域经济发展水平呈偏态分布，经济发展较好的地区与落后地区差异较大；解释变量 $DIFI$ 的范围为 [45.03, 124.12]，表明福建省县域间数字普惠金融发展水平存在较大差异；控制变量方面，各个控制变量在不同城市和不同年份间都存在很大差异。

表5 各变量统计特征描述

变量	平均值	标准差	最小值	最大值	中位数	样本数
Y	0.31	0.09	0.18	0.76	0.30	290
DIFI	97.29	17.79	45.03	124.12	99.52	290
DIFI_1	94.84	12.18	44.53	156.16	94.99	290
DIFI_2	113.62	31.82	50.64	160.80	110.19	290
DIFI_3	75.66	32.99	1.97	128.30	76.36	290
Capital	25022.28	23186.98	3681.68	140211.10	16879.70	290
Labor	10.32	4.87	3.81	28.93	8.70	290
Urban	51.17	8.48	37.50	79.80	48.75	290
Tech	21.83	4.55	6.60	33.97	21.42	290

通过绘制被解释变量与解释变量之间的散点图,可以较为直观地把握二者之间的关系。从图3可以发现,整体来说数字普惠金融与县域经济发展水平并非完美线型正相关,区域分化较为明显。其中,县域经济发展水平得分超过中位数0.3的县(市)的散点图分布可以看出较为明显的正相关关系,而县域经济发展水平较低的县(市)则未表现出明显的相关关系。本专题后续将通过模型进一步考察数字普惠金融对县域经济的影响作用。

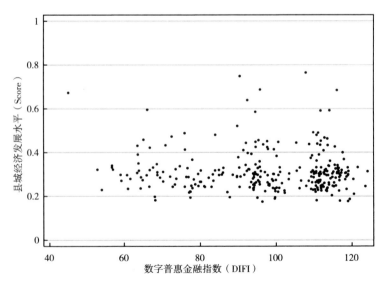

图3 数字普惠金融指数与县域经济发展水平的散点图

2. 动态面板模型回归结果

模型回归结果如表 6 所示。除 GMM 估计之外，表中同时列出了 OLS 直接估计所得出的混合效应模型、个体固定效应（FE）的回归结果，以便从计量角度检验模型是否稳健。

表 6　　　　　　　　　　　　GMM 动态面板回归结果

变量	模型 1	模型 2	模型 3	模型 4	模型 5	模型 6	模型 7
	OLS	FE	DIF_GMM	SYS_GMM	SYS_GMM_1	SYS_GMM_2	SYS_GMM_3
L. score	0.959 ***	0.305 ***	0.288 *	0.901 ***	0.898 ***	0.903 ***	0.909 ***
difi	0.00672	0.0110 **	0.0674 **	0.0533 ***			
L. difi	− 0.0022	0.00121	0.0276 **	0.0206 ***			
labor	− 0.124 ***	− 0.133 ***	− 0.312 **	− 0.323 ***	− 0.390 ***	− 0.311 ***	− 0.321 ***
L. labor	0.145 ***	0.129 ***	0.0778	0.358 ***	0.452 ***	0.352 ***	0.377 ***
capital	− 0.0682 ***	− 0.0723 ***	− 0.127 ***	− 0.125 ***	− 0.113 ***	− 0.119 ***	− 0.126 ***
L. capital	0.0846 ***	0.0399 ***	0.0806 *	0.113 ***	0.0928 ***	0.105 ***	0.0988 ***
tech	0.0164	0.0331 **	0.0435	0.0873 ***	0.113 ***	0.100 ***	0.124 ***
L. tech	− 0.0115	0.0146	− 0.0101	0.0298	0.0126	0.0124	0.00448
difi_1					0.0192		
L. difi_1					0.0369 **		
difi_2						0.0376 ***	
L. difi_2						0.0227 ***	
difi_3							0.0118
L. difi_3							0.0107
cons	0.00249	0.196 ***		− 0.0814 ***	− 0.0664 ***	− 0.0665 ***	− 0.0565 ***
adj. R-sq	0.9631	0.1516					
AIC	− 1186.1	− 1342					
BIC	− 1151.6	− 1307.5					
AR（2）			0.887	0.833	0.605	0.473	0.225
Hansen			0.368	0.306	0.317	0.277	0.216

注：* 、 ** 、 *** 分别表示在 10% 、 5% 和 1% 的统计水平上显著。

　　由于被解释变量滞后一期与复合误差项存在正向关系，普通 OLS 模型 1 通常会高估滞后项系数。而动态面板数据模型采用固定效应估计模型 2 时，进行组内离差变换后，被解释变量滞后项的组内离差与误差项的组内离差之间存在着负相关，从而低估了被解释变量滞后一期真实系数大小。因此，邦德等（Bond et al.，2002）指出，解释变量滞后一期的 GMM 系数估计值应介于 FE 和混合 OLS 的估计值之间。

　　根据回归结果，解释变量滞后一期系数的真实值应该介于 0.305 ~ 0.959。差分 GMM 的回归结果受弱工具变量的影响而产生向下的大的有限样本偏差，其估计值 0.288 低于预测合理范围。系统 GMM 的回归结果 0.901 则落入了 0.316 ~ 0.950 的合理范围内，因此系统 GMM 的系数估计结果是较为可靠的，这与本专题的预期相符。同时，将系统 GMM 估计模型 4 与模型 1、模型 2 进行对比，发现大部分解释变量系数仍然显著，系数的显著性水平、大小以及符号均未有较大改变，模型估计效果基本一致，可以认为模型较为稳健。

　　由表 6 的模型检验结果可知，模型 3 与模型 4 的 AR（2）结果分别为 0.887 和 0.833，即残差不存在二阶及以上的自相关，GMM 模型设定正确。鲁德曼（Roodman，2006）指出，太多的工具变量将产生过度拟合问题，本专题模型满足拇指规则，因此 Hansen 过度识别检验是稳健的。表 6 结果显示模型 3 ~ 模型 7 的 GMM 估计 Hansen 检验值均在 0.2 以上，大于 0.1 的显著性水平，工具变量有效。综合来说，本专题设定的模型较为正确。

　　根据模型 4，福建全省范围内县域数字普惠金融指数的系数为 0.0447，并在 5% 水平上显著，说明数字普惠金融对经济高质量发展呈正向促进作用，即在控制其他变量不变的情况下，福建省全省层面上县域数字普惠金融发展水平每提高 1%，会使经济增长质量平均提高 0.0447%。

　　控制变量方面，Tech 的系数为正，均通过显著性检验。表明扩大地方财政科教支出比例有利于促进经济发展。控制变量 Labor 和 Capital 的系数则当期为负，滞后一期显著为正，分析其背后原因可能是当期引进的投资和人力资源对经济的带动作用尚未凸显，新增的大额投资和人力成本反而拉低了区域经济增长的效率，生产要素的投入对经济发展的影响作用较为滞后。

　　通过将基准模型 4 与模型 5、模型 6、模型 7 对比可以发现，数字普惠金融细分指数对总体指数系数显著性的贡献度有所不同。其中，使用深度指数及其一期滞后项对经济发展的正向影响最为显著，说明数字普惠金融所提供的多样化服务明显促进了县域经济发展。覆盖广度方面，变量仅滞后一期对经济发展的影响较为显著，说明初期的覆盖广度是数字普惠金融的发展基础，对经济发展的促进具有滞后作用。数字化程度方面则没有显著的正向关系，数字普惠金融的移动化、实惠化、信用化、便捷化等数字化程度优势在县域经济环境下尚不明显。

3. 区域异质性分析

考虑到福建省内不同县市在地形、主导产业、政策等方面的差异，以及经济发展的不平衡性，本专题将对样本进行划分和再次回归，并与总体回归结果进行比较，以探讨数字普惠金融对福建省县域经济发展影响的区域异质性。同时，样本分割也可以进一步检验总体回归结果，保证模型的稳健性。

与普通的中宏观经济发展研究不同，对于县域经济来说，复杂的城乡二元经济结构使得县域的经济发展具有更为特殊的性质。随着我国经济的不断发展，城乡二元经济结构的矛盾也在不断加强。而城镇化所形成的区域性金融系统作为带动农村与城市地区实现资源流动的血液，能够促进各种生产要素在县域内部或县域间进行配置，从而实现资源互补、规模生产，并促进技术和信息等生产要素的高效率传播。城镇化是经济高质量发展的必经之路，城镇化水平的差异或将引起不同地区的经济发展路径产生分异，进而导致其实证模型的差异。

本专题根据城镇化水平，以全省中位数为界，将福建省划分为城镇化水平较高的县市及城镇化水平较低的县市。从经济发展评价指数 Score 与数字普惠金融发展指数 DIFI 的散点图可以较为直观地感受到区域异质性（见图4）。图4（a）为城镇化率低于中位数的县市，分布较为分散、不规则，没有显著的正向关系；图4（b）为城镇化率高于中位数的县市，可以看出随着 DIFI 指数的升高，出现较高经济发展评分县市的频率越高。

根据表7的系统 GMM 回归结果，模型4、模型8、模型9的 AR（1）显著不为零，AR（2）均大于 0.2，即残差不存在二阶及以上的自相关，模型设定正确。$Hansen$ 过度识别检验均大于 0.1，说明所选用的工具变量有效。

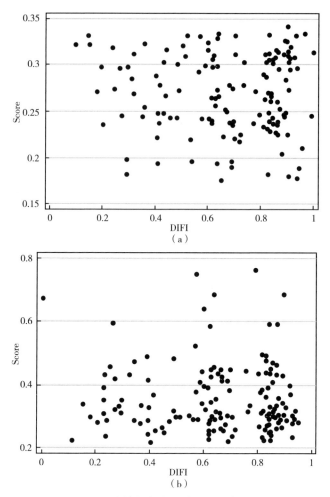

（a）

（b）

图 4　不同城镇化率水平的县市散点图对比

表 7　　　　　　　　　　　　区域异质性回归结果

变量	模型 4	模型 8	模型 9
	福建全省	城镇化率较低地区	城镇化率较高地区
L. score	0. 901 ***	0. 848 ***	1. 018 ***
	[0. 0295]	[0. 0539]	[0. 0598]
difi	0. 0533 ***	− 0. 012	0. 0954 **
	[0. 0154]	[0. 0185]	[0. 0410]
L. difi	0. 0206 ***	0. 00309	0. 0397 **
	[0. 0057]	[0. 0086]	[0. 0161]

续表

变量	模型4	模型8	模型9
	福建全省	城镇化率较低地区	城镇化率较高地区
labor	− 0. 323 ***	− 0. 254 ***	− 0. 484 ***
	[0. 0433]	[0. 0612]	[0. 1720]
L. labor	0. 358 ***	0. 311 ***	0. 478 ***
	[0. 0519]	[0. 0772]	[0. 1539]
capital	− 0. 125 ***	− 0. 155 ***	− 0. 0888 **
	[0. 0186]	[0. 0279]	[0. 0451]
L. capital	0. 113 ***	0. 136 ***	0. 0523
	[0. 0186]	[0. 0212]	[0. 0340]
tech	0. 0873 ***	0. 131 ***	0. 137 ***
	[0. 0179]	[0. 0148]	[0. 0511]
L. tech	0. 0298	− 0. 0227	0. 031
	[0. 0224]	[0. 0190]	[0. 0410]
_cons	− 0. 0814 ***	− 0. 0175	− 0. 168 ***
	[0. 0168]	[0. 0351]	[0. 0560]
N	232	112	120
AR（1）	0. 01	0. 002	0. 043
AR（2）	0. 833	0. 252	0. 332
Hansen	0. 306	0. 167	0. 681

注：*、**、***分别表示在10%、5%和1%的统计水平上显著。

　　分析回归系数可知，数字普惠金融对县域经济发展的影响因地区而异。模型9结果显示，在城镇化水平较高区域，县市数字普惠金融发展指数DIFI及其一阶滞后项的回归系数分别为0.0954和0.0397，明显大于福建全省范围估计的0.0533和0.0206。说明在城镇化水平较高的区域，发展数字普惠金融对县域经济发展具有更加显著的推动作用，而模型8显示，城镇化水平较低区域县市则没有显著的正向关系，且当期系数为负值。

　　本专题认为，导致区域异质性的原因主要是不同的城镇化水平区域数字普惠金融发展的资源配置效果不同。在城镇化水平较高的区域，资本、人力和信息技术的流通更加便捷，数字普惠金融通过对个人及小微企业进行金融服务，促进消费及创业行为，其对经济发展水平的传导作用较为明显。而在城镇化水平较低的区域，区域自身经济基础与信息化建设相对较差，数字普惠金融发展促进资本积累与技术传播的路径受阻，因而经济发展质量没有显著提升。

控制变量方面，政府科教投入占比对全省、高城镇化地区和低城镇化地区的经济发展均存在显著促进作用，这与本专题的预期相符：科教发展将大大提升经济产出的效率，并将成为经济长期增长的重要源泉。劳动力就业水平 Labor 滞后一期在三个模型中均为正数，当期为负，说明人力资源投入的滞后效果在不同区域均有发生，人力资源投入或将影响当期经济发展效率，但整体依然呈正向促进作用。在资本投入方面，Capital 指标滞后一期在全样本与低城镇化样本中均具有显著正向作用，然而在城镇化较高的县市却并没有显著的经济提升作用。说明在城镇化较高区域，资本积累已经达到一定水平，依靠投资拉动的经济增长效应已经在逐渐消失，当期大量资本投入反而拉低产出效率，降低经济发展质量。

通过上述结果可以看出，数字普惠金融与其他控制变量对县域经济发展的影响效果和影响方向在不同区域中存在着明显差异。要进一步促进福建省县域经济高质量发展，需要因地制宜，根据不同县市的自身特点，找到数字普惠金融与实体经济的结合路径，更大程度地发挥数字普惠金融的优势。

五、结论和政策建议

（一）结论

本专题通过熵权法构建福建省县域经济发展评价指数，横向和纵向地比较了各县市近年来的经济发展水平。并以此为基础，进一步构建计量模型，实证分析了数字普惠金融发展指数对县域经济发展的影响，得到以下结论：

第一，在评价县域经济发展水平的指标构建过程中，本专题发现福建省内县域经济发展水平的差异主要出现在经济发展规模、居民消费能力、基础设施水平和资本生产效率四个方面。在区域分布方面，省内经济发展前十名中有 9 个县市均分布在泉州、福州、漳州等沿海发达地区；末十名中 9 个县市均分布在南平、三明、宁德等内陆区域和山地较多的区域，呈现出较为明显的区域经济差异。

第二，福建省内各县市数字普惠金融发展指数存在较大极差。但数字普惠金融指数的分布并没有明显的区域差异态势，体现了数字普惠金融发展无地域限制的特点。近年来，福建省内县域数字普惠金融的发展速度较为平缓，一度有下滑趋势。

第三，总体而言，福建省数字普惠金融的发展对县域经济发展水平提升具有显著的正向推动作用：数字普惠金融发展总指数每提高 1%，会使县域经济增长水平平均提高 0.0447%。然而数字普惠金融细分指标的影响贡献度存在差异：使用深度指标对经济发展水平提升呈明显的正向作用，覆盖广度指标存在滞后的正向作用，但数字化程度则没有明显影响。说明目前数字普惠金融所提供的支付、信贷、投资、保险等多种业务较好地满足了县域客户的金融服务需求，在很大程度上填补了传统金融所不能覆盖的服务内容，能够与县域经济活动紧密契合。但是，数字化程度指标对经济影响不显著也说明其信用化、实惠化等优势仍未得到长足发展。

第四，数字普惠金融对县域经济发展的影响存在明显的区域异质效应。对于城镇化水平较高的县域，其正向促进作用十分突出；而对于城镇化水平相对较低的县域却没有显著影响。说明目前福建省内数字普惠金融对经济发展的促进作用仍依赖于区域经济基础与基础设施建设，对偏离中心城镇与连片农村区域的经济带动效果尚不理想。

（二）建议

基于以上研究结论，本专题就福建省数字普惠金融发展提出以下几点思考及建议：

第一，加大县域发展数字普惠金融的政府扶持力度，放大既有的覆盖优势。从本专题的实证结果来看，数字普惠金融的发展一定程度上缓解了福建省县域金融抑制问题，显著提升了县域经济发展水平，并推进县域经济向高质量的方向发展。数字普惠金融作为未来服务实体经济的重要环节之一，应加强扶持力度与政府引导。一方面，对于在偏远落后地区发展数字普惠金融进行政策上的补贴支持，加强和完善福建省内网络通信环境、移动终端普及等数字化金融的基础设施建设，提升数字普惠金融覆盖广度；另一方面，积极引导政企合作推行数字普惠金融试点项目，贴合县域小微企业发展融资需求与县域居民生活场景，推出相适应的金融产品，进一步提高数字普惠金融的使用深度。

第二，县域数字普惠金融的发展应有所侧重，补齐数字化程度不足的短板。目前国内数字金融行业发展尚未成熟，许多平台所提供的金融服务仍具有民间金融的烙印，真正的数字化转型仍在路上。行业内监管不足与信用体系建设的落后使得数字普惠金融并未完全发挥其在信用化、普惠化、便捷化等方面的数字化优势。政府应推进数字普惠金融与农商行、信用社等地方传统金融服务相结合，有序地促进科技创新在普惠金融领域金融产品和金融服务的应用，通过打破信息孤岛，促进县域及农村的信用体系建设，进一步提升风险管控手段、降低金融成本，提升金融服务在县域与偏远地区的触达能力，将数字普惠金融的数字化效用落在实处。

第三，数字普惠金融发展过程中注意因势利导，尤其对基础薄弱区域实施差异化发展策略。从福建省县域的实证结果可以看出，数字普惠金融的发展效果会受到当地经济发展阶段、产业结构与基础设施水平等诸多因素的制约。因此，各地区应该依据自身发展特征来设计相应的数字普惠金融发展模式，对于不同发展阶段、不同产业结构的城镇进行满足不同需求与风险水平的产品设计。此外，对于城镇化较低的县域与偏远地区，应大力加强政府在科学教育方面的投资，提升当地居民的生产、创业能力与金融教育水平，促进数字普惠金融与地区经济发展的良性循环，进而实现区域经济质与量的提升。

参考文献

[1] 钞小静，任保平. 中国经济增长结构与经济增长质量的实证分析 [J]. 当代经济科学，2011，33（6）：50-56，123-124.

[2] 成学真，龚沁宜. 数字普惠金融如何影响实体经济的发展——基于系统 GMM 模型和中介效应检验的分析 [J]. 湖南大学学报（社会科学版），2020，34（3）：59-67.

[3] 郭峰，王靖一，王芳，孔涛，张勋，程志云. 测度中国数字普惠金融发展：指数编制与空间特征 [J]. 经济学（季刊），2020，19（4）：1401-1418.

[4] 贺健，张红梅. 数字普惠金融对经济高质量发展的地区差异影响研究——基于

系统 GMM 及门槛效应的检验 [J]. 金融理论与实践, 2020 (7): 26 - 32.

　　[5] 江红莉, 蒋鹏程. 数字普惠金融的居民消费水平提升和结构优化效应研究 [J]. 现代财经 (天津财经大学学报), 2020 (10): 18 - 32.

　　[6] 蒋长流, 江成涛. 数字普惠金融能否促进地区经济高质量发展? ——基于 258 个城市的经验证据 [J]. 湖南科技大学学报 (社会科学版), 2020, 23 (3): 75 - 84.

　　[7] 刘锦怡, 刘纯阳. 数字普惠金融的农村减贫效应: 效果与机制 [J]. 财经论丛, 2020 (1): 43 - 53.

　　[8] 钱海章, 陶云清, 曹松威, 曹雨阳. 中国数字金融发展与经济增长的理论与实证 [J]. 数量经济技术经济研究, 2020, 37 (6): 26 - 46.

　　[9] 师博, 任保平. 中国省际经济高质量发展的测度与分析 [J]. 经济问题, 2018 (4): 1 - 6.

　　[10] 滕磊. 数字普惠金融缓解中小企业融资约束的机制与路径 [J]. 调研世界, 2020 (9): 27 - 35.

　　[11] 魏敏, 李书昊. 新时代中国经济高质量发展水平的测度研究 [J]. 数量经济技术经济研究, 2018, 35 (11): 3 - 20.

　　[12] 肖越. 关于县域经济发展评价指标体系构建的论证 [J]. 西安财经学院学报, 2011, 24 (1): 113 - 116.

　　[13] 周再清, 陈璐. 普惠金融对县域经济发展的影响研究——基于湖南省 87 个县 (市) 的实证分析 [J]. 广州大学学报 (社会科学版), 2018, 17 (6): 62 - 68.

　　[14] Bo Huang. A Research on the influence of digital inclusive finance on financing constraints of SMEs [P]. Proceedings of the 2019 International Conference on Economic Management and Cultural Industry (ICEMCI 2019), 2019.

　　[15] Hu Bin, Li Jie. Research on the relationship between digital inclusive finance and rural inclusive growth [J]. Finance, 2020, 10 (4): 259 - 266.

　　[16] Guyuan Han, Youfei Hu, Yuhan Zhang. Digital inclusive finance, innovation and entrepreneurship [J]. Scientific Journal of Economics and Management Research, 2019, 1 (5).

　　[17] Richard Blundell, Stephen Bond. GMM Estimation with persistent panel data: an application to production functions [J]. Econometric Reviews, 2000, 19 (3): 321 - 340.

专题五　区域性股权市场的融资效率及其对策研究：以福建省为例

一、绪论

（一）研究背景

小微企业的融资难、融资贵问题是世界性的难题，也是各国纷纷在着力解决的问题。2017 年，我国中小微企业贡献的 GDP 水平超过国内总 GDP 的 60% 以上，同时贡献的就业水平超过了 80%，中小微企业的发展关系到国家经济和就业率的平稳健康增长。为了解决中小微企业的融资难题，国家做出了有力探索，区域性股权市场应运而生。区域性股权交易市场，又称四版市场，是诞生于 2008 年的一个新兴概念，它是在中央支持下，区域性经济改革和金融创新的联合产物，现今正在蓬勃发展。2008 年末，天津股权交易中心的挂牌营业，是区域性股权交易市场成立的标志性起点。

作为多层次资本市场的塔基，区域性股权交易市场是为特定区域内的企业提供股权、债券的转让和融资服务的私募市场，它主要服务于所在省级行政区域内的各类中小微企业，是地方政府扶持企业、政策措施实施的综合运用平台。在我国的资本市场上，不同规模的投资者、融资者对金融服务的需求各不相同，而多样化的需求也必然导致多层次市场体系的产生。区域性股权市场与沪深证券交易所主板、中小板、科创板、创业板市场和新三板市场所形成错位发展、功能互补的多层次资本市场体系，大大延伸了资本市场的覆盖面和纵深度，更有利于地方中小微企业获得资本市场服务。作为新兴的地方金融服务平台和场外交易市场，区域性股权市场在助力小微企业直接融资和间接融资方面进行了有益的探索和实践，弥补了地方小微企业成长初期的金融服务短板问题，对推动区域经济转型和高质量发展具有十分深远的意义。

（二）研究目的及意义

本专题旨在探讨福建省内股权交易市场对中小微企业的服务现状，同时就股权交易市场如何提高金融服务水平，助力中小微企业发展创新所需的融资需求，提高融资效率做出探讨与实证分析。

区域性股权交易市场的发展现状和对小微企业的服务水平是近年来备受瞩目的话题。地方政府可以通过股权交易市场这一规范化强、透明度高的平台，运用贴息、担保、投资等有效措施扶持中小微企业的发展，同时，中小微企业发展壮大后可以反哺地方经济，带动区域内经济的发展。因此，对区域性股权交易市场的服务现状进行探讨与研究，具有深远意义。据天眼查专业版数据，2019 年全国小微企业数量达到 8000 万家，数量大约占到全国企业总数的 70% 左右。2019 年，全国新增小微企业数量达到近 1500 万家。2017～2019 年，每年小微企业新增注册数量都超过 1000 万家。据 2017 年福建统计局的统计数据，福建省内小微企业的占比高达 81.28%，是全省经济发展的主要驱动力。因此，为了更好地服务于小微企业的融资需求和发展创新，助力全省经济复苏，深入研究福建省区域性股权市场，既是有效之举，也是必然之举。

目前，针对福建省区域性股权交易市场助力小微企业发展创新的研究较少，本专题利用在厦门两岸股权交易中心和海峡股权交易中心上挂牌的小微企业的相关数据进行实证分析，得出结论并给出建议，为以后相关内容的研究提供了一定的参考意义。

从现实层面而言，在疫情的影响下多地区的中小微企业都进入了发展停滞期，面临着资金短缺，资金链断流的风险，而对区域性股权交易市场助力小微企业发展创新的研究，有利于小微企业从困境中复苏，帮助小微企业恢复快速发展。在股权交易市场创新服务小微企业的推动下，引导地方政府的积极参与，共同助力小微企业的发展，构成具有反馈效应的循环体系，是三方参与、三方受益的事情。

（三）研究思路与方法

本专题运用理论综述和实证研究相结合的方式，研究区域性股权交易市场在小微企业的融资需求和融资效率方面的表现，选取在厦门两岸股权交易中心和海峡股权交易中心挂牌的所有中小微企业的相关数据，在对融资总规模、资产负债率等主要指标的描述性统计和相关性检验排除了多重共线性的基础上，对福建省区域性股权市场对小微企业融资效率和融资机制的影响分别进行实证分析，并依据实证结果结合实际对福建省区域性股权市场如何服务小微企业的发展创新给出建议。

（四）相关文献与本专题的贡献

关于区域性资本市场的现有研究，主要集中在区域股权交易市场对企业及地方经济的影响作用。卞庆伟（2018）选取2013～2016年在齐鲁股权交易中心挂牌的企业进行融资效率研究，并通过Tobit两阶段模型分析了其影响因素，结果表明，企业融资效率普遍偏低，企业规模、资本结构、营运能力和资金利用率等是影响其融资效率的重要因素。潘越（2018）基于DEA模型对齐鲁股权交易中心20家转板至新三板的公司进行融资效率比较，实证结果显示，转板前公司融资效率较高，转板后一年较转板当年融资效率有所下降。朱启勉（2017）通过对我国各省区市私募股权基金和区域创新能力之间的关系进行实证分析，得出我国私募股权基金对区域创新能力有一定促进作用的结论。周小琪等（2017）针对当前区域股权交易市场的特征，分析其对中小微企业融资机制的影响，进而提出优化建议。多数研究结论都表明，区域股权交易中心的发展对企业及地方经济发挥着巨大的作用，但关于区域股权目前遇到的发展瓶颈的研究成果有限，并且缺乏针对性。地处东南沿海的福建占据着比我国西部更加优势的地理位置，根据福建省统计局的统计数据，福建省人均地区生产总值从2010年的40025元增长到2018年的91197元，涨幅超过1倍。然而，目前尚未见学者专门对福建的区域性股权市场进行深入研究。实际上，福建省因其特殊的地理位置，可以充分利用海峡两岸的资源达成双方小微企业的互利共赢。因而，本专题以福建省区域性股权市场为例，就其发展困境进行剖析，提出区域股权交易市场的路径优化策略，以期推进福建金融发展，促进地方经济平稳发展，也希冀能够为全国区域股权交易市场提供参考。

二、福建省区域性股权交易市场概述

（一）福建省区域性股权交易市场现状

区域性股权交易市场是一个私募股权市场，是我国多层次资本市场的重要组成部分，它是为中小微企业提供以股权融资为核心的综合金融服务平台，也是地方政府扶持中小微企业的政策平台，在服务地方中小微企业方面发挥着不可或缺的作用。各区域性股权市场能拓宽融资渠道，促进改制升级，支持科创企业发展，服务基层金融工程，协助政策实施。

区域股权交易市场是融资方的"匹配者"和"监管者"，主要通过挂牌、融资、培育、孵化中小微企业，实现转板上市。中小微企业可以在区域性股权交易市场上将股权挂牌交易，利用股权增资扩股、股权交易增值、股权质押、股权私募等具体业务形式实现资金的融通。

福建省区域性股权交易市场包括厦门两岸股权交易中心和海峡股权交易中心。

1. 厦门两岸股权交易中心

厦门两岸股权交易中心是服务于海西经济区中小微企业的私募股权市场，是多层次资本市场体系的重要组成部分。它融合了对台金融合作元素，服务于台海两岸中小微企业，是两岸区域性金融体系的重要组成。2013 年底，中心经厦门市政府批复成立，注册资本 9000 万元，成为厦门市唯一的区域性股权市场运营机构和厦门市政府扶持中小微企业政策措施的综合运用平台。

中心整合利用平台资源，为广大处于初创和发展阶段、尚未走入沪深交易所的中小微企业，提供私募、个性、定制化的金融解决方案，打造"线上＋线下"的开放型商业部落，形成"融资、融智、融服务"三位一体的功能服务体系，在商业银行和沪深交易所之外，开辟另一个新型融资渠道，帮助企业实现成长梦想。

截至 2020 年 7 月，已经有 1505 家企业曾经或仍然在厦门两岸股权交易中心展示，目前有 137 家企业在厦门两岸股权交易中心挂牌（见图1）。

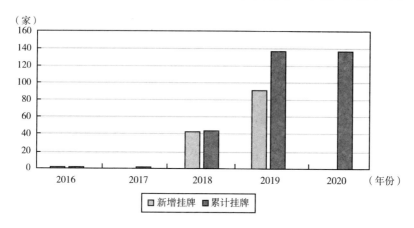

图 1　厦门两岸股权交易中心企业挂牌情况

资料来源：Wind 和厦门两岸股权交易中心网站。

2. 海峡股权交易中心

海峡股权交易中心是福建省内唯一经省人民政府批准设立的区域性股权市场，由省人民政府对外公告并经中国证监会备案的福建省区域性股权市场，是国务院明确的服务台资企业的专业化区域性股权市场，是经省人民政府授牌的福建省上市后备企业培育孵化基地，是福建省和上海证券交易所共建资本市场服务福建基地的运营单位。

海峡股权交易中心于 2011 年 10 月 26 日在两岸共同家园——福建省平潭综合实验区注册成立，2013 年 7 月 18 日正式开业运营，现注册资本 2.1 亿元，共有兴业证券、福建省能源集团、福建省产权交易中心、福州市投资管理公司等地市国有投资机构以及有台资背景的海峡富国基金等 10 家股东。

福建省委、省政府高度重视海峡股权交易中心建设，出台了《福建省人民政府办公厅关于推进海峡股权交易中心建设的若干意见》等一系列政策文件，支持并推动海峡股权交易中心发展成为全国重要的区域性股权交易市场，为福建中小微企业和台资企业创建一个高效、低成本的直接融资渠道，有效缓解中小微企业和台资企业融资难问题。

截至 2020 年 7 月，已经有 3271 家企业曾经或仍然在海峡股权交易中心展示，目前有 71 家企业在海峡股权交易中心挂牌（见图 2）。

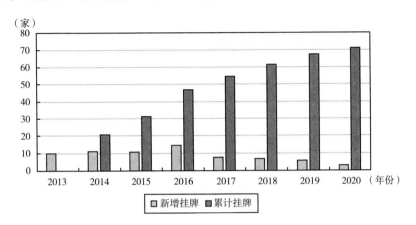

图 2　海峡股权交易中心企业挂牌情况

资料来源：Wind 和海峡股权交易中心网站。

（二）福建省区域性股权市场对促进小微企业发展的优势

福建省区域性股权交易市场服务于小微企业，既有区域性股权交易市场的共有特色，又有其独特、创新的优势。

（1）多元化拓展小微企业融资渠道。海峡股权交易中心致力于拓宽各类中小微企业直接和间接融资渠道，解决中小微企业融资难、融资贵问题。目前该中心已经提供一系列高效的融资方式和手段，包括中小微企业私募债、定向增资、银行授信、引进私募股权投资、委托债权投资、股权质押融资等。

（2）提供一系列增信服务。包括银行业金融机构的平台授信、中小微企业融资增信资金池等增信服务等。同时建立和完善中小微企业信用信息数据库，构建集企业征信、信用评级、信息发布、项目融资等功能为一体的中小微企业信息服务网，探索解决小微企业"缺信用"的难题。

（3）延伸资本市场中介服务。试点开展财务顾问、众筹业务合作及私募债承销等投行业务，设立海岚股权投资公司以开展基金管理和企业投资业务，筹建福建省创新创业天使投资基金提升市场的中介服务功能。

（4）提供"融智"服务。为规范挂牌企业的公司治理和发展，海峡股权交易中心创办"海峡慧"活动，为在中心挂牌的中小微企业提供改制、投资融资，公司治理、发展规划等经营活动相关服务。

（5）大力支持科技创新型小微企业发展。厦门两岸股权交易中心设立"闽西南科技板"，给予闽西南五地市区域科技创新、科技金融发展更强大的资本市场服务支撑。截至目前，"闽西南科技板"已吸引闽西南五地市区域大量科技型、创新型企业，共有挂牌企业22家，展示企业624家。

（6）设立人才板块，专注服务人才企业。中共厦门市委组织部联合厦门两岸股权交易中心设立厦门市"双百人才企业板"，为厦门市"双百"人才企业提供专板挂牌展示、资本市场辅导、培育孵化、私募融资等全方位、专业化金融服务，力争将"双百人才企业板"打造成为人才企业资本输入的"蓄水池"、人才上市企业的"中转站"、展示厦门营商环境的"金招牌"。

（7）对接政府，提供各项优惠政策。福建省财政厅对在海峡股权交易中心（以下简称"海交中心"）挂牌交易的中小微企业给予不超过30万元的财政补贴，并且各设区市、县政府对当地中小微企业到海交中心挂牌融资出台了财政奖励、税收支持等配套政策。同时，设立"福建省中小微企业融资增信基金"和"福建创新创业天使投资基金"，委托海交中心管理；福建省金融办批准海交中心设立互联网金融平台，支持海交中心建设中小微企业综合融资服务平台。

（8）打造独具特色的"台资板块"，建设两岸金融合作先行先试平台。相对于其他区域性股权交易中心，海峡股权交易中心与厦门两岸股权交易中心充分发挥其区域地理优势，深入对台合作，创办了独具特色的"台资板块"。"台资板块"旨在为预备在大陆上市的中小微台资企业提供投资融资，兼收并购等金融服务，同时为其公司资金正常运作、财务管理提出各类有效建议。海峡股权交易中心与厦门两岸股权交易中心明确，以交易中心作为两岸股权柜台交易市场合作的主体，加强与台湾证券交易所、证券公司等金融机构的合作，促进两岸资本市场共同发展。

三、区域性股权的小微企业融资效率及其机制分析：以福建省为例

区域性股权交易市场对小微企业的服务机制主要体现为"一点多面"的

格局。"一点"即为中心点，即股权交易市场以助力小微企业融资为服务核心，"多面"则是指服务小微企业融资所实施的具体措施及其他助力小微企业发展的有关措施。因此，本专题实证分析主要围绕区域性股权交易市场对小微企业融资的影响进行探究。

首先，对在股交中心挂牌的所有小微企业的融资效率进行分析，探讨目前福建省内股权交易市场中小微企业的融资投入是否达到了最优配置，以及达到最优配置的小微企业在挂牌企业中的占比。而后，对小微企业的现有融资机制进行探析，提出假设并根据模型进行验证，得出结论，为区域性股权市场助力小微企业融资提供新的解决思路与解决方法。

（一）区域性股权交易市场影响小微企业融资效率的实证分析

1. 数据包络分析（DEA）的基本原理与模型

运筹学家查纳斯（A. Charnes）、库珀（W. W. Cooper）和罗兹（E. Rhodes）在 1978 年提出用来评价部门间的相对效率的 C^2R 模型，这便是数据包络分析方法的发端。在这之后，又有魏权龄、黄志民等人相继提出了 C^2GS2 模型、C^2W 模型和 C^2WH 模型，作为 C^2R 模型的补充。这些模型在用来研究相同类型决策单元（decision making units，DMU）之间相对有效性方面显得较为有效。下面对 C^2R 进行简单说明。

设有 n 个参评的决策单元，每个决策单元有 t 种类型的投入，S 种类型的产出。X_{ij} 表示第 j 个决策单元对第 i 种类型输入的投入量；Y_{ij} 表示第 j 个决策单元对第 i 种类型输出的投入量；V_i 表示对第 i 种类型输入的一种度量（权）；U_r 表示对第 r 种类型输出的一种度量（权）；$i=1$，2，$\cdots$，t；$r=1$，2，$\cdots$，s；$j=1$，2，$\cdots$，n；X_{ij} 和 Y_{ij} 为已知数据，而且全为非负数，V_i 和 U_r 为变量。

记 $X_j = (x_{1j}, x_{2j}, \cdots, x_{tj})^T$，$Y_j = (y_{1j}, y_{2j}, \cdots, y_{sj})^T$，则可以用 (X_j, Y_j) 表示第 j 个决策单元。

对应于权系数 $V = (v_1, v_2, \cdots, v_i)^T$，$U = (u_1, u_2, \cdots, u_r)^T$，每个决策单元都有相应的效率评价指数：

$$h_j = (U^T Y_j)/(V^T X_j)；j = 1, 2, \cdots, n$$

适当地选取系数 V 和 U，使 $h_j \leqslant 1$。

对于第 $J_0(1 \leqslant J_0 \leqslant n)$ 个决策单元，其 C^2R 模型为如下最优化模型：

$$\max(U^T Y_{j0})/(V^T X_{j0})$$
$$\text{s.t. } (U^T Y_j)/(V^T X_j) \leqslant 1, V \geqslant 0, U \geqslant 0 \tag{1}$$

上式是一个分式规划。使用 Charnel-Coope 变换可将其化为一个等价的线性规划模型：

$$\max P_l Y_{j0}$$
$$\text{s.t. } Q^T X_j - P^T Y_{j0}, Q^T X_{j0} = 1, Q \geqslant 0, P \geqslant 0 \tag{2}$$

其中，$P = (p_1, p_2, \cdots, p_l)^T, Q = (q_1, q_2, \cdots, q_s)^T$ 为新变量。

其对偶规划模型为：

$$\min\theta$$
$$\text{s.t. } \sum_{j=1}^{n} X_j \lambda_j + S^- = \theta X_0, \sum_{j=1}^{n} Y_j \lambda_j - S^+ = Y_0;$$
$$\lambda_j \geqslant 0 (j = 1, 2, \cdots, n); S^- \geqslant 0; S^+ \geqslant 0 \tag{3}$$

通过计算，解得 θ, S^+, S^- 和 λ，其中 θ 为该 DMU 的有效值，S^+, S^- 分别为 DMU 的输入和输出的松弛变量，λ 为该 DMU 的权重系数。

当 $\theta = 1$，且所有的 S^+ 和 S^- 为零，则称该 DMU 为 DEA 有效；当 $\theta = 1$，S^+ 和 S^- 不全为零，则称该 DMU 为 DEA 弱有效；$\theta < 1$，则称该 DMU 为非 DEA 有效。

本专题选取 TS 和 TDS 作为输出的投入量，DAR、TTM 和 $OCFR$ 为输入的投入量。因数据局限较大，筛选了 31 家公司的数据。

2. 模型结果

由于 DEA 模型对输入数据与输出数据严格非负性的要求，而我们所筛选的相关数据中部分数据，如每股净收益可能为负，因此我们首先需对数据进行无量纲处理。

通过对样本原始数据进行标准化处理之后，所得到的样本数据变化范围均为 [0，1]。其后，通过 Matlab 编写程序对数据进行分析，可得到表 1。

表1   融资效率结果

S⁻				S⁺		θ
0	0	0	0	0	0	1
0.005919	0	0.076633	0	0.003518	0	0.829041
0	0.177159	0.012677	0	0.000846	0	0.944629
0	0.279513	0.007642	0	0.0016	0	0.895347
0	0	0	0	0	0	1
0	0	0	0	0	0	1
0	0.219249	0.004862	0.102703	0.005894	0	0.614398
0	0	0	0	0	0	1
0	0.03272	0.004251	0	0.002695	0	0.823696
0	0.392664	0.021707	0.030612	0.001084	0	0.929076
0	0.04853	0	0	0.000939	0	0.938576
0	0	0.028386	0	0.002193	0	0.856553
0	0.122918	0.010651	0.024705	0.001557	0	0.898112
0	0.142631	0	0	0.001456	0	0.904719
0	0.022101	0.204663	0.192658	0.003444	0	0.774697
0	0	0	0	0	0	1
0.008137	0	0.083053	0	0.002036	0	0.948135
0	0.096587	0	0	0.003014	0	0.802796
0	0	0	0	0	0	1
0	0	0.040582	0.038578	0.007191	0	0.529548
0	0	0	0	0	0	1
0	0.078365	0.008151	0.171055	0.0048	0	0.685985
0.889693	0	0.036118	0	0	0.000483	0.987029
0	0.041179	0.006263	0.144497	0.005824	0	0.618999
0	0	0.015652	0	0.001433	0	0.906227
0	0.214489	0	0	0.003549	0	0.767787
0	0	0.002874	0	0.013679	0	0.105054
0	0	0.015138	0	0.00668	0	0.562974
0	0	0.035815	0	0.000651	0	0.957409
0	0.039857	0.013702	0	0.003115	0	0.796211
0.015608	0	0	0	0.005729	0	0.781258

3. 结论与分析

根据模型结果可知，DEA 融资效率为 1 的企业共有 7 家，占总体比率的 22.58%，且所有企业 S^+ 和 S^- 数值皆为 0。由此可知，在福建省区域性股权交易市场中，仅有 22.58% 的小微企业融资投入达到了最优配置，而剩余 77.42% 的小微企业融资投入不足或者盈余。

对小微企业融资效率的研究，同时也是对福建省区域性股权交易市场融资服务的评估。由结论可知，福建省区域性股权交易市场存在较大不足，股权交易中心挂牌企业整体的融资效率仍然较低，股权交易所的融资促进功能还未充分发挥作用。

值得说明的是，由于样本数据的体量较小，模型评估可能存在一定误差，但整体数据仍具有很大参考性。

（二）区域性股权交易市场影响小微企业融资机制的实证分析

1. 研究假设

（1）模型 1。区域性股权交易市场上小微企业的信息公开与其融资总规模显著正相关。小微企业的信息披露程度不断地提高，增加了市场透明度，市场能够利用信息不对称效应的减少来促进小微企业融资。

我们以企业融资总规模 TS 为因变量，资产负债率 DAR、经营现金流比率 OCFR、销售净利润率 TTM 为控制变量，引入小微企业在股权市场挂牌期数 T 为自变量，建立模型：

$$TS_t = \alpha_0 + \alpha_1 T_{t-1} + \alpha_2 DAR_{t-1} + \alpha_3 TTM_{t-1} + \alpha_4 OCFR_{t-1} + \varepsilon_t \qquad （4）$$

式（4）中：

融资总规模（TS）：它是债权融资规模和股权融资规模的和。本专题对融资总规模做对数处理以方便建立模型。

挂牌时间（T）：随着挂牌时间延长，企业公布的信息越丰富，企业的信息透明度越高，市场信息不对称程度越低。此解释变量用来衡量市场降低信息不对称效应的程度。

经营现金流比率（OCFR）：该变量考虑小微企业还款能力对融资规模的影响，等于经营现金流的净额除以流动负债。此解释变量为控制变量。

资产负债率（DAR）：该变量考虑小微企业负债水平对融资规模的影响，等于负债除以资产。此解释变量为控制变量。

销售净利润率（TTM）：该变量考虑小微企业经营状况对融资规模的影响，等于净利润除以销售收入。此解释变量为控制变量。

（2）模型2。类比于式（4），保持控制变量不变，将是否发生股权融资TES引入模型作为自变量，考察其对债权融资规模TDS的影响，建立模型：

$$TDS_t = \beta_0 + \beta_1\,TES_{t-1} + \beta_2 DAR_{t-1} + \beta_3 TTM_{t-1} + \beta_4 OCFR_{t-1} + \upsilon_t \quad (5)$$

式（5）中：

债权融资规模（TDS）：对其做对数处理方便建立模型。

是否发生股权融资（TES）：由于区域股权市场上小微企业股权融资行为并不活跃，可利用数据较少，本专题引入虚拟变量，当发生股权融资时计为1，反之则为0。

其余变量含义与式（4）相同。

（3）主要指标及描述性统计如表2所示。

表2　　　　　　　　　　　主要指标及描述性统计

变量	平均值	标准差	最小值	最大值
TS	14.5924748	16.4256281	6.205239914	19.50587001
T	0.68032764	1.18373153	-1.361643836	4.191780822
DAR	0.50520810	0.20864751	0.0015	0.867
TTM	-0.04	0.51042722	-3.03	1.37
OCFR	0.02148752	3.68594140	-15.02310067	31.2544391
TDS	14.3537799	2.14585235	6.205239914	18.99340322
TES	0.09890110	0.2985292	0	1

从模型1各变量间相关系数来看（见表3），T、DAR、TTM和OCFR之间的相关系数绝对值小于0.7，相关性不大。T与DAR、TTM、OCFR之间的相关系数绝对值最大值为0.0448，DAR与T、TTM、OCFR之间的相关系数绝对值最大值为0.0554，TTM与T、DAR、OCFR之间的相关系数绝对值最大值为0.0764，OCFR与T、DAR、TTM之间的相关系数绝对值最大值为0.0764。可见，各变量的独立性较好，多重共线性不严重，因此，可以对TS、T、DAR、TTM和OCFR建立模型。

表3 模型1主要指标的相关性检验

指标	TS	T	DAR	TTM	$OCFR$
TS	1				
T	-0.0988	1			
DAR	0.2965	0.0334	1		
TTM	0.2015	0.0448	-0.0554	1	
$OCFR$	-0.2955	0.009	-0.0299	-0.0764	1

从模型2各变量间相关系数来看（见表4），TES、DAR、TTM 和 $OCFR$ 之间的相关系数绝对值小于0.7，相关性不大。TES 与 DAR、TTM、$OCFR$ 之间的相关系数绝对值最大值为0.0592，DAR 与 TES、TTM、$OCFR$ 之间的相关系数绝对值最大值为0.1442，TTM 与 TES、DAR、$OCFR$ 之间的相关系数绝对值最大值为0.0592，$OCFR$ 与 TES、DAR、TTM 之间的相关系数绝对值最大值为0.1442。可见，各变量的独立性较好，多重共线性不严重，因此，可以对 TDS、TES、DAR、TTM 和 $OCFR$ 建立模型。

表4 模型2主要指标的相关性检验

指标	TDS	TES	DAR	TTM	$OCFR$
TDS	1				
TES	-0.0286	1			
DAR	0.4064	-0.0307	1		
TTM	0.1746	0.0592	-0.0353	1	
$OCFR$	-0.2143	-0.0334	-0.1442	-0.0370	1

2. 实证检验

（1）模型1。根据式（4）建立起回归模型，如式（6）所示。模型结果见表5~表7。

$$TS_t = 13.1686 - 0.2130\,T_{t-1} + 3.1747\,DAR_{t-1} + 0.8673\,TTM_{t-1} - 0.1598\,OCFR_{t-1}$$
$$(3.06 \times 10^{-42})\quad(0.2130)\quad(0.0014)\quad(0.0308)\quad(0.0044)$$

$$(6)$$

表5　　　　　　　　　　　　　回归统计

指标	数值
Multiple R	0.4712
R Square	0.2220
Adjusted R Square	0.1882
标准误差	1.9763
观测值	97

表6　　　　　　　　　　　　　方差分析

项目	df	SS	MS	F	Significance F
回归分析	4	102.5693	25.6423	6.5646	0.0001
残差	92	359.3635	3.9061		
总计	96	461.9328			

表7　　　　　　　　　　　　模型1回归结果

指标	Coefficients	标准误差	t Stat	P-value	Lower 95.0%	Upper 95.0%	下限 95.0%	上限 95.0%
Intercept	13.1686	0.5352	24.6027	$3.06E-42$	12.1055	14.2316	12.1055	14.2316
T	-0.2129	0.1698	-1.2540	0.2130	-0.5502	0.1243	-0.5502	0.1243
DAR	3.1746	0.9644	3.2916	0.0014	1.2591	5.0901	1.2591	5.0901
TTM	0.8673	0.3954	2.1934	0.0307	0.0820	1.6526	0.0820	1.6526
OCFR	-0.1597	0.0546	-2.9236	0.0043	-0.2682	-0.0512	-0.2682	-0.0512

由模型结果表7可以看出，T_{t-1}的估计参数为-0.2129，且在5%的显著性水平上并没有通过检验，说明假设不成立。DAR_{t-1}的估计参数为3.1746，TTM_{t-1}的估计参数为0.8673，$OCFR_{t-1}$的估计参数为-0.1597，且在5%的显著性水平上都通过了检验，说明了资产负债率、销售净利率与小微企业的融资总规模存在着显著的正相关关系，而经营现金流比率与小微企业的融资总规模存在着显著的负相关关系。

异方差检验如表8～表11所示。

表 8   **T *t* 检验：双样本异方差假设**

项目	变量 1	变量 2
平均	0.680328	14.59247
方差	1.415816	4.8118
观测值	97	97
假设平均差	0	
df	148	
t Stat	− 54.9059	
$p(T \le t)$ 单尾	1.3E − 100	
t 单尾临界	1.655215	
$p(T \le t)$ 双尾	2.6E − 100	
t 双尾临界	1.976122	

表 9   **DAR *t* 检验：双样本异方差假设**

项目	变量 1	变量 2
平均	0.505208	14.59247
方差	0.043987	4.8118
观测值	97	97
假设平均差	0	
df	98	
t Stat	− 62.9626	
$p(T \le t)$ 单尾	2.24E − 81	
t 单尾临界	1.660551	
$p(T \le t)$ 双尾	4.47E − 81	
t 双尾临界	1.984467	

表 10   **TTM *t* 检验：双样本异方差假设**

项目	变量 1	变量 2
平均	− 0.03654	14.59247
方差	0.26325	4.8118
观测值	97	97
假设平均差	0	
df	106	

项目	变量1	变量2
t Stat	− 63. 9559	
$p(T \le t)$ 单尾	8. 35E − 87	
t 单尾临界	1. 659356	
$p(T \le t)$ 双尾	1. 67E − 86	
t 双尾临界	1. 982597	

表 11　　　　　　　　OCFR t 检验：双样本异方差假设

项目	变量1	变量2
平均	0. 021488	14. 59247
方差	13. 72769	4. 8118
观测值	97	97
假设平均差	0	
df	156	
t Stat	− 33. 3293	
$p(T \le t)$ 单尾	3. 83E − 73	
t 单尾临界	1. 65468	
$p(T \le t)$ 双尾	7. 66E − 73	
t 双尾临界	1. 975288	

（2）模型2。根据式（5）建立起回归模型，如式（7）所示。模型结果见表12 ~ 表14。

$$TDS_t = 12. 6268 - 0. 2349\ TES_{t-1} + 3. 4128\ DAR_{t-1} + 0. 7488\ TTM_{t-1} - 0. 1412\ OCFR_{t-1}$$
$$(8. 82 \times 10^{-38})\quad (0. 7324)\quad (0. 0009)\quad (0. 0661)\quad (0. 0096)$$

$$(7)$$

表 12　　　　　　　　　　回归统计

指标	数值
Multiple R	0. 5161934
R Square	0. 2664556
Adjusted R Square	0. 2323373
标准误差	1. 8900565
观测值	91

表 13 方差分析

项目	df	SS	MS	F	Significance F
回归分析	4	111.5954	27.89886	7.809746	2.04E-05
残差	86	307.219	3.572314		
总计	90	418.8144			

表 14 模型 2 回归结果

指标	Coefficients	标准误差	t Stat	P-value	Lower 95%	Upper 95%	下限 95.0%	上限 95.0%
Intercept	12.6267	0.5614	22.4908	8.82E-38	11.5107	13.7428	11.5107	13.7428
TES	-0.2348	0.6845	-0.3430	0.7323	-1.5957	1.1260	-1.5957	1.1260
DAR	3.4127	0.9947	3.4309	0.0009	1.4353	5.3902	1.4353	5.3902
TTM	0.7487	0.4022	1.8615	0.0660	-0.0508	1.5484	-0.0508	1.5484
OCFR	-0.1411	0.0532	-2.6495	0.0095	-0.2470	-0.0352	-0.2470	-0.0352

由模型结果表 14 可以看出，TES_{t-1} 的估计参数为 -0.2348，且在 5% 的显著性水平上并没有通过检验，说明假设不成立。DAR_{t-1} 的估计参数为 3.4127，TTM_{t-1} 的估计参数为 0.7487，$OCFR_{t-1}$ 的估计参数为 -0.1411，且在 10% 的显著性水平上都通过了检验，说明了资产负债率、销售净利率与小微企业的债权融资规模存在着显著的正相关关系，而经营现金流比率与小微企业的债权融资规模存在着显著的负相关关系。

异方差检验如表 15 ~ 表 18 所示。

表 15 TES t 检验：双样本异方差假设

项目	变量 1	变量 2
平均	0.098901	14.35378
方差	0.09011	4.655845
观测值	91	91
假设平均差	0	
df	93	
t Stat	-62.4198	
$p(T \leqslant t)$ 单尾	5.17E-78	
t 单尾临界	1.661404	
$p(T \leqslant t)$ 双尾	1.03E-77	
t 双尾临界	1.985802	

表 16　　　　　　　　　　**DAR t 检验：双样本异方差假设**

项目	变量 1	变量 2
平均	0.513487	14.35378
方差	0.044801	4.655845
观测值	91	91
假设平均差	0	
df	92	
t Stat	−60.8958	
$p(T \leq t)$ 单尾	1.93E−76	
t 单尾临界	1.661585	
$p(T \leq t)$ 双尾	3.86E−76	
t 双尾临界	1.986086	

表 17　　　　　　　　　　**TTM t 检验：双样本异方差假设**

项目	变量 1	变量 2
平均	−0.04679	14.35378
方差	0.278123	4.655845
观测值	91	91
假设平均差	0	
df	101	
t Stat	−61.8446	
$p(T \leq t)$ 单尾	2.13E−82	
t 单尾临界	1.660081	
$p(T \leq t)$ 双尾	4.26E−82	
t 双尾临界	1.983731	

表 18　　　　　　　　　　**OCFR t 检验：双样本异方差假设**

项目	变量 1	变量 2
平均	0.223429	14.35378
方差	12.0696	4.655845
观测值	91	91
假设平均差	0	

项目	变量1	变量2
df	150	
t Stat	−32.9598	
$p(T \leq t)$ 单尾	6.86E−71	
t 单尾临界	1.655076	
$p(T \leq t)$ 双尾	1.37E−70	
t 双尾临界	1.975905	

3. 结论与分析

由假设和相关检验可以看出，小微企业在区域性股权交易市场上的挂牌时间与其融资总规模的关系并不显著，与我们的假设矛盾。主要原因在于，福建省区域性股权交易市场的发展较为落后，在交易市场上挂牌的小微企业数量较少，且挂牌时间较为短暂，导致了其信息披露并不完整，市场公开透明度不高，从而根据这少量的数据得出的回归结果出现了偏差。挂牌的小微企业数量较少导致其股权融资规模较小；同时，小微企业多数处于发展初期，很大程度上不愿意让渡股权，再加上债券融资的税盾收益，导致了股权交易不活跃。正是因为福建省的区域性股权交易市场尚未在股权融资与债券融资规模之间建立起有效的相互关系，回归结果才出现了偏差。而在发展较好的区域性股权交易市场上，小微企业发生股权融资在一定程度上促进了其债券融资。

从异方差检验中可以看出，p 值小于给定的显著性水平 $\alpha = 0.05$，说明模型的总体代表性通过了显著性检验，两个线性回归模型经济意义合理。资产负债率、销售净利率和经营现金流比率的回归参数检验的 p 值也都很小，意味着模型中的每个自变量都对因变量起着显著的影响作用。另外，资产负债率、销售净利率与小微企业的融资总规模存在着显著的正相关关系，与实际相符合。企业的负债水平越高，表明其对外融资越多。而销售净利率越高，在一定程度上说明小微企业经营状况良好且能持续经营下去，提高了其对外融资的能力。相反，经营现金流比率与小微企业的融资总规模存在着显著的负相关关系，主要原因在于福建省的小微企业多数处于发展初期，其经营现金流大多是负值，导致了其估计参数为负值。

四、关于福建省股权交易市场融资效率
低下问题的再思考

（一）主要原因

从实证结果来看，在福建省区域性股权市场进行融资的小微企业数量较少，股权市场无法利用实践经验对融资机制进行改善，进行融资的小微企业融资效率大都处于偏低水平，只有 7 家企业的融资是有效率的。主要原因有：

1. 区域性股权市场的中介机构数量太少，服务能力不足

海峡股权交易中心的会员中介机构只有海富通基金管理有限公司、厦门金拾集团股份有限公司、中国建设银行股份有限公司泉州分行三个战略会员，投资会员只有福建省成长线投资有限公司一个公司。而厦门两岸股权交易中心也不过只有 9 个会员公司为小微企业提供服务，对比山东齐鲁股权交易中心的几百个中介机构的数量还有很大的差距。两个股权交易市场中的会员中介机构数量太少，会员的整体实力欠缺，难以有效地服务小微企业的融资，挂牌企业多种类、专业化的服务需要更是难以得到满足。

2. 区域性股权市场的流动性较差

区域性股权市场禁止采用集合竞价、连续竞价以及做市商的交易方式，交易采取"T＋5"方式，这就严重限制了区域性股权市场的流动性，使股权的价值无法有效体现。交易活跃度极低，挂牌企业价值在市场交易中难以体现，投资机构难以通过区域市场将其持有的股权卖出。

3. 区域性股权市场的各种业务实施情况较差，资源有待进一步盘活

区域性股权市场是地方政府扶持中小微企业政策措施的综合运用平台。经过 3～5 年的发展，海峡股权交易中心和厦门两岸股权交易中心把政策资源、企业资源以及服务资源汇聚在一起，但在整合更多资源、盘活优势资源、放大政策效应、实现多方共赢等政府扶持中小微企业政策措施的综合运用方面的能力还不足。比如海峡股权交易中心显示的业务有企业挂牌、股权转让、股权质押融资服务、登记托管服务、定向增资业务、私募债券业务、理财产品转让服务、投融资对接业务、台资企业专项业务 9 个业务，但是实际企业在海峡股权交易中心实施的业务一般大多只是挂牌，其他业务涉及较少，而且很多企业挂牌之后并没有其他业务涉及就停牌了。在整个数据中，只有 9 家企业发生了股权融资，在挂牌企业中的占比非常小。

4. 区域性股权交易市场的市场投资者不足，影响力欠缺

海峡股权交易中心和厦门两岸股权交易中心是新兴市场，社会认知度和影响力不高，市场上合格的投资者数量较少。这两个区域性股权交易市场很多业务还不够完善，市场还不够健全，能够吸引到的投资者数量有限，能够为小微企业提供的服务也有限。

5. 股权交易市场的信息披露不及时，信息披露不完全

对比山东齐鲁股权交易中心，海峡股权交易中心和厦门两岸股权交易中心对企业的财务数据的披露情况并不够全面且不够及时，很多企业的财务数据都没有披露，很多财务数据还停留在 2017 年、2018 年，而山东齐鲁股权交易中心的挂牌企业的财务数据已经披露到 2020 年半年报。这就导致了信息不对称问题的产生，这使得投资者不能更进一步了解企业，无法促进企业的融资。

6. 小微企业自身存在的一些问题

挂牌企业大多是创新成长类企业，但是多数企业尚处于发展初级阶段，行业竞争力明显不足。很多小微企业对自身的认识并不够全面和具体，在选择业务时并不能够根据自身的情况选择合适的业务，对于自己的融资要求也不够具体和合理。

（二）措施与建议

（1）鼓励中介机构进入股权交易市场，推动金融机构创新业务帮助中小微企业融资。增加中介数量是最直接、最有效改善小微企业融资机制并提高融资效率的方式，而且也能使小微企业多元化的需求得到更好的满足。但同时，中介机构数量的增加也增多了股权交易市场的运营成本。近几年，福建省股权交易市场在政府的引导、政策的大力支持下，已具备基本的回血能力，此时，为降低政府支出，在鼓励中介机构进入股交市场的同时，可同时兼顾创新。推动金融机构创新业务是高效、低成本的选择。多种类小微企业金融监管部门应建立相关的考评性政策，鼓励银行、证券、信托等各类金融机构，在建立健全全面风控体系的基础上，不断推出区域市场挂牌和托管企业的各类金融产品创新服务。

（2）盘活区域性股权交易市场资源，提高各类资源的利用水平，可以改善股交市场的融资机制，提高小微企业的融资水平。区域性股权市场是地方人民政府扶持中小微企业政策措施的综合运用平台，股权交易市场的发展离不开政府的支持。政府可以适当放宽在区域性股权市场融资的条件，改善交易条件，比如采用"T＋2"等方式，提高其流动性，增加交易活跃度，从而使小微企业更好地利用区域性股权交易市场进行融资。

（3）在政府层面上开展统筹规划，创办如"先挂牌，后上市"的培育转板机制，使区域性股权交易市场在整个资本市场中更好地发挥基础和补充作用。2019年，四川省天府股权交易中心在全国率先提出"先挂牌，后上市"的培育转板机制，让企业先进入股权交易市场挂牌，然后根据具体情况再决定发行债券融资、发行股票融资或者协助持牌金融机构为企业贷款等扩大间接融资，为后续企业发展壮大前的上市做好充分的先决准备。这次创新极大地提高了天府股权交易市场的影响力，吸引了众多投资者进入市场，有效提升了股交市场中企业的融资水平，区域性股权交易市场也得到了蓬勃发展。

（4）政府可以大力宣传区域性股权市场的优点，提高其在福建省小微企业的影响力，并给予企业一些相关知识的培训，加强企业对区域性股权市场的学习和了解程度，从而间接提高其利用区域性股权市场获取融资，推动自身发展的水平。具体包括：政府可以挑选出一些具备在福建省区域性股权交易市场挂牌条件的小微企业，鼓励其定期进行宣传学习，并给予定期学习的企业一定的奖励，比如现金奖励或税收优惠等，从而增强小微企业的意识，促使其在区域性股权市场进行挂牌；同时，政府可以要求已经在福建省区域性股权市场挂牌的小微企业定期进行相关知识的学习，并进行反馈，从而增强小微企业对股权融资、债券融资和其他金融产品的学习了解，提高其对区域性股权市场的利用程度，进而提高其融资效率。

（5）监督股权交易市场信息公开。股权交易市场服务于中小微企业，是企业获取融资的重要途径，它既面向各类中小微企业，同时也面向广大的投资者。因此，为吸引投资者对企业进行投资，股权交易市场应更加注重信息公开。参考齐鲁股权交易市场、江苏股权交易市场等，皆披露了股交市场中托管企业的详细信息，诸如年报、半年报等定期报告，最新的财务报告等。信息公开有助于展示股权交易市场中运营良好的企业，从而吸引更多的投资者对企业进行投资，直接提高小微企业的融资水平。同时，市场中经营良好、高融资效率企业的展示也可以吸引更多的中小微企业进入市场；充足的数据也便于学者对市场进行详细的分析研究，为股权交易市场的发展提出更加翔实的建议，多方受益。

（6）政府可以加强对福建省小微企业的管理监督，对未在福建省区域性股权市场挂牌的小微企业进行规范化管理，提高其内部管理能力，同时对已经挂牌的小微企业进行严格地监督。具体包括：政府可以出台一些支持小微企业人才引进的政策，促进小微企业内部岗位的职能匹配，提高企业管理水平，从而达到在福建省区域性股权市场挂牌的最低要求；同时，政府应该严格监督挂牌企业，保证企业的管理结构和管理体系保持在良好的水平，促进其更好地利用区域性股权市场来发展自身，实行精品企业股权融资，发挥示范引领作用。

五、结论和建议

（一）基本结论

（1）从融资效率的实证分析可以看出，在福建省区域性股权市场挂牌的小微企业整体的融资效率较低，只有四分之一不到的小微企业融资投入达到了最优配置，剩余的企业均存在着融资投入不足或盈余的问题。福建省区域性股权市场未能充分地发挥促进融资的作用。

（2）从前面的理论分析和融资机制的实证检验，我们可以得出，福建省的区域性股权交易市场并不能通过降低信息不对称、提高市场透明度来扩宽小微企业的融资渠道，增加小微企业的融资总规模。同时，福建省的区域性股权交易市场尚处于发展初期，股权交易不活跃，股权融资规模较小，对债券融资规模的促进作用不显著。

（3）就资产负债率、销售净利率来说，这两个指标对小微企业的债权融资规模有显著的促进作用，从而提高了小微企业的融资总规模。对于经营现金流比率来说，由于福建省的小微企业多数处于发展初期，经营现金流通常为负值，这在一定程度上降低了小微企业的债权融资规模，从而影响了其融资总规模。

（4）福建省的区域性股权交易市场处于发展初期，各种制度不完善，导致了小微企业的信息披露不完全，我们无法得知其创新资金投入、专利技术数量、研发人员数量等数据，所以无法对福建省小微企业的创新情况进行分析，并给出结论。

（二）建议

（1）重视发挥区域性股权市场的功能作用。长期以来，社会各方面普遍存在比较浓厚的"上市"情结，对区域性股权市场则了解不多，关注和支持不够。实际上，从长远看，两者相互依赖相辅相成，就类似于中小学和大学的关系，发展区域性股权市场本身就是为交易所等高层次市场的健康发展打好基础。我国中小微企业数量众多，民间资金十分充裕，社会上存在大量的股权投融资需求，但与之适配的资本市场则发展不充分，引流不通畅，一些资金甚至误入非法集资、庞氏骗局、投机炒作的歧途，带来大量的社会问题，实体经济却供血不足。因此，发展区域性股权市场，补齐多层次资本市场的短板，为中小微企业提供量身定制的股权、债券等金融产品，吸引社会上各类资金参与，畅通储蓄转化为资本的渠道，具有重大的经济和社会意义。

（2）建立与更高层次资本市场间的有机联系。不同层次的资本市场定位不同，互为补充，应当发挥整体效应，服务好企业不同成长阶段的需求，实现相互促进、共生共赢。目前区域性股权市场总体上还是一个个"孤岛"，彼此之间没有互联互通，与高层次市场缺乏联动。应当适时推动建立区域性股权市场之间的互联互通，逐步健全证券交易所、全国股份转让系统与区域性股权市场的合作互认、联系对接与转板机制。首先是推动既有政策有效落地，推进具备条件的区域性股权交易场所开展全国股份转让系统推荐挂牌业务试点。2016年齐鲁股权交易中心与全国股份转让系统尝试建立了绿色转板机制，应在总结经验的基础上逐步完善推广。上海证券交易所科创板与区域性股权市场科技创新专板在服务对象、预期目标、重点领域、挂牌上市理念方面都有相通之处，因此区域性股权市场的科技创新专板可以逐步发展成为上交所科创板的培育基地，科创板发行审核注册制已使直接转板或建立互信关系具有了可能性。应鼓励符合条件的区域性股权市场挂牌公司到新三板挂牌或证券交易所上市交易，同时可以让新三板摘牌企业退到其注册地区域性股权市场进行股权登记托管，符合条件的则挂牌交易。由于具有持续的信息披露、信用记录和培育辅导，如果区域性股权市场挂牌企业摘牌后申请交易所上市或新三板挂牌的，交易所和全国股转公司应从信息认证、审核流程等方面提供便利，因为四板市场的挂牌信息有助于减少企业欺诈上市或到新三板挂牌的风险。

（3）省内资源有效整合，避免市场分割，联合周边省份共同发展。福建省内存在两个大型区域性股权交易市场和一些创新创业企业股权融资与交易市场等多家市场，省内竞争激烈，行业严重内卷。对行业内高度相似机构的整合及冗余机构的去除，是有效提升市场活力、提高行业服务水平的有力之举。省内过量的交易机构同时会导致市场分割与地方保护现象的出现。这一现象的出现不仅会干扰经济的正常运行，同时，也会导致有效社会资源的无序配置，降低中小微企业的入市活力。目前，海峡股权交易中心与厦门两岸股权交易中心皆设立有"台资板块"，这是福建省股权交易中心的特色板块，也是联合周围省份共同发展的一次成功案例。加强省际交界地区合作，实现跨省份互利共赢，保持市场监管范围与服务范围的相一致，既是中小微企业的意愿所向，也是区域性股权交易中心的未来发展所向。

（4）兼收并蓄，区域性股权交易市场与中小微企业稳步前进的同时更应进行大胆创新。区域性股权交易市场作为多层次资本市场的重要组成部分，设立之初的目的便是为了解决市场不发挥作用或者发挥作用极其有限的问题。但是长期以来，区域性股权交易市场便存在两个问题：一是服务性能不足，对于中小微企业的服务作用有限；二是自身造血回血的能力不足。福建省区域性股权交易中心经过数年的发展和政府政策的大力支持，已经能够满足自身机构运转。但就长期发展而言，加强机构自身的发展与创新，吸引中小微企业在交易市场内挂牌，持续保持市场活跃才是利于股权交易中心、利于中小微企业的两全之举。区域性股权交易市场在提供最基本的股权融资、债权融资服务的同时，可以加大创新力度。例如，在不突破股权交易中心基本原则的前提下，联合地方性政府为当地中小微企业提供融资租赁、小额贷款等服务，为中小微企业的发展提供由大到小、自上而下的全套保障。同时，中小微企业应在审慎抉择之下对区域性股权交易市场进行积极探索。区域性股权交易市场是地方性中小微企业最主要的融资渠道，也是政府扶持中小微企业的有益探索，能有效地规避金融风险，规范企业运作，提升企业品牌形象。区域性股权交易中心和中小微企业的协同发展与创新，才是激活市场活力，保持市场运转的永动源泉。

参考文献

［1］卞庆伟. 区域性股权交易市场融资效率研究［D］. 济南：山东大学，2018.

［2］曹祎遐. 中国科技型小微企业发展模式与创新政策研究——基于跨区域的比较分析［J］. 复旦学报（社会科学版），2016，58（2）：143－151.

［3］陈德富，刘伟平. 加快推动我国区域性股权交易市场建设研究——从海峡股权交易中心的实践来看［J］. 福建论坛（人文社会科学版），2015（12）：21－27.

［4］辜胜阻，庄芹芹，曹誉波. 构建服务实体经济多层次资本市场的路径选择［J］. 管理世界，2016（4）：1－9.

［5］黄宇虹，黄霖. 金融知识与小微企业创新意识、创新活力——基于中国小微企业调查（CMES）的实证研究［J］. 金融研究，2019（4）：149－166.

［6］李常青，李宇坤，李茂良. 控股股东股权质押与企业创新投入［J］. 金融研究，2018（7）：143－157.

［7］李至斌. 区域性股权市场服务小微企业的实践与探索［N］. 证券市场导报，2020（4）：25－38.

［8］林进忠. 小微企业金融服务实践与思考——以福建省漳州市为例［J］. 福建金融，2020（2）：58－61.

［9］卢龙，李志，孙枫，李海芳，池慕平，兰婷然. 区域性股权市场服务中小微企业的制约与突破——以内蒙古自治区为例［C］//创新与发展：中国证券业2018年论文集（上册）. 中国证券业协会，2019：596－605.

［10］孟亮，李萌. 中小微企业利用区域性股权交易市场解决融资难问题的可行性研究［J］. 中国市场，2017（18）：20－21，25.

［11］孟令国，谢观秀. 中小企业区域性股权交易融资模式研究［J］. 金融理论与实践，2015（6）：68－73.

［12］曲三省. 中小企业融资难问题分析及破解路径研究——以河南省为例［J］.

商丘师范学院学报，2012（2）：60 - 64.

［13］全面推进海峡股权交易中心建设，打造全国重要的区域性股权交易市场［N］. 福建日报，2014 - 02 - 19（002）.

［14］王文胜，张兴美. 区域性股权市场发挥资本中介功能服务小微企业的实践与思考［C］//中国证券业协会. 创新与发展：中国证券业 2015 年论文集. 中国证券业协会，2015：457 - 460.

［15］王钰皓，邓田. 区域性股权交易市场视角下国内中小微企业融资现状分析及对策研究［J］. 商讯，2019（14）：68，70.

［16］谢峻峰. 区域股权市场影响小微企业融资机制探析［J］. 山东理工大学学报（社会科学版），2016，32（5）：5 - 12.

［17］曾维翰. 完善海峡股权交易中心市场建设研究——基于构建多功能多层次综合交易平台的视角［J］. 福建金融，2017（1）：27 - 34.

专题六 科技型中小企业新三板市场融资效率：基于福建省企业面板数据的实证

一、绪论

（一）研究背景和意义

1. 选题背景

自20世纪80年代以来，技术革命和产业结构调整的浪潮在全球范围内兴起，技术创新成为推动世界经济增长的主要动力。据我国科技部公开的数据显示，我国在2000～2019年，技术进步贡献率从42.2%增长到59.5%，现如今我国创新指数居世界第14位。随着时代的进步和观念的更新，科技型中小企业开始成为技术创新的主力军，肩负科技成果转化为社会生产力的重要使命，在促进创新发展方面起着不可替代的作用，因此科技型中小企业开始引起社会各界的普遍重视。"十三五"期间，随着创新驱动发展战略的进一步深入实施，中央和地方政府开始积极推动技术创新，并且出台相应政策大力扶持科技型中小企业的发展。

融资难一直是制约科技型中小企业发展壮大的主要因素。一方面，绝大多数科技型中小企业都存在固定资产较少、信息透明度较低、经营风险较大的问题，因此较难获得银行等金融机构的信贷支持；另一方面，交易所市场对上市公司的生产规模、盈利能力等方面都有严格的要求，科技型中小企业很难通过上市获得融资。

新三板市场的建立在一定程度上改善了科技型中小企业融资难这一困

境，新三板市场拥有较低的准入门槛、较短的审核周期，这使得新三板市场相较于其他股票交易市场更具包容性。在新三板挂牌后，科技型中小企业可以通过定向增发、发行私募债、股权质押等方式获得实质性融资。当下越来越多学者和研究人员开始关注在新三板市场挂牌的科技型中小企业的融资效率。

福建省地处东南沿海，拥有发展前景较为广阔的金融、科研和基础设施等资源。根据《福建统计年鉴 2019》，2018 年福建省地区生产总值达 3.58 万亿元，其中高新技术产业产值为 2.19 万亿元，占比 61.17%。此外，相比于发展较快的经济实力和硬件条件，福建省的文化软实力也不容小觑。2018 年福建省普通高等学校 89 所，其中在校学生数 77.24 万人，研究生 53129 人。研究与实验发展人员达 243391 人，专利申请受理量 166610 件，专利申请授权量 102622 件，较 2017 年增长 50.24%。福建省拥有较为优渥且发展潜力较大的科研能力，吸引了大量科研型中小企业进行投资建厂。截至 2020 年 6 月 22 日，福建省科学技术厅已经通过 6 批共计 2888 家科技型中小企业[①]。

在此背景下，本专题以新三板挂牌的福建省科技型中小企业为研究对象，测算它们的融资效率，并分析其影响因素，根据实证结果提出相应的政策建议。

2. 研究意义

（1）理论意义。一方面，国内外学者虽然对融资效率理论进行了多维度多层次的研究，但至今尚未形成较为系统的研究模式。本专题试图对与融资效率理论相关的研究成果进行归纳分析，界定融资效率的内涵，从而得到相对完善的理论体系。

另一方面，现如今学术界针对科技型中小企业在新三板市场融资效率问题的研究大多是宏观分析，停留在理论层面，缺少针对性研究。选择在新三板挂牌的福建省科技型中小企业为研究对象，进行研究的论文更是凤毛麟角。本专题在系统梳理融资效率理论体系的基础上，结合福建省科技型中小企业发展的实际情况，利用数据包络分析方法进行实证分析，建立动态面板数据模型分析其影响因素，最终提出具有执行价值的政策建议。

（2）现实意义。福建省作为东南沿海城市，拥有较为丰富的科教资源，每年都会有大量的科研成果涌出，科技型中小企业在推动经济发展方面起到了不容小觑的作用。但是融资难却是制约福建省科技型中小企业发展壮大的

[①] 资料来源：福建省科学技术厅。

主要原因。本专题通过研究影响融资效率的主要因素，因地制宜地对新三板市场的福建省科技型中小企业提出针对性、可操作的对策建议。这不仅有利于减轻科技型中小企业的发展障碍，同时也有利于提高福建省科教资源的利用效率，对福建省经济的进一步发展具有深远的现实意义。

（二）国内外研究文献综述

1. 融资效率的基本含义

经济学历史上有关"效率"的研究最早可追溯到法国重农学派创始人魁奈（Quesnay），他使用"生产率"衡量一国国民财富生产的效率，又称作"劳动生产率"。随后，意大利经济学家维尔弗雷多·帕累托（Vifredo Pareto）在进行关于经济效率和收入分配的研究中使用了帕累托效率概念，此后帕累托效率成为衡量资源配置有效性的标准。但是西方经济学家却对"融资效率"研究较少，这是因为西方资本主义国家经过数百年的发展，已形成较为成熟的财产组织制度、产权制度以及相对完善的资本市场。当代西方学者的研究方向大多集中于融资方式的选择、融资结构和融资次序，提及融资效率的文献少之又少。

相反，由于中国金融业起步较晚，对融资效率的研究更具现实意义，因此国内对融资效率的研究层出不穷。曾康霖（1993）在《怎样看待直接融资与间接融资》一文中首次提出"融资效率"这一概念。该文创造性的研究影响融资效率和成本的七大因素，并指出融资效率是进行融资方式选择的重要指标。宋文兵（1998）在《关于融资方式需要澄清的几个问题》中首次提出融资效率的概念定义，即：融资效率包括交易效率和配置效率，前者是指该融资以最低成本为投资者提供金融资源的能力；后者是指其将稀缺的资本分配给可进行最优化生产性使用的投资者，相当于托宾提出的功能性效率。

方芳、曾辉（2005）从融资成本、资金利用效率以及企业在融资后的自由度三个维度衡量融资效率。崔杰、湖海清、张道弘（2014）将融资效率定义为企业绩效与融资成本之比。

2. 融资效率的研究方法

国外文献很少提及企业融资效率这一概念，仅有少数学者针对西方上市公司的融资效率进行实证分析。在股权融资方面，有学者以增发新股的美国上市企业为研究对象，经研究发现企业在股权融资后经营业绩会存在明显的下降（Hansen & Crutchley，1990；Jain & Kini，1994；Loughran & Ritter，1997）。在债券融资方面，多数企业在债权融资后，由于管理费用、代理成本等因素变化，经营绩效会下降（Jo & Kim，2008；Badraoui & Lilti，2012）。

随着中国资本市场的发展，国内有关融资效率的研究成果不断涌现。在国内文献研究中，融资效率常用的评价方法大体分为模糊综合评价法、多元回归分析法和数据包络分析法。

模糊综合评价法是基于模糊数学对受多因素影响的研究对象做出总体评价。旁仙君（2013）选取8个因素构成中小企业融资效率模糊评价的因素集，通过模糊综合评价模型，发现自我积累、政府扶持资金、银行贷款、民间借贷、债券融资的融资效率依次递减。

多元回归分析法旨在运用多个指标对融资效率进行评价。朱明君（2017）通过多元回归方法表明企业规模、成长性、有形资产比率以及股权流通性均与企业融资能力呈显著性正相关关系，内部积累水平、盈利能力、偿债能力和非偿债避税与企业融资能力呈负相关关系。

数据包络分析法综合考虑多种投入和产出因素，利用非参数法进行复杂的多因素效率评价。这是近年国内学者最为常用的方法，具体可以分为融资效率静态评价模型（如DEA-CCR模型、DEA-BCC模型）和融资效率动态评价模型（如DEA-Malmquist模型）。聂浪（2019）通过构建DEA-BCC、DEA-CCR、DEA-Malmquist模型对新三板上市公司进行融资效率方面研究，发现劳动者素质、股权集中度和经营能力是影响会展企业融资效率提升的主要因素，负债程度是影响企业融资效率降低的主要因素。王伟、董登新（2020）运用DEA方法对融资效率进行了纵向与横向的比较分析，结果发现湖北省科技型中小企业借助新三板市场进行融资后，因为资金的无效利用反而导致了融资效率的下降。

3. 现有文献评述

综上看来，由于中西方经济体制存在差异，法律和制度环境差别很大，所以西方资本主义社会在融资效率方面并不能给我国提供有效经验。

通过大量的探讨和分析工作，我国对融资效率在理论层面的研究已经趋于完善和成熟。大多数学者认为融资效率应该综合考虑融资成本、资金利用效率和企业绩效；盈利能力、成长能力、偿债能力、营运能力、研发和创新能力是影响企业融资效率的主要因素。

但现有文献中仍有不足之处。其一，现有文献对科技型中小企业融资效率的研究多以宏观分析为主，通常将全国范围的科技型中小企业作为研究对象，缺乏对具体企业的微观认知。其二，由于新三板发展时间较短，目前针对新三板市场融资问题的研究相对较少，并且缺少基于微观数据的实证研究。

本专题选择在新三板挂牌的福建省科技型中小企业作为研究对象，基于企业 2014 ~ 2019 年度公开财务数据的微观分析，更加切合福建省科技型中小企业发展现状。同时运用信息包络分析方法（DEA）对福建省科技型中小企业融资效率进行静态和动态分析，得出的实证结果将更加切合实际，基于实证结果的对策建议也将更具实际意义。

二、科技型中小企业在新三板融资的现状分析

近年中央深入推进"大众创业、万众创新"，福建省积极响应中央号召，非常重视科技型中小企业作为科技创新的生力军作用，利用相关措施积极支持省内科技型中小企业的高质量发展。

（一）新三板市场挂牌企业情况

新三板在 2001 年成立，证监会批准中国证券业协会公布《证券公司代办股份转让服务业务试点办法》，出台股权代办转让系统，也称为"全国中小企业股份转让系统"。新三板主要针对创新性、创业型、成长性中小微型企业服务，对于业务明确、产权清晰、规范经营、治理结构健全等问题具有明确的准入原则规定，不要求财务上限，但要求信息披露务必做到真实准确。

从图 1 可以看出新三板市场挂牌企业规模变化情况主要分为三阶段：第一阶段为 2006 ~ 2012 年，总体增长速度缓慢；第二个阶段为 2013 ~ 2017 年，总体增长速度迅猛，主要得益于 2013 年全国中小企业股份转让系统正式运

营以及新三板市场面向全国开放，中小企业获得了全新的融资方式。第三个
阶段为 2018～2019 年，增速趋于平稳，增长率出现微弱负增长。

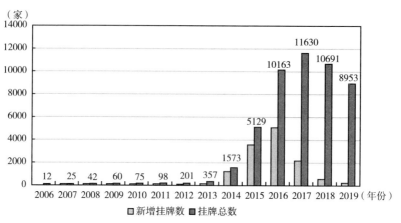

图 1　2006～2019 年新三板市场企业挂牌数量

注：图中数字表示挂牌总数。

资料来源：全国中小企业股份转让系统。

图 2 显示福建省 2014～2019 年挂牌公司数量和总体占比情况。2014～
2019 年，福建省在新三板市场挂牌数量从 2014～2017 年呈现快速增长再到
2018～2019 年呈现增速缓慢降低。福建省在全国新三板企业挂牌数量占比保
持在 3% 左右。

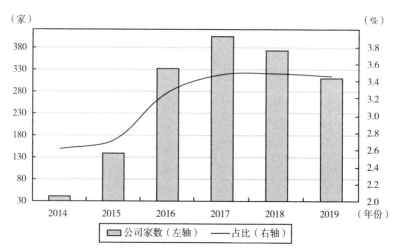

图 2　福建省 2014～2019 年挂牌公司数量和总体占比情况

资料来源：全国中小企业股份转让系统。

随着目前在新三板市场挂牌上市企业数量越来越多，在新三板上市企业的行业覆盖面也越来越广。截至 2019 年，制造业企业有 4409 家，占比 49.25%，信息传输、软件和信息技术服务业企业 1725 家，占比 19.27%，租赁和商务服务业 465 家，占比 5.19%①。

（二）新三板市场融资现状分析

新三板可以通过股权融资、债权融资以及其他多样的融资方式进行融资，在中小企业融资难、融资贵的环境之下，新三板的地位和作用突出。以下部分将介绍在新三板市场中几种主要的融资方式。

1. 定向增发

定向增发主要指上市公司向符合条件的少数特定投资者非公开发行股份或债券等投资产品的行为。定向增发属于新三板的股权融资，是新三板市场最主要的融资方式，具有相对其他融资方式更灵活的特点。根据全国中小企业股份转让系统的统计数据，2013 年以来新三板挂牌公司累计直接融资规模超过 5000 亿元，其中多数来自定向增发。包括已摘牌公司，2013～2019 年，共有 6524 家公司完成定增融资，平均累计融资规模为 7978.87 万元。图 3 可以清晰看到 2013～2019 年新三板定增规模变化情况，从 2013～2016 年，定向增发次数和规模都在不断增加和扩张，处于快速增长阶段，2017～2019 年定向增发的次数和规模呈现微弱的负增长趋势，即 2017 年以后，随着市场变冷，新三板定增融资遭遇"滑铁卢"，融资额连续三年大幅下滑，因此 2017～2019 年成为了新三板定向增发市场的冷却期。2019 年全年新三板实现定向增发融资总额仅为 264.63 亿元。

2. 债权融资

进行债权融资可以在一定程度上改善公司资本结构、降低财务费用。新三板债权融资产品使用较少，近年来为解决中小企业融资难的问题，监管机构不断做出新尝试。早在 2013 年 8 月，国务院办公厅发布的《关于金融支持小微企业发展的实施意见》要求，大力拓展小微企业直接融资渠道，在创业板、新三板、公司债、私募债等市场建立服务小微企业的小额、快速、灵

---

① 资料来自全国中小企业股份转让系统。

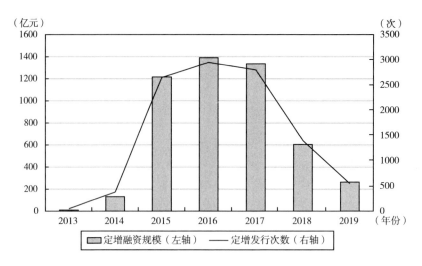

图3 新三板历年定增融资规模变化

资料来源：全国中小企业股份转让系统。

活的融资机制。新三板市场在运行过程中也先后推出了双创债、可转债等创新型债券融资产品，丰富了新三板市场的融资方式，为挂牌企业融资提供了更多的选择空间。其中双创债有助于挂牌公司在初创阶段股权融资较难操作的情况下解决融资难问题。根据东方财富choice统计，截至2019年末，累计已有近70家新三板公司发布了双创债发行方案，总共成功发行过27起双创债。

3. 股权质押

股权质押是股东将其拥有的上市公司股权作为质押担保，从债权人处借入资金的行为。债权人包括证券公司、商业银行、信托公司等金融机构，另外也有少量非金融企业。通过统计，截至2019年末，正在挂牌的新三板公司当中，有2289家公司使用过或正在使用股权质押进行融资，占到挂牌企业总数26%，已经摘牌的新三板公司中，有1095家公司使用过股权质押进行融资，占到摘牌企业总数的24.4%。从正在挂牌企业看，2017年是新三板股权质押的高峰期。新三板正在挂牌的企业总共有2289家公司正在进行或曾经有过股权质押行为，累计质押的股权市值为4640.55亿元。①

①　资料来自全国中小企业股份转让系统。

（三）科技型中小企业在新三板市场融资存在的问题

新三板是多层次资本市场不可替代的一环，服务中小微企业意义重大，但制度建设也存在天然困难。作为中小企业金融改革创新试验田，新三板创造了不少新的名词，比如，"股份转让"既非"一级股权"也非"二级股票"，这曾让税务部门就是否征收"资本利得税"产生了争议，也给不少投资机构在设立产品和制定投资策略时造成了问题。因此，本专题针对科技型中小企业在新三板市场融资过程中存在的具体问题进行以下分析。

1. 新三板市场的问题原因

（1）缺乏流动性。新三板市场缺乏流动性可以从长期和短期两方面进行分析。从短期来看，新三板成立至今经历了从繁荣到回归冷静过程，随着市场环境变化，新三板流动性持续萎缩。2017～2018年"三类产品"集中到期潮、2018年以来做市商集中退出以及2017～2019年新三板企业集中"出走"，都加剧了市场流动性紧缩。短期来看，这三个因素使得市场流动性下滑加剧。从长期来看，供需失衡是导致流动性不足的核心矛盾。新三板公司数量（供给端）较大，然而投资者数量（机构和个人投资者数量）和交易活跃度（交易制度、做市商制度、股权分散程度）均不足，供需的不平衡导致新三板难以发挥其资源配置功能，因而产生融资难、交易萎靡、定价失灵等问题。新三板流动性差明显表现为市场换手率的不断下降，截至2019年9月，新三板市场的月度换手率为0.49%，只有不到20%的股票在该市场有成交①。

（2）挂牌企业质量良莠不齐。新三板市场主要服务于创新型、创业型、成长型中小微企业。因此新三板挂牌企业比上市公司普遍规模偏小，截至2019年10月24日，新三板挂牌企业（含已摘牌），在挂牌时有64.5%为小型企业，27.8%为中型企业，因此新三板服务的主要是中小企业，但也不乏大型企业（见图4）。尽管全国在新三板挂牌企业有上万家，但企业总体质量良莠不齐，存在许多企业已经在新三板市场挂牌多年，但一直没有进行过实质性融资和交易。近年来，新三板对企业的吸引力明显减弱。2019年9月新三板挂牌企业仅9家，创下2014年1月新三板扩大至全国市场以来最低

---

① 资料来自全国中小企业股份转让系统。

水平，该月摘牌达72家。与中小企业摘牌相比，优质企业的流失对市场负面影响更大。截至2019年10月24日，新三板共有80家公司在A股转板上市，450家企业在IPO辅导，大量优质新三板企业流失。①

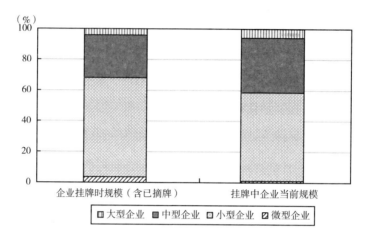

图4 新三板企业规模分布

注：企业规模根据国家统计局标准划分，统计数据截至2019年10月24日。

资料来源：全国中小企业股份转让系统。

（3）投资者准入门槛高，退出渠道狭窄。新三板市场发展时间短、市场风险高。为了防范和降低风险，新三板的个人投资者门槛设定为500万元，大多数投资者很难达到这个要求，从而导致新三板市场合格投资者仅几十万人。首先，在上万家的挂牌企业中合格投资者过少；其次，拥有较多资产的合格投资者在投资时会更加谨慎，最终导致新三板市场交易频率低。从退出机制来看，由于新三板市场流动性差，想利用二级市场进行退出难以实现，且企业的估值也比较困难，造成企业回购意愿低。从转板的角度来看，新三板主要实行"IPO+退市"模式，转板IPO时间跨度长、成本高、难度大，因此在IPO转板退市这方面也并不顺利。

2. 挂牌的科技型中小企业自身原因

（1）公司治理不规范，信息披露差。新三板市场挂牌企业大多为中小企业，大多存在公司治理不规范，内部规章制度不健全，执行程度低，信息透明

---

① 资料来自全国中小企业股份转让系统。

度低，财务报告不规范、披露不及时等问题，在金融机构信用评级方面存在明显短板。截至 2019 年末，新三板股转公司下发问询函 600 多份，对 200 多宗违规行为采取自律监管措施，对 26 宗违规行为给予纪律处分，并对未按期披露2018 年年度报告的 596 家挂牌公司及其相关负责主体基于公开谴责①。

（2）企业融资效率低下，融资风险高。前文介绍了新三板市场主要的融资渠道是定向增发、债权融资、股权质押等。但由于中小企业还处于成长阶段，可用于作为抵押品的固定资产、房地产、土地的数量少。同时规模优势和品牌优势小，风险承受能力弱。由于这些特点，新三板挂牌的中小企业在银行贷款、资产证券化、私募债等方面较难顺利融资，更多地将融资方式集中在定向增发和股权质押。且很多挂牌企业并没有在新三板进行实质性融资或者交易，许多企业很难通过新三板市场获取发展资金，最终融资效率较低。

三、福建省科技型中小企业融资效率的实证分析

（一）DEA 模型基本内容

本专题主要采用信息包络分析法（DEA 模型）从静态和动态两个方面分析新三板市场挂牌企业的融资效率。从静态比较分析角度，本专题具体采用以规模报酬不变为前提的 DEA-CCR 模型和以生产规模可变为前提的 DEA-BCC 模型分析评价新三板科技型中小企业融资过程中的综合技术效率（TE）、纯技术效率（PTE）、规模效率（SE）。从动态角度，本专题采用DEA-Malmquist 模型从生产率指数（TFP）的方面对研究企业 2014～2019 年的融资效率进行实证分析。

（二）指标选择与数据处理

1. 指标选择
本专题主要对科技型中小企业在新三板市场的融资效率进行分析。国内

---

① 资料来自全国中小企业股份转让系统。

学者针对融资效率进行研究时主要选取的指标汇总情况如表1所示。以相关学者的研究成果作为参考，同时考虑新三板市场挂牌企业具有良好的成长性和高科技性，本专题选取4个投入指标和3个产出指标。

表1 投入、产出指标选择

	指标名称	含义	参考文献
投入指标	资产总额	融资能力	田金方（2017）、肖雅（2018）、徐凯（2018）、谢闪闪（2019）、方先明（2015）、梁爽（2016）、张璐（2014）、杜丽慧（2018）、曹苗（2015）、杨国佐（2017）
	资产负债率	融资能力	徐凯（2018）、王玉荣（2018）、方先明（2015）、梁爽（2016）、沈忱（2017）、张璐（2014）、杜丽慧（2018）、曹苗（2015）、杨国佐（2017）
	股权集中度	公司治理	肖雅（2018）、王玉荣（2018）、梁爽（2016）、曹苗（2018）、王海荣（2018）
	财务费用	融资能力	徐凯（2018）、沈忱（2017）、罗春燕（2016）、杨国佐（2017）
产出指标	净资产收益率	盈利能力	肖雅（2018）、徐凯（2018）、王玉荣（2018）、方先明（2015）、梁爽（2016）、沈忱（2017）、罗春燕（2016）、杜丽慧（2018）、李立孔（2013）、曹苗（2015）、张召飞（2018）、杨国佐（2017）
	总资产周转率	营运能力	肖雅（2018）、梁爽（2016）、张璐（2014）
	每股收益	成长能力	肖雅（2018）、王玉荣（2018）、曹苗（2015）

（1）投入指标。

①资产总额。资产主要指企业实际拥有或控制的预期能够为企业带来经济利益流入的所有资源的统称。一般企业整体规模的大小将直接影响企业的融资成本，规模越大的企业相对而言融资成本越低。因此，企业的规模大小与企业的融资能力具有较大关联。

②资产负债率，表示企业总资产与总负债之间的比值。资产负债率一方面反映公司融资结构，另一方面也表明公司承受的债务负担。通常健康合理的资产负债率能够提高企业的盈利水平，过高的资产负债率可能导致公司财务负担过重，可能引起破产风险，因此间接影响企业的融资效率。

③股权集中度，表示企业的股权结构情况，通过股权集中度分析股东结构的集中和分散情况。股权集中度是公司治理结构的反映指标，能够很好地

看出企业大股东在公司收益中的占比和对企业整体的控制度，与企业的融资能力有很大相关性。

④财务费用，主要包括利息费用和利息收入，是企业为了获取资金而付出的成本。由于在新三板中科技型中小企业数据获得方式有限，准确衡量企业融资成本的利息费用难以得到，最终采用财务费用作为替代。

（2）产出指标。

①净资产收益率，反映了企业通过生产经营最终获取收益的能力和生产经营有效性。在杜邦分析法中，净资产收益率为权益乘数、资产周转率、销售净利率的乘积，因此它同时反映了企业的营运能力、盈利能力和资本结构，有利于投资者更好地分析企业的经营管理效率。

②总资产周转率，表示企业生产经营过程中主营业务收入和平均资产总额的比率，是衡量企业运营情况的指标，能够很好地反映企业的管理水平和业务能力。总资产周转率数值越高，企业周转速度越快，企业使用和配置资金的能力就越强。

③每股收益，衡量了企业普通股股东所持有的每股股票所能获取的收益情况，是展现企业成长能力的代表性指标。新三板主要的融资途径为定向增发股票，因此每股收益能够较好地反映企业在新三板融资后的效率变化情况。

2. 数据处理

（1）数据来源及筛选。本专题将福建省 2014～2019 年在新三板挂牌上市的科技型中小企业作为初选样本，其中科技型中小企业样本来源于"福建省科学技术厅关于福建省入库科技型中小企业名单公告"，然后根据实际情况进行再次筛选：①删除数据样本缺失的公司；②删除无法通过全国中小企业股份转让系统及其他数据渠道查询到所需资料的公司；③删除已退市或已停牌公司。最终选取 50 家 2019 年（含）之前在新三板挂牌且所需财务数据完整的福建省科技型中小企业作为样本研究。

本专题大部分原始数据来自全国中小企业股份转让系统和国泰安数据库。

（2）数据的标准化。DEA 方法要求原始数据为非负数，本专题选取的指标中每股收益、财务费用、净资产收益率可能存在负值，且不同的产出投入指标在数值上存在较大差异，可能对 DEA 模型结果的准确性有影响。为了排除以上可能，本专题采取无量纲化方法，将这 7 个指标的原始数据通过标准化处理，转化为〔0，1〕的数据。具体公式如下：

$$y_{ij} = 0.1 + 0.9 \times \frac{x_{ij} - a_i}{b_i - a_i} \tag{1}$$

其中，x_{ij} 为第 j 个在指标 i 上的原始数据，a_i 为指标 i 中的最小值，b_i 为指标 i 中的最大值，y_{ij} 为无量纲化后的数值。

（三）模型构建与实证分析

1. 融资效率纵向对比静态分析

在进行无量纲化处理后，选取 29 家样本企业首次在新三板融资的前一年至 2018 年的投入产出指标，分别构建 CCR 模型和 BCC 模型，运用 DEAP 2.1 软件检验首次融资后样本的综合技术效率（TE）、纯技术效率（PTE）、规模效率（SE）是否显著异于融资前。为了方便对比，取每家企业前一年至融资当年的均值作为融资前的效率值，再以融资后两年效率均值作为企业融资后的效率值。为了进一步分析融资效率分布情况变化，借鉴已有文献研究，将效率数值分成四个区间：〔0，0.5）相对无效，〔0.5，0.8）相对较无效，〔0.8，1）相对较有效，1 相对有效。

经过数据整理得到 29 家样本组企业融资前后综合技术效率、纯技术效率、规模效率。

由表 2 可知，29 家样本企业中，融资前达到相对有效的比率 37.93%（11 家）明显高于融资后的 17.24%（5 家），融资后的相对较无效和相对无效的比率之和 48.28% 高于融资前的 37.93%。29 家样本企业中综合技术效率融资前高于融资后企业数量是 19 家，占比 65.52%，且综合技术效率融资前的均值略高于融资后均值。因此从整体来看，融资后的综合技术效率低于融资前。

表 2　　　　　　　　　　样本组企业融资前后综合技术效率

时间	相对有效（TE = 1）（%）	相对较有效（0.8≤TE<1）（%）	相对较无效（0.5≤TE<0.8）（%）	相对无效（0≤TE<0.5）（%）	平均综合技术效率（TE）
融资前	37.93	24.14	20.69	17.24	0.7625
融资后	17.24	34.48	41.38	6.90	0.7596

资料来源：笔者根据 Wind、国泰安数据库数据和 DEAP 软件整理得到。

由表 3 可知，29 家样本企业中，融资前达到相对有效的比率 44.83%（13 家）明显高于融资后的 37.93%（11 家），融资后的相对较无效的比率 27.59%（8 家）高于融资前的 6.90%（2 家）。29 家样本企业中纯技术效率融资前高于融资后企业数量是 15 家，占比 51.72%，且纯技术效率融资前的均值略高于融资后均值。因此从整体来看，融资后的纯技术效率低于融资前。

表 3　　　　　　　　　样本组企业融资前后纯技术效率

时间	相对有效（PTE＝1）（%）	相对较有效（0.8≤PTE＜1）（%）	相对较无效（0.5≤PTE＜0.8）（%）	相对无效（0≤PTE＜0.5）（%）	平均纯技术效率（PTE）
融资前	44.83	44.83	6.90	3.45	0.8833
融资后	37.93	34.48	27.59	0.00	0.8809

资料来源：笔者根据 Wind、国泰安数据库数据和 DEAP 软件整理得到。

由表 4 可知，29 家样本企业中，融资前达到相对有效和相对较有效比率之和 79.31%（23 家）明显高于融资后的 75.86%（22 家），融资后的相对无效的比率 6.9%（2 家）高于融资前的 0。29 家样本企业中规模效率融资前高于融资后企业数量是 17 家，占比 58.62%，且规模效率融资前的均值略高于融资后均值。因此从整体来看，融资后的规模效率低于融资前。

表 4　　　　　　　　　样本组企业融资前后规模效率

时间	相对有效（SE＝1）（%）	相对较有效（0.8≤SE＜1）（%）	相对较无效（0.5≤SE＜0.8）（%）	相对无效（0≤SE＜0.5）（%）	平均规模效率（SE）
融资前	17.24	62.07	20.69	0.00	0.8710
融资后	31.03	44.83	17.24	6.90	0.8518

资料来源：笔者根据 Wind、国泰安数据库数据和 DEAP 软件整理得到。

接下来针对融资前后均值采用假设检验进行验证。首先设定新三板这 29 家样本企业融资前的综合技术效率、纯技术效率、规模效率分别为 x_{TE}^0、x_{PTE}^0、x_{SE}^0，其各自的平均值分别设定为 μ_{TE}^0、μ_{PTE}^0、μ_{SE}^0；融资后的综合技术效率、纯技术效率、规模效率平均值分别设定为x_{TE}^1、x_{PTE}^1、x_{SE}^1，同样其各自的平均值分别设定为μ_{TE}^1、μ_{PTE}^1、μ_{SE}^1。基于以上设定，提出以下假设：

$$\mathrm{H}_1 : \mu_{TE}^0 = \mu_{TE}^1 ; \quad \mathrm{H}_2 : \mu_{PTE}^0 = \mu_{PTE}^1 ; \quad \mathrm{H}_3 : \mu_{SE}^0 = \mu_S^1 E$$

针对以上假设的平均值序列做单样本 K-S 正态性检验，检验结果如表5所示。当显著性水平为5%时，在不包括x_{SE}^0的情况下，其他序列的结果均近似服从正态分布，因而我们可以利用正态总体的 t 检验对假设H_1、假设H_2检验，利用非参数估计的 Wilcoxon 秩和检验法对假设H_3检验。利用 SPSS 软件对以上假设进行检验，结果显示，在显著性水平5%和1%不能拒绝假设H_2、假设H_3，在显著性水平为1%不能拒绝假设H_1（见表6）。因此新三板科技型中小企业在融资前后的综合技术效率、纯技术效率、规模效率没有得到显著提升，最终融资效率较低。

表5　　　　　　　　　　单样本 K-S 正态性检验结果

变量	x_{TE}^0	x_{TE}^1	x_{PTE}^0	x_{PTE}^1	x_{SE}^0	x_{SE}^1
p 值（双尾）	0.2100	0.2010	0.1900	0.2000	0.0030	0.0183

资料来源：笔者根据 Wind、国泰安数据库数据和 SPSS 软件整理得到。

表6　　　　　　　　　　　　假设性检验结果

项目	假设 H_1	假设 H_2	假设 H_3
t 值	3.2310	1.1460	− 0.2370
p 值	0.0443	0.2170	0.1310
是否拒绝原假设（$\alpha = 0.05$）	是	否	否
是否拒绝原假设（$\alpha = 0.01$）	否	否	否

资料来源：笔者根据 Wind、国泰安数据库数据和 SPSS 软件整理得到。

2. 融资效率横向对比静态分析

考虑到外界宏观经济因素和市场环境因素的变化，除了对福建省科技型中小企业在新三板融资效率进行纵向比较之外，还需要对样本企业和在新三板上挂牌却未进行实质性融资行为的对照企业的融资效率进行横向对比分析。

我们选择 29 家在 2018 年（含）前在新三板市场挂牌，并在 2018 年

（含）以前进行实质性融资行为、其财务数据完整健全的福建省科技型中小企业作为样本组企业。选择 21 家在 2018 年（含）前在新三板市场挂牌，且在 2018 年（含）前没有过融资行为的福建省科技型中小企业作为对照组企业。对 2018 年 29 家样本组企业和 21 家对照组企业的 4 项投入指标、3 项产出指标分别构建 CCR 模型和 BCC 模型，并且利用 DEAP 2.1 软件检验在新三板市场挂牌的每一家企业的相对融资效率。

如表 7 所示，仅有 20.69% 的（6 家）样本企业的综合技术效率为 1，表现为相对技术有效，远远低于对照企业的 52.38%（11 家）。同样，样本组企业中综合技术效率相对有效和较为有效的企业占比 37.93%（11 家），也显著低于对照企业的 61.90%（13 家）。此外，对每家企业的相对融资效率进行加权平均，样本企业的整体技术效率的均值（0.6840）明显低于对照企业（0.8584）。对此结论，本专题通过假设性检验的方法加以验证，提出如下假设：

H_4：样本企业的整体技术效率的均值大于等于对照企业。

表 7　样本组企业与对照组企业的综合技术效率（TE）

技术有效程度	样本组企业		对照组企业	
	数量（家）	比例（%）	数量（家）	比例（%）
相对有效（TE = 1）	6	20.69	11	52.38
相对较有效（0.8 ≤ TE < 1）	5	17.24	2	9.52
相对较无效（0.5 ≤ TE < 0.8）	9	31.03	8	38.10
相对无效（TE < 0.5）	9	31.03	0	0.00
综合技术效率均值	0.6840		0.8584	

资料来源：笔者根据 Wind、国泰安数据库数据和 DEAP 软件整理得到。

分别对样本企业和对照企业的整体技术效率进行 K-S 正态性检验，得到的 p 值分别是 0.219（>0.05）和 0.003（<0.05），所以在 5% 的显著性水平上对照企业的整体技术效率不服从正态分布。因此，为了更加科学合理地处理样本组和对照组数据，本专题采用 Mann-Whitney 法，利用 SPSS 软件进行假设检验。根据计算结果，p 值等于 0.00013（<0.05），因此在 5% 的显著性水平上有充分的理由拒绝假设 H_4，即可以得出结论：样本企业的整体效率的

均值小于对照企业。与表 7 的结论相一致。

如表 8 所示，有 37.93% 的（11 家）样本企业的纯技术效率为 1，与对照企业的 61.90%（13 家）差距很大。根据数据可以发现，样本组企业中纯技术效率相对有效和较为有效的企业仅仅占比 48.27%（14 家），远远低于对照企业的 80.95%（17 家）。并且通过表 8 可以看出，样本企业的纯技术效率的均值（0.8103）低于对照企业（0.9284）。本专题提出如下假设并加以验证。

H_5：样本企业的纯技术效率的均值大于等于对照企业。

表 8　　　　　　样本组企业与对照组企业的纯技术效率（PTE）

技术有效程度	样本组企业		对照组企业	
	数量（家）	比例（%）	数量（家）	比例（%）
相对有效（PTE = 1）	11	37.93	13	61.90
相对较有效（$0.8 \leqslant PTE < 1$）	3	10.34	4	19.05
相对较无效（$0.5 \leqslant PTE < 0.8$）	12	41.38	4	19.05
相对无效（PTE < 0.5）	3	10.34	0	0.00
纯技术效率均值	0.8103		0.9284	

资料来源：笔者根据 Wind、国泰安数据库数据和 DEAP 软件整理得到。

通过对两组企业的纯技术效率进行 K-S 正态性检验，得到的 p 值分别是 0.108（>0.05）和 0.000（<0.05），在 5% 的显著性水平上对照企业的纯技术效率不服从正态分布。因此，对两组企业的纯技术效率仍采用 Mann-Whitney 法进行假设性检验。根据 SPSS 软件得出的结果，p 值等于 0.0023（<0.05），因此在 5% 的显著性水平上可以拒绝假设 H_5，得出最终结论：样本企业的整体效率的均值小于对照企业。利用 Mann-Whitney 检验与表 8 所得出结论是一致的。

如表 9 所示，整体规模效率相对有效的样本企业有 6 家，仅占 20.69%，该数值远远低于对照企业的 52.38%（11 家）。对样本企业和对照企业的整体规模效率值进行加权平均。可以发现，样本企业的整体规模效率均值（0.8243）小于对照企业（0.9226）。本专题建立以下假设：

H_6：样本企业的整体规模效率的均值大于等于对照企业。

表9　　　　　　样本组企业与对照组企业的整体规模效率（SE）

技术有效程度	样本组企业		对照组企业	
	数量（家）	比例（%）	数量（家）	比例（%）
相对有效（SE=1）	6	20.69	11	52.38
相对较有效（0.8≤SE<1）	12	41.38	6	28.57
相对较无效（0.5≤SE<0.8）	9	31.03	4	19.05
相对无效（SE<0.5）	2	6.90	0	0.00
整体规模效率均值	0.8243		0.9226	

资料来源：笔者根据 Wind、国泰安数据库数据和 DEAP 软件整理得到。

两组企业的整体规模效率的 K-S 正态性检验的 p 值分别是 0.082（>0.05）和 0.020（<0.05），因此在 5% 的显著性水平上对照企业的纯技术效率不服从正态分布。因此，对两组企业的纯技术效率仍采用 Mann-Whitney 法进行假设性检验。根据 SPSS 软件得出的结果，p 值等于 0.0142（<0.05），根据 p 值可以说明在 5% 的显著性水平上有理由拒绝假设 H_6，因此样本企业的规模效率的均值小于对照企业。因此假设性检验得出的结论与表9数据所得结论是一致的。

除去对样本企业和对照企业的综合技术效率、纯技术效率和规模效率的具体数据进行分析外，BCC 模型还给出每家企业的规模报酬的具体情况，如表10所示。样本企业中处于规模报酬递增或规模报酬不变的企业仅占比31.03%，这说明新三板上市的样本组企业处于相对成熟稳定发展时期，公司的研发活动和生产经营能力已经具备规模效应。

表10　　　　　　样本组企业与对照组企业的规模报酬情况

规模报酬情况	样本组企业		对照组企业	
	数量（家）	比例（%）	数量（家）	比例（%）
规模报酬递增	3	10.34	2	9.52
规模报酬不变	6	20.69	11	52.38
规模报酬递减	20	68.97	8	38.10

资料来源：笔者根据 Wind、国泰安数据库数据和 DEAP 软件整理得到。

相反，对照组企业处于规模报酬递增或规模报酬不变的企业占比61.90%，这表明对照组中大部分的企业还处在早期扩张阶段，急切需要融入大量资金来扩大企业规模，以此获得规模收益。因此在新三板市场挂牌的对照组企业的整体融资规模还尚未达到挂牌企业的要求。

3. Malmquist 动态分析

（1）样本总体动态分析。由表 11 可知，在福建省新三板上市的中小型科技企业的效率融资的动态变化均值（TFP）为 0.978，说明 2019 年相对于 2014 年各企业的融资效率呈现下降的趋势，Malmquist 生产率指数下降 2.2%，根据 Malmquist 生产率指数的分解公式为：

$$TFP = TE \times TC = PE \times SE \times TC \tag{2}$$

表 11   新三板挂牌的福建省科技型中小企业融资效率的动态变化

时期	技术效率变化指数 TE	技术进步指数 TC	纯技术效率变化指数 PE	规模效率变化指数 SE	Malmquist 生产率指数 TFP
2014~2015 年	1.124	0.861	1.098	1.024	0.968
2015~2016 年	1.082	0.912	1.021	1.060	0.987
2016~2017 年	0.984	0.986	1.002	0.982	0.970
2017~2018 年	1.007	0.968	1.003	1.004	0.975
2018~2019 年	0.975	1.018	0.988	0.986	0.992
平均值	1.033	0.947	1.022	1.011	0.978

资料来源：笔者根据 Wind、国泰安数据库数据和 DEAP 软件整理得到。

Malmquist 指数的决定源于两部分：一方面，来源于技术效率变化指数的上升，2019 年其值较 2014 年上升 3.3%，其中纯技术效率变化指数较 2014 年上升 2.2%，规模效率变化指数较 2014 年上升 1.1%；另一方面，来源于技术进步指数的下降，2018 年其值较 2014 年下降 5.3%。综上所述，福建省科技型中小企业在近六年的时间里，其 Malmquist 生产要素指数整体呈现下降趋势。

从各个年度来分析，Malmquist 生产率指数呈现逐步下降的趋势。2014~2015 年，综合技术效率呈现上升趋势而技术进步效率呈现明显下降趋势，综合技术效率较 2014 年上升了 12.4%，技术进步指数下降了 13.9%，这是近 6 年来变化幅度最大的一次。2015~2016 年，综合技术效率比 2015 年上升 8.2%，而技术进步指数下降了 8.8%，其共同作用使得 Malmquist 生产率指数下降了 1.3%。2016~2017 年，综合技术效率和技术进步指数都有所下降，使得 Malmquist 生产率指数相较 2016 年下降了 3 个百分点。2017～2018 年，综合技术效率相较 2017 年小幅增长 0.7%，主要来源于技术效率与规模效率的共同增长作用，但技术进步指数呈现出大幅度的下降，由此使得 Malmquist 生产率指数总体上出现相较于上一年出现下降趋势。2018～2019 年，综合技术效率出现下降，主要表现为比 2018 年下降 2.5 个百分比，而技术进步指数出现上升，其指数增长了 1.8%，最终 Malmquist 生产率指数小幅下降 0.8%。

综上所述，在新三板上市的福建省科创型中小企业的 Malmquist 指数呈现下降趋势，企业融资效率不高，平均来看下降原因主要来自研发投资力度不够，技术进步指数下降。因此，一方面，福建省科创型中小企业应该更为重视技术进步的重要性，因为作为科技型中小企业其关注点更应落实到技术研发的层面；另一方面，保持现有的经营管理水平，并积极扩大企业规模，实现规模效应，使得企业的融资达到效益最大化，最终使企业的融资效率得到提升。

（2）产业动态分析。由于样本的总体性特征很有可能掩盖个体的差异，所以为了更深一步了解福建省创新型企业在新三板市场融资效率，本专题又分产业进行了分析，即将样本划分为第二产业和第三产业，分别考虑其在新三板市场的融资效率。

由表 12 可知，第二产业的 Malmquist 生产率指数在 2014～2019 年的变化趋势为持续下降。对各个年份进行具体分析，可以得出以下结论：2014～2015 年，综合技术效率比 2014 年上升了 3.9%，而技术进步指数呈现下降趋势，其中综合技术效率的上升归功于纯技术效率的提高，但总体来看 Malmquist 指数仍下降了 5.8 个百分点；2015～2016 年，综合技术效率呈现明显的上升趋势，这主要归功于纯技术效率以及规模效率的上升，而技术效率变化指数较 2015 年下降 5.6%，最终表现为 Malmquist 生产率指数下降 2%；2016～2017 年，综合技术效率相较于 2016 年下降了 1.1%，技术进步指数下降了 5.1%，最终使得 Malmquist 生产率指数有明显的 6.1% 的下降幅度，此为近 6 年最大下降幅度；2017～2018 年，Malmquist 生产率指数比 2017 年小幅下降 3%，尽管该年度技术进步出现上涨趋势，但综合技术效率的下降仍占主导地位，即纯技术效率的不足和规模效率的利用不够，仍导致了 Malmquist 生产效率指数的下降；2018～2019 年，综合技术效率及技术进步的下降使得

2019 年的 Malmquist 生产率指数相较于 2018 年下降 1.4%。

表 12　　　　　　　第二产业 Malmquist 生产率指数分解效应

时期	技术效率变化指数（TE）	技术进步指数（TC）	纯技术效率变化指数（PE）	规模效率变化指数（SE）	Malmquist 生产率指数（TFP）
2014~2015 年	1.039	0.907	1.058	0.981	0.942
2015~2016 年	1.050	0.934	1.019	1.030	0.980
2016~2017 年	0.989	0.949	0.996	0.993	0.939
2017~2018 年	0.984	1.013	0.995	0.989	0.997
2018~2019 年	0.987	0.999	0.991	0.996	0.986
平均值	1.009	0.960	1.011	0.998	0.969

资料来源：笔者根据 Wind、国泰安数据库数据和 DEAP 软件整理得到。

综上所述，2014~2019 年，福建省科技型中小企业中属于第二产业的企业的 Malmquist 生产率指数一直呈现出下降趋势，总的来说，福建省隶属于第二产业的企业在新三板的融资效率处于无效率状态。

由表 13 可知，福建省在新三板上市处于第三产业的中小型科创型企业的融资效率从 2015 年起一直呈现出下降的趋势。2014~2015 年，综合技术效率有所下降，技术进步指数有明显上升，二者共同作用使 Malmquist 生产率指数比 2014 年上升了 5.4%。这是该指数唯一一次出现了上涨态势。2015~2016 年，综合技术效率比 2015 年显著上升 12.2%，而技术进步指数显著下降 12%，最终 Malmquist 生产率指数下降 1.2%。2016~2017 年，综合技术效率和技术进步指数相较于 2016 年都有所下降，尽管纯技术效率上升了 2%，但是规模效率下降比例过大，最终导致综合技术效率呈现下降趋势；Malmquist 生产率指数下降 2.7%。2017~2018 年，Malmquist 生产率指数在上一年下降 2.7% 的基础上又持续下降 15.2%，这源于纯技术效率、规模效率及研发技术政策保守。该次下降是 6 年来最为严重的一次。2018~2019 年，Malmquist 生产率指数比 2018 年下降 7.1 个百分点，由于该年度企业进步指数处于上升趋势，而综合技术效率处于下降态势，所以此次下降的原因最终来源于规模效率的下降。

总的来看，福建省隶属于第三产业的科技型中小企业在新三板市场的融资效率逐年下降，主要是企业不能很好地平衡综合技术效率与技术进步，出现了顾此失彼的情况，最终都未能实现融资效率的有效化。

表13   第三产业 Malmquist 生产效率指数分解效应

时期	技术效率变化指数（TE）	技术进步指数（TC）	纯技术效率变化指数（PE）	规模效率变化（SE）	Malmquist 生产效率指数（TFP）
2014~2015 年	0.944	1.116	0.931	1.014	1.054
2015~2016 年	1.122	0.880	1.073	1.046	0.988
2016~2017 年	0.991	0.982	1.020	0.972	0.973
2017~2018 年	0.930	0.912	0.969	0.960	0.848
2018~2019 年	0.917	1.013	0.903	1.015	0.929
平均值	0.978	0.977	0.977	1.001	0.956

资料来源：笔者根据 Wind、国泰安数据库数据和 DEAP 软件整理得到。

由图5知，第二产业的 Malmquist 生产率指数远高于第三产业，但是两者的指数都小于1，所以平均来看福建省处于第二、第三产业的科技型中小企业在新三板上市融资的效率都不高，都是处于下降状态，而第三产业平均来说比第二产业下降的更多。从指数分解的角度来看：效率改进方面，第二产业的纯技术效率远高于第三产业，但其规模效率不如第三产业；技术进步方面，第二产业技术进步指数远低于第三产业。

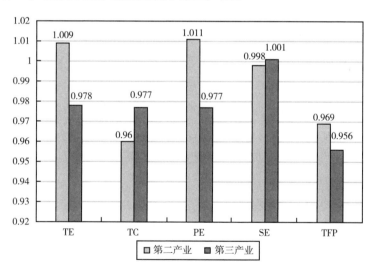

图5 第二、第三产业平均指数比较

资料来源：Wind、国泰安数据库数据。

综上所述，第三产业较第二产业来说更为重视技术创新和规模效应的运用，但其纯技术效率没有跟上，最终导致 Malmquist 生产率指数呈现下降态势。第二产业有充分的综合技术效率的改进，但其研发投入力度过小，由此并不能充分利用综合技术效率占优的优势，最终使得近 6 年 Malmquist 生产率指数呈现下降趋势。

由此可给出建议：第三产业应该更加注重研发投入的力度，以及纯技术效率的提升，最终实现融资效率的提升；第二产业同样应该注重研发投入的力度，同时学习第三产业更注意规模效率的提高。

四、基于 Tobit 模型的融资效率影响因素分析

（一）研究设计

1. 指标选择

在前面 DEA 的分析中，可得出 2014～2019 年每家公司每年的综合技术效率，现在用综合技术效率来代替福建省科技型中小企业在新三板市场的融资效率，着重研究融资效率的影响因素及其影响。根据文献综述以及目标公司数据可得性，本专题选取了代表公司盈利能力、成长能力、融资成本、营运能力、公司治理五个方面的代表性指标，分别为净资产收益率、每股收益、财务费用、总资产周转率、股权集中度等，而且还加入了产业以及年份为虚拟变量。其变量名称、符号及含义如表 14 所示。

表 14　　　　　　　　　　Tobit 模型所需变量说明

类型	名称	符号	含义
被解释变量	综合技术效率	TE	企业融资效率的度量值
解释变量	净资产收益率	ROE	盈利能力
	每股收益	EPS	成长能力
	财务费用	FEE	融资成本
	总资产周转率	TAT	营运能力
	股权集中度	PB	公司治理
控制变量	产业虚拟变量	INDUS	0 = 第二产业，1 = 第三产业
	年度	year	年度

2. 模型设计

由于 DEA 方法得出了综合技术效率是处于 0 ~ 1 的数字，因此被解释变量属于典型受限数据，所以本专题采取 Tobit 模型来进行融资效率的影响因素分析，其模型的根本原理是最大似然估计。之所选择 Tobit 模型是因为，若使用一般的 OLS 回归分析，很可能因为数据无法完整呈现而出现回归偏差。而且本部分采用了 2015 ~ 2019 年每家公司的各项数据，因此为典型的面板数据。

Tobit 模型如下：

$$y_i^* = x_i + \varepsilon_i, \varepsilon_i \sim (0, \sigma^2) \tag{3}$$

$$y_i = \begin{cases} y_i^* = x_i + \varepsilon_i, & y_i > 0 \\ 0, & y_i \leq 0 \end{cases} \tag{4}$$

在后续分析中，y_i 为综合技术效率，x_i 是选取的各个解释变量，β 是 Tobit 回归模型的参数向量，ε_i 是回归的残差项，它服从正态分布。

故总体回归模型如下：

$$TE = \beta_0 + \beta_1 ROE + \beta_2 EPS + \beta_3 FEE + \beta_4 TAT + \beta_5 PB + \beta_6 INDUS + \beta_7 year \tag{5}$$

其中 β_0 为回归的常数项，其余 β 为模型的待估系数。

（二）实证检验与分析

1. 描述性统计

由表 15 知，根据本专题所选取的在新三板上的 50 家福建省科技型中小企业的基本数据的统计，可以看出 2015 ~ 2016 年，50 家企业的平均综合技术效率在 0.74 水平，属于较无综合技术效率的状态。净资产收益率、每股收益、财务费用、总资产周转率、资产负债率都处于相对来说合理的水平，各公司差别不是特别大，而股权集中度其标准差较大，各公司的差异较大。

2. 变量相关性检验

由表 16 知，很显然，本专题选取的影响企业融资效率的各指标与融资效率的相关性比较高，都在 1% 的显著性水平上，可以说明 Tobit 模型中指标的选取是比较有效的。

表 15   主要变量的描述性统计

变量	平均值	标准差	最小值	最大值	样本量
综合技术效率	0.739932	0.2194841	0.127	1	50
净资产收益率	0.0563308	0.2293509	− 0.8903	0.6659	50
每股收益	0.4949976	0.1014981	0.1	1	50
财务费用	467980.4	1020127	− 3837481	6724298	50
总资产周转率	0.8177616	0.436729	0.0215	2.5882	50
资产负债率	0.3197716	0.1787531	0.028	0.9716	50
股权集中度	5.017544	9.884318	1.0129	99	50

资料来源：笔者根据 Wind、国泰安数据库数据回归整理得到。

表 16   Pearson 相关性检验

指标	TE	ROE	EPS	FEE	TAT	DEBT	PB
TE	1.000						
ROE	0.429 ***	1.000					
EPS	0.356 ***	0.772 ***	1.000				
FEE	− 0.470 ***	− 0.204 ***	− 0.138 **	1.000			
TAT	0.445 ***	0.377 ***	0.348 ***	− 0.152 **	1.000		
DEBT	− 0.345 ***	− 0.079	− 0.030	0.385 ***	0.091	1.000	
PB	− 0.182 ***	− 0.073	0.070	0.024	0.105 *	0.214 ***	1.000

注：*** 、** 、* 分别代表在 0.01、0.05、0.10 水平（双侧）上显著相关。

资料来源：笔者利用 Wind、国泰安数据库数据回归整理得到。

3. 实证结果及分析

由表 17 可得，本专题所选取的融资效率影响因素包括净资产收益率、每股收益、财务费用、总资产周转率、资产负债率、股权集中度全部通过显著性检验，但是虚拟变量产业并未通过显著性检验，这意味着根据目前数据并不能说明企业是否处于第二、第三产业对其融资效率有明显影响。进一步地，福建省科技型中小企业的净资产收益率、每股收益、总资产周转率与其融资效率呈现正相关关系，而财务费用、资产负债率以及股权集中度与其融资效率呈现负相关关系。而且值得注意的是净资产周转率与每股收益是在10% 的显著性水平上显著，而其他指标是在 1% 的显著性水平上显著。

表 17 融资效率影响因素的 Tobit 模型估计结果

变量	Coef.	Std.	t 值	p > |t|
ROE	0.154 *	0.090332	1.70	0.090
EPS	0.375 *	0.2064569	1.82	0.071
FEE	− 0.000 ***	1.35e − 08	− 5.62	0.000
TAT	0.283 ***	0.0366504	7.73	0.000
DEBT	− 0.329 ***	0.0784907	− 4.20	0.000
PB	− 0.003 ***	0.0012783	− 2.59	0.010
year	0.050 ***	0.0094572	5.31	0.000
INDUS	0.040	0.0256124	1.58	0.115
_cons	− 100.942 ***	19.0764	− 5.29	0.000

Log likelihood = 2.8156932   LR chi2（8） = 191.82
Number of obs = 250   Prob > chi2 = 0.0000

注：*** 、** 、* 分别表示在1% 、5% 、10% 的水平（双侧）上显著。
资料来源：笔者利用 Wind、国泰安数据库数据回归整理得到。

　　净资产收益率衡量了企业的盈利能力。一般而言，就债款偿还来说，企业的盈利能力越强，意味着企业在取得借款后可以很快通过企业经营偿还借款，债权人的权利可以很好地得到保障，这样企业就越容易筹集到资金，其融资效率就越高；就债款借用来说，企业较强的盈利能力可以保障高于市场平均的回报率，则企业更易于获得资金，更有利于发挥企业优势，利用马太效应，壮大企业发展，在企业融资中更具有话语权，进一步提升融资效率。综合两方面考虑，净资产收益率会提高企业融资效率。

　　每股收益衡量了企业的成长能力，它反映了每股创造的税后利润。该比率越大意味着企业创造的利润越多，代表了企业在其行业内有一定的市场占有率、有较强的业务能力以及经营能力，对于成长性好的企业来说在金融市场更容易筹集到资金，其融资效率因此会更高。故而，每股收益会正向作用于福建省科技型中小企业的融资效率。

　　财务费用可以很直接地衡量企业的融资成本。一般而言，越高的融资成本意味着：在同样的条件下，高融资成本的企业获得相同金额的资金需要支付更多的利息，伴随着高财务负担，该公司会有更高的财务风险，其融资效率会下降。因此，财务费用与企业的融资效率是显著的负相关关系。

总资产周转率衡量了企业的营运能力。在面临等量资产时，高资产周转率意味着高营业收入净额，反映了企业较强的营运能力，将每单位资产转化为收入的较高能力。因此，总资产周转率的提高可以显著提高企业的融资效率。

资产负债率反映了企业的资本结构，揭示企业债务水平。当企业债务处于一个较高水平时，其面临着较高的财务风险，加之债务积压等问题的存在，使得企业较难获得进一步的债务融资，企业融资效率会显著下降。因此资产负债率与企业的融资效率呈现显著负相关关系。

股权集中度反映了第一大股东对企业的控制能力。本专题的实证结果显示福建省科技型中小企业融资效率随企业股权集中度的增长而下降，具体来说，企业股权集中度每增加1单位，其融资效率下降约0.003单位，变化比例较小。可能的解释是：科技型中小企业由于其自身规模较小，融资能力本身有限，在出现股权高度集中的情况下，实际控股股东与其他股东持股比例相差过大，大股东缺少制约，很可能出现利己情形，不利于企业发展，进而降低企业融资效率。因此，股权集中度与融资效率呈现负相关关系。

综上所述，在新三板上市的福建省科技型中小企业的净资产收益率、每股收益、总资产周转率正向作用于融资效率，而财务费用、资产负债率以及股权集中度反方向作用于融资效率，这说明融入资金的低效或无效利用会对企业的融资效率产生抑制作用。

五、对策建议

前文对在新三板市场挂牌的福建省科技型中小企业的融资效率进行了静态和动态分析，发现企业在新三板市场融资效率较低，第二、第三产业融资效率和生产率指数各不相同。Tobit模型说明企业内部的资金无效利用会对融资效率产生负面影响。为改善福建省科技型中小企业在新三板市场融资效率低下问题，本专题从政府和企业自身两个角度，提出以下对策及建议。

（一）完善外部融资环境

1. 完善新三板市场机制

首先，应该健全完善新三板市场信息披露制度，严格要求新三板挂牌企业定期汇报财务报表，做到财务信息公开透明、真实可信，加强企业对融资前、事中和融资后的全过程信息披露。信息披露制度能够对企业融资行为进行有效约束，从而促使企业更加高效地进行融资和资金使用。

其次，应该完善新三板的分层制度。现如今的新三板市场分为创新层和基础层，对企业的分层比较笼统。新三板应当逐渐形成多层次的市场结构，对于不同层次的企业在挂牌要求、信息披露、交易方式和市场监管等方面都应该有不同的要求，这种差异性管理有利于激励科技型中小企业提高资金使用效率、创造更大的经济效益。

最后，应当建立健全转板上市制度。对于生产经营情况良好、已经符合上市条件加盟的优质企业，在新三板挂牌一定时间后，应当允许其转板上市。这既可以激励更多的企业在新三板进行挂牌，又能促使企业更有效地使用资金，提高融资效率。

2. 打造高质量的产学研科技创新平台

科技型中小企业的核心竞争力就是生产技术的研发与创新，而技术的创新与人才培养和教育环境密不可分。福建省有较为优渥的教育环境，不乏高等院校和研究实验室，也不乏大量的勇于进取的企业家。

福建省政府应当充分利用自身的产学研优势，因地制宜，建立企业和高等院校进行研发技术交流的桥梁，依托高新科技园，打造高质量的产学研科技创新平台。该平台可以形成技术集中优势，从而降低企业进行生产研发和创新的资金投入，降低研发成本，促使内部资金的有效使用，提高融资效率。

3. 助推银行发展供应链金融

新三板市场的改革需要长效机制，不能给出立竿见影的效果。短期内，应将重点放在如何有效提高企业融资效率。一种可行的办法是积极推动银行发展供应链金融，并对科技型中小企业有所倾斜，将供应链金融作为重点支持项目。

供应链金融主要是银行将核心企业的上下游企业联系在一起并提供金融服务，国内招商银行在该领域取得一些创新。一方面，供应链金融将为银行带来新的盈利渠道，并为强化与客户间的关系提供机会，而且银行通过上下游企业的联系，作为第三方平台，可降低银行之间提供信贷融资可能面临的信用风险。另一方面，由于银行不用承担过多信用风险，科技型中小企业信贷市场融资难度有所下降，经济效益与社会效益显著，科技型中小企业、银行及政府都将获利。

首先，政府作为社会服务者，可以为福建省科技型中小企业及其上下游中小企业、银行等提供积极的政策导向，创建良好的政策环境，给市场传递出关于供应链金融的良好预期。

其次，政府作为规章制度的制定者，应健全有利于供应链金融发展的法律环境，提高《物权法》《担保法》等相关法律的实际操作性，有效防范供应链金融应用的操作风险。

最后，为充分发挥供应链金融的最大效用，政府应积极推进信用评级机构的深度参与，完善信息平台的构建，提供多样化的信息披露渠道，保证科技型中小企业信息的准确性，降低信息不对称成本。

4. 规范新型融资方式

科技型中小企业在发展过程中离不开政府的扶持。据福建省科技厅统计，截至2019年6月底，福建省已累计发放"科技贷"11亿元，为176家科技型中小微企业提供金融支持。近年来福建省政银合作共同推动"科技贷"，为福建省的创新、高质量发展增添新动能。但福建省科技型中小企业规模大，最终受益企业占比小，且科技型中小企业在新三板融资依旧面临许多困境。

为了更好地帮助福建省科技型中小企业融资，当前政府应当依据省科技型中小企业融资现状，制定相关法律法规，让融资更加规范合理化。在具体的融资方式上，政府应当关注和促进私募、风险投资等新型融资形式的规范政策出台，让投资者对私募股权、私募基金、风险投资有更好的了解，进而加深对新型融资方式的信任度，让市场资金能够较好地流入需要帮助的科技型中小企业。规范新型融资方式，帮助中小企业更好地获取资金，也能在很大程度上减少科技型中小企业向高利贷借债带来的高额利息压力。

（二）提高企业自身融资效率

1. 实现资金的集中管理，提高融入资金的使用效率

通过 Tobit 模型研究发现，融入资金的无效利用会对融资效率产生抑制作用。科技型中小企业应该在企业管理层面加强资金的使用效率，降低企业内部的行政管理费用。通过实践发现，资金的集中管理可以显著提高资金使用率。福建省的科技型中小企业可以结合企业规模、行业特性和营运情况，对融入资金的使用、通向、运转和分配等方面进行集中管理和统一调度，从而精准地运用在需要使用资金的项目和经营环节上，将分散的资金和生产要素相结合，从而最大限度地实现整体和部门、组织和个人的统一，从而提高资金的使用效率。

2. 加大技术研发力度，提高技术创新能力

生产技术是科技型中小企业提高融资效率的关键，具体体现在综合技术效率和纯技术效率两方面。为了不断提高自身核心竞争力，企业应该加大技术研发力度，增加相关方面的资金投入，引进创新人才和培养核心技术人员，推行人才激励制度去最大限度地调动相关人才的主观能动性，与福建省高校和科研机构进行成果交流，不断提高企业的技术创新能力。

3. 扩大企业规模，形成规模效应

福建省科技型中小企业在保持生产经营活动稳中有进的情况下，应该注重自身企业规模的扩大。根据边际成本递减的原理，企业形成一定规模后，能有效减少生产经营成本。所以企业应该注意适当抽出一部分盈余，投资到企业自身发展当中，从而逐渐扩大企业规模，形成规模效应，进而提高融资效率。

参考文献

[1] 曹苗. 我国新三板企业融资效率及影响因素研究 [D]. 广州：华南理工大学，2015.

[2] 陈宝. 福建沿海科技型企业创业环境存在的问题及其对策研究 [J]. 中国管理信息化，2007，10（1）：44－45.

[3] 陈丽维. 陕西省科技型中小企业融资方式对融资效率的影响研究 [D]. 西安：

西安工程大学，2019.

[4] 程小康. 新三板中小企业融资问题探讨 [J]. 海峡科学，2020 (7)：120 – 121.

[5] 崔杰，胡海青，张道宏. 非上市中小企业融资效率影响因素研究——来自制造类非上市中小企业的证据 [J]. 软科学，2014 (12)：84 – 88.

[6] 杜丽慧，韩士专. 港口上市公司融资效率及影响因素研究 [J]. 财会通讯，2018 (6)：91 – 95.

[7] 方芳，曾辉. 中小企业融资方式与融资效率比较 [J]. 经济理论与经济管理，2005 (4)：38 – 42.

[8] 方先明，吴越洋. 中小企业在新三板市场融资效率研究 [J]. 经济管理，2015 (10)：42 – 51.

[9] 李静璇. 新三板市场挂牌企业融资效率研究 [D]. 西安：西安科技大学，2019.

[10] 李立孔. 河北省中小上市企业融资效率研究 [D]. 咸阳：西北农林科技大学，2013.

[11] 李姝，于佳琦. 基于供应链视角的中小企业债权性融资实证研究 [J]. 南大商学评论，2014，11 (4)：144 – 158.

[12] 梁爽. 我国新三板信息技术企业融资效率研究 [D]. 长春：吉林大学，2016.

[13] 罗春燕，张品一，李欣，梁锶. 基于 DEA 方法的文化金融产业融资效率研究 [J]. 统计与决策，2016 (23)：107 – 109.

[14] 聂浪. 新三板会展上市公司融资效率研究 [D]. 广州：广州大学，2019.

[15] 庞仙君. 安康中小企业融资效率研究——基于模糊综合评价法 [J]. 现代管理科学，2013 (8)：55 – 57.

[16] 沈忧. 中小企业在新三板市场融资效率研究——基于三阶段 DEA 模型定向增发研究 [J]. 审计与经济研究，2017，32 (3)：78 – 86.

[17] 史斌. 福建省科技型中小企业融资平台建设的政策研究 [J]. 海峡科学，2011，8 (56)：8 – 13.

[18] 宋文兵. 关于融资方式需要澄清的几个问题 [J]. 金融研究，1998 (1)：3 – 5.

[19] 田金方，王冬冬，陶虎. 资本市场融资效率的行业检验——来自中国上市公司的经验证据 [J]. 商业经济与管理，2017 (3)：51 – 61.

[20] 王飞. 福建省科技创新的金融支持体系研究 [D]. 福州：福建农林大学，2015.

[21] 王伟，董登新. 科技型中小企业新三板市场融资效率分析——基于湖北省企业

面板数据的实证研究［J］. 公司金融，2020（2）：45-51.

［22］王小惠. 福建省加快推进科技型中小微企业贷款试点对策研究［J］. 可持续发展，2020（4）：25-27.

［23］王玉荣，吴刚. 我国创业板上市公司股权融资效率研究［J］. 西部论坛，2018，28（1）：118-124.

［24］肖雅，郭晓顺. 新三板高新技术企业股权融资效率评价［J］. 财会月刊，2018（11）：57-61.

［25］谢闪闪，余国新. 我国农业上市公司融资效率研究——基于 DEA 模型和 Malmquist 指数法的实证分析［J］. 数学的实践与认识，2019，49（2）：91-98.

［26］徐凯. 我国新三板市场挂牌企业融资效率分析［J］. 新金融，2018（4）：50-56.

［27］杨国佐，张峰，陈紫怡. 新三板挂牌公司融资效率实证分析［J］. 财经理论与实践，2017，38（2）：48-53.

［28］曾康霖. 怎样看待直接融资与间接融资［J］. 金融研究，1993（10）：7-11.

［29］张璐. 我国高新技术企业融资效率研究［D］. 北京：中国地质大学，2014.

［30］张召飞. 新三板中小企业融资效率研究——基于分层管理视角［D］. 保定：河北大学，2018.

［31］赵科乐. 科技型中小企业融资现状及困境研究［J］. 产业与科技论坛 2019，18（22）：15-16.

［32］赵思雅，王重润. 挂牌"新三板"对中小企业融资效率的影响［J］. 河北金融，2020（3）：37-43.

［33］赵学玲. 科技型中小企业融资现状及其优化研究［J］. 财经界（学术版），2020（3）：100.

［34］朱明君. 科技型中小企业融资影响因素研究［J］. 新金融，2017（6）：30-35.

［35］Badraoui K E, Lilti J-J. The long-run operating performance of Canadian convertible debt issuers：trends and explanatory factors［J］. International Journal of Business，2012，17（3）：299-326.

［36］Jain B A, Kini O. The post-issue operating performance of IPO firms［J］. The Journal of Finance，1994，49（5）：1699-1726.

［37］Jo H, Kim Y. Ethics and disclosure：a study of the financial performance of firms in the seasoned equity offerings market［J］. Journal of Business Ethics，2008，80（4）：855-878.

［38］Loughran T, Ritter J R. The operating performance of firms conducting seasoned equity offerings［J］. The Journal of Finance，1997，52（5）：1823-1850.

［39］Mclaughlin R，Safieddine A，Vasudevan G K. The information content of corporate offerings of seasoned securities：an empirical analysis ［J］. Financial Management，1998，27（2）：31 −45.

板块三　产业发展

专题七　在闽台资企业转型升级发展路径及支持体系研究

一、在闽台资企业转型升级背景

（一）在闽台资企业的发展历史

自改革开放以来，台资在大陆的发展已近四十年历史，福建省更是最早一批引入台资的先锋队。1983 年国务院公布了《关于台湾同胞到经济特区投资的特别优惠办法》，从此福建省开始引进台资，至 1986 年底福建省共引入台湾投资商 16 家、总投资金额近 1000 万美元[①]。1987～1991 年随着台湾当局解禁开放岛内群众赴大陆省亲，特别是 1990 年台湾当局对外公布"大陆地区投资和技术合作管理办法"之后，台商来大陆投资的规模大幅增加。20 世纪 80 年代末，大陆实施沿海发展策略并制定了鼓励台商投资的"21条"，在厦门、福州等地区建立专门的台商投资区，吸引了大批的台商前来投资。90 年代初大陆与台湾建立两岸对话机制，双方经贸活动频繁，两岸在经济领域的合作和项目规模迅速扩大。进入 21 世纪以来，海峡两岸的贸易环境日益优化，随着中国和中国台湾地区先后加入 WTO，两岸经贸往来越来越密切，经济合作和开放程度不断加深。2008 年末两岸实现直接往来，厦门、泉州、福州三地开启与台湾本岛的海上货物贸易往来，极大地促进了闽台之间的贸易交流。2001 年福建省对台贸易总值 24.67 亿美元，到 2010 年

---

① 林筱文. 九十年代福建引进台资的分析与对策 [J]. 发展研究, 1996 (3): 29－31.

闽台贸易额迅速突破百亿美元达到 103.89 亿美元，年均增长率达到 17.32%[①]。至 2018 年，闽台贸易额升至 119.27 亿美元[②]，相较前一个十年增长速度放缓。

经过三十余年的发展，在闽台资企业已成为福建省经济发展中一股不可忽视的力量。小至餐饮零售行业，大到 IT、机械等高端行业，台商投资的足迹已遍布各行各业。早期台商投资主要是为了降低成本，受益于大陆低廉的原材料价格和劳动力成本，在闽台资企业获得飞速的发展，同时也给福建带来先进的生产和管理技术。20 世纪 90 年代，台商投资以福建为基地出现向北、向内地转移趋势，福建吸引台商投资额逐渐被江苏、广东等省份超越。1993 年，江苏新批台资金额 20 亿美元，广东新批台资金额 17.13 亿美元，而福建省为 15.49 亿美元[③]。进入 21 世纪，随着大陆经济升温、福建逐步优化引进台资产业结构，在闽台资企业已从早期的农业、食品等劳动密集型产业转向化工、汽车、精密仪器等技术和资金密集型产业。同时福建在税收、土地和服务费用等各方面出台了惠台政策，一系列的惠台政策促进了台资企业加速登陆福建。作为惠台政策先行地的福建省充分利用闽台"五缘"优势，努力实践、积极拓展两岸直接往来。在这期间，两岸经贸加速融合，"海峡西岸经济区"已初具雏形，并成为南接珠三角、北衔长三角、东望台湾本岛的经济特区。

（二）在闽台资企业转型升级的重要性和必要性

台资企业的良好发展对于促进海峡两岸的交流与合作有着重要意义。转型升级成为台资企业进一步发展的重要推动力。截至 2019 年 10 月，在福建省，累计利用的台资已经超过 300 亿美元，台湾地区的 50 多家大企业在福建省投资布局，福建的三大主导产业主要是以台企为骨干的电子、石化、机械等行业[④]，台资企业成为拉动福建地区生产总值的重要动力之一，转型升

---

① 潘健. 21 世纪以来闽台贸易综述 [J]. 现代台湾研究，2013 (3)：63－66.
② 资料来自《福建统计年鉴 2019》。
③ 林筱文. 九十年代福建引进台资的分析与对策 [J]. 发展研究，1996 (3)：29－31.
④ 福建省商务厅. 闽台经贸合作对接会在厦门举行 [EB/OL]. http://swt.fujian.gov.cn/zjswt/jgzn/jgcs/twc/201910/t20191023_5073696.htm.

级有利于增强台资企业的竞争力，提升福建省的经济实力，极大地推动福建的社会经济建设。同时，台商在福建的投资主要是制造业，所需劳动力数量大，台资企业顺利转型升级，有利于增加福建省的就业机会。除此之外，台资企业有利于提高福建省的对外开放程度。尤其是大型台资企业利用与国际财团的关系，将台商资本与国际资本有效结合，形成了"以台引台、以台引侨、以台引外"的发展格局，拓宽了福建省利用外资的来源。

在闽台资企业的产业合作目前存在结构性的瓶颈，在闽台资企业在总体上行业集聚效应较弱、产业链不配套，必须实现转型升级。要建立现代性优势产业集群，提升台资企业战略性产业服务集群的核心产品质量和服务档次，只有通过战略性产业的转型和升级，推动现代型战略性新兴产业的规模化、优势传统产业品牌化、高新技术装备产业的高端化，构建以"高、新、优"为特征的战略性现代优势产业集群发展体系。近几年台资企业的生产成本和价格优势不断遭到削弱，作为产品加工制造型的企业，企业高额的利润在"微笑曲线"两端，也就是曲线两端的产品研发和品牌，纯粹的产品研发生产与加工制造只能帮助企业依靠传统的规模化生产经营的方式来获取传统行业中微薄的利润。而改善当前在闽台资企业产业链条中的低水平、低利润状态，实现可持续发展的最有效的、也是必经的途径就是产业技术的转型升级。我国进入经济新常态之后，进行产业结构升级，台资企业面临转型升级的压力也越来越大。地方政府在工业用地方面的政策收紧，相关职能部门在企业职工的劳动条件、企业税收征缴、生产排污及工商稽查等行政事务上的监管不断强化，使得一些前期管理不太规范的台资企业面临很大的生存压力。在我国供给侧结构性改革、经济结构调整以及去产能、去库存的大环境下，产业的转型升级是必须经过的道路和过程，台资企业必须顺应大陆经济发展进行转型升级，否则难免遭到淘汰。

二、在闽台资企业发展环境

时至今日，海峡两岸经贸合作愈发紧密。在全球经济贸易活动变幻不定的情况下，在闽台资企业对大陆市场依赖度不断升高，受到大陆整体营商环境的影响也越来越大。全球各地频发的"黑天鹅事件"使全球经贸风险加大，给各个国家经济发展带来更多不确定性因素。国家之间不信任因素增强，互相提高关税，民粹主义在全球范围迅速抬头，逆全球化的趋势明显增强。在中国经济进入新常态的大环境下，经济增长速度放缓，中国经济由劳动力密集型产业逐步转向高科技、资金密集型产业。面对全球和中国经贸形势的变化，台资企业亟须认清变化趋势，掌握变化方向。

（一）全球经贸环境

1. 逆全球化趋势的影响

进入21世纪以来，世界各国经济贸易活动更加频繁，相互之间经济合作关系也愈加紧密，经济发展全球化已逐渐成为各国政府的共识。然而在世界范围内反对全球化的浪潮一直没有消失，尤其是当出现经济危机或衰退的时候，经济全球化经常被视为重要缘由而遭受谴责。2019年末暴发的新冠肺炎疫情对全球经济造成重大打击，世界各国面临制造业产能不足的困境，全球供应链中断。一些国家民粹主义趁机迅速抬头，把疫情扩散和经济发展停滞归咎到全球化头上，引发一股逆全球化浪潮。在这场全球化浪潮的冲击下，以出口为导向的台资企业面临较大的生存压力。

2. 中美贸易摩擦对出口环境的影响

自2018年初美国蓄意挑起中美贸易摩擦，两国经贸发展一直停滞不前。此次贸易摩擦对中国出口技术含量较高的产品影响较大，美国以知识产权侵权为由向中国出口商品加征关税并采取措施限制高技术产品流入中国。受中美贸易摩擦的影响，中国众多出口型企业被迫转移出口市场或拓展内销。而部分受到影响的台湾地区高科技企业则被迫将产能从中国转向海外，例如2020年5月15日全球最大半导体晶圆代工企业台积电宣布将在美国亚利桑那州新建半导体晶圆制造工厂，该工厂将会直接创造超过1600个高科技岗位，并带动数千个间接半导体生态环境岗位，该项目的总投资超过120亿美元①。

---

① 台湾积体电路制造股份有限公司. TSMC Announces Intention to Build and Operate an Advanced Semiconductor Fab in the United States［EB/OL］. https：//pr. tsmc.com/schinese/news/2033.

3. 全球新冠肺炎疫情的影响

新冠肺炎疫情自暴发以来就被视为 2020 年最大的"黑天鹅事件"。此次疫情短时间内在全球范围内迅猛发展，在今后一段时间将对全球经贸关系和全球价值链分工带来持续性的负面冲击。受此次新冠肺炎疫情影响，大陆地区出口的原材料供应不足，进而造成台湾企业原材料库存不足、成本上升。部分台企如新纤、如兴等为减少对大陆的依赖而加快布局东南亚地区投资①。在当下全球产业链贸易体系中，任何一个国家或地区生产体系受到疫情的影响，均有可能会沿着产业链系统扩散到其他国家或地区，进而造成全球性的经济危机。

（二）国内经贸环境

1. 投资市场环境变化

2008 年全球性金融危机以来，中国的固定资产投资增速急剧下滑，由 2009 年的 30.1% 降为 2019 年的 5.1%②。固定资产投资增速的下滑反映了相关资产回报率的下降，其中一个重要原因是传统产业与新兴产业交替引起的投资环境变化。中国过去几十年的快速发展部分是由于传统制造业的崛起，然而近年来传统制造业面临严峻的产能过剩等问题，使得过往的投资经验、投资模式不再适用。近年来先进制造业等新兴产业快速兴起，伴随大数据和人工智能等产业的崛起，工业 4.0 的时代俨然已经到来。另外，随着中国经济的飞速发展，中国的需求结构也在悄然发生变化。据倪红福等人（2020）研究，高附加值产业和高端服务业越来越受到消费者青睐。教育、医疗、金融和信息服务占消费比重呈上升趋势，而纺织、服装和造纸等传统制造业的消费占比则持续下降。长期来看，需求结构的调整和产业转型升级会交替影响，也将对投资市场环境带来长远影响。

2. 中央政策变化

党的十九大以来，中央经济政策发生重大调整。在第一个百年目标即将

---

① 新冠肺炎疫情对两岸产业链的影响观察 [EB/OL]. http://m.taihainet.com/news/twnews/twmzmj/2020-04-11/2374369.html.

② 国家统计局. 中华人民共和国 2019 年国民经济和社会发展统计公报 [EB/OL]. http://www.stats.gov.cn/tjsj/zxfb/202002/t20200228_1728913.html.

完成之际，中央政策向中西部等贫困地区大量倾斜。中央在财税、金融和土地等政策方面给予中西部地区必要的政策支持和引导，使得大量资金进入中西部地区，推动企业由东向西迁移。加大力度扶植中小民企，在融资、税收和财政等多个方面一齐发力。2019 年中国为企业减税降费超过 20000 亿元，其中减税最多的是中小微企业①。随着经济发展方式的转变，环境保护已成为政府工作的重中之重。过去几年，中国各级政府严格整治高耗能、高污染的企业。在严格的环境保护政策下，台资企业在污水、废弃物处理上的成本大幅提高，同时高污染企业在扩建厂房时开始面对土地限制等问题。

3. 地方政策变化

2008 年暴发国际金融危机以来，台资企业面临严峻的形势。不少企业都面临生产成本提高、订单减少和竞争力下降。尤其以出口贸易为导向的台资企业直接面临更加恶劣的国际贸易环境。为帮助台资企业化解金融危机解决其融资难的问题，2009 年 4 月福建出台了《关于支持台资企业发展的若干意见》，丰富了台企融资渠道，缓解台资企业面临的资金链压力，使得在闽台资企业得以继续向好向快发展。2016 年，台湾当局重启"新南向政策"企图削弱对大陆经济的依赖性，使得两岸多年来的正常经贸活动受到阻碍，以往两岸经贸互利共赢的良好局面被打破，两岸经贸合作更多地转向单独企业等微观层面的往来。在这一背景下，2018 年中央出台了《关于促进两岸经济文化交流合作的若干措施》（以下简称"31 条"）。福建作为对台政策先行省份，在细化落实惠台政策上出台了《福建省贯彻〈关于促进两岸经济文化交流合作的若干措施〉实施意见》（以下简称"66 条"）。"66 条"的出台，重点在于促进闽台之间更深层次的经贸合作、保障在闽台商的合法权益、优化台资企业的营商环境。与此同时，各地市因地制宜纷纷出台了符合本地情况的惠台政策，如漳州和厦门分别制定各自的惠台政策合计超过 100 条。在创业、投资和文化等方面全力保障在闽台企和台胞的生活和经济活动。2020年 3 月 13 日福建省高级人民法院推出 36 条具体措施，强化知识产权司法保护，更好地服务保障企业创新创造，为台资企业知识产权保驾护航。

① 2019 年减税降费将超过两万亿元［EB/OL］. http：//www. gov. cn/xinwen/2019 - 12/26/content_5464097. htm.

（三）两岸经贸环境

1. 产业竞争优势变化

从引入台资以来的较长一段时间内，两岸以自身优势分工合作，互利双赢。随着全球化持续发展和产业链的演变，两岸产业关系由原来的高度互补向多领域竞争的局面发展。以往台资企业优势主要集中在资金和先进技术方面。然而近年来尤其是党的十八大以来，中国的金融改革初见成效，同时加大力度保护知识产权，专利技术飞速进步，这使得两岸原来的竞争优势发生变化。长期以来，大陆的人口红利和廉价的土地成本吸引了大量的台资涌入。随着大陆经济发展和技术进步，以往吸引台资的优势正逐渐消失，取而代之的是大陆长期积累的技术进步使得台资企业竞争力下降。

2. "一带一路"建设的影响

"一带一路"倡议自提出以来得到世界各个国家，尤其是沿线国家和地区的积极响应和支持，极大地促进了与沿线国家的经贸合作活动。作为台商传统投资区的福建省是海上丝绸之路的核心区域，加之台湾地区的地缘位置，"一带一路"将会给海峡两岸的经贸环境带来巨大影响。一方面，大陆台资企业可以借助"一带一路"发展机遇拓展沿线国家和地区的业务，培育和扩大新的市场；另一方面，"一带一路"建设使台资企业可以更多地通过与大陆合作来搭上"一带一路"建设的"顺风车"。

三、在闽台资企业发展现状

（一）投资分布

近几年随着全球环境和大陆营商环境的变化，台资企业在大陆的投资情况也发生着改变。从整体状况来看，可分为两个方面。第一是产业结构方面，大陆台资企业产业分布上，起初主要以制造业为主，服务业呈增加的态势，而在 2019 年台资企业对服务业的投资额反超制造业。根据 2019 年台湾"投审会"月报，在投资业别方面，批发及零售业投资占比 24.18% 远超过电子零组件制造业投资占比 15.01%，排名第三的是化学材料制造业投资占比为 8.52%，排名第四为电子产品及光学制品制造业投资占比 7.92%，排名第五为金融及保险业投资占比 5.68%。

第二是地区分布方面。根据 2019 年台湾"投审会"月报，台商在大陆的投资在区域分布上主要集中于长三角以及珠三角地区，投资比例排前 5 名的省区市分别为：江苏省投资比例为 34.36%，上海市投资比例为 13.24%，广东省投资比例为 10.42%，福建省投资比例 9.73%，浙江省投资比例为 9.27%。

如图 1 所示，其中福建省近四年的投资占比在 10% 左右，2019 年占比有所下滑。截至目前，国务院批准了福州、泉州、漳州以及厦门杏林地区、海沧地区、集美地区 6 个台商投资区，全部在福建省，这也为台商在福建的发展带来了更大的空间。到目前为止，台资企业累计近万家在福建落户，闽台贸易额突破了 1.1 万亿元[①]。

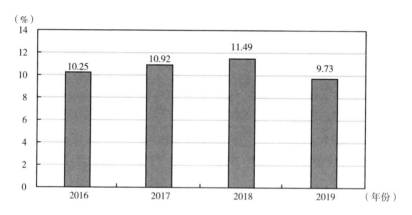

图1　台商在福建省投资比例变化（2016～2019 年）

资料来源：台湾"投审会"月报。

（二）经营模式

2008 年国际金融危机之后，欧美等发达经济体的市场消费需求下降，以

---

① 福建省人民政府台港澳事务办公室. 两岸携手 探索融合发展新路 ［EB/OL］. http：// www. fjtb. gov. cn/focus/202001/202005/t20200518_12275486. html.

加工出口为导向的台资企业受到重大冲击，不得不加大力度拓展内销市场。近年来福建台企大都已经在着手拓展内销市场，并且已取得明显成效。图2反映了2019年大陆台商客户对象的分布情况。从台商的客户对象来看，大陆商户所占的比重超过五成，说明目前大陆商户已经成为台商最主要的客户对象，内销市场已成为台企市场转移的主攻方向。原本"台湾接单—大陆生产—外销欧美"的生产模式向"台湾接单—大陆生产—内外兼顾"的生产模式转变。

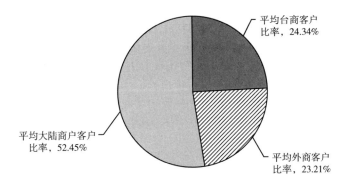

图2　2019年大陆台商客户对象分布情况

资料来源：根据林子荣（2019）数据整理。

台资企业原有的市场优势丧失，包括原先享受的鼓励出口政策、本地化品牌、本地销售通道等。台资企业若要扩大内需市场，就要迎合当地需求，将过去外销思维转变为内需零售思维，如建立品牌、划分产品层次、打造高端的台湾精品与中低端的副品牌等。目前，台资企业在大陆开拓市场，最主要是要从本地化做起，最早从人员、采购与生产开始，随着大陆市场环境的转变，台资企业在本地化的过程中需要不断研究适合当地市场的产品，以符合当地式样和当地人的审美。现在大陆的民营企业已经在本地化方面处于竞争优势地位，台资企业参与进来并不容易，在提升当地市场占有率方面还有待加强。

（三）创新能力

在闽台资企业以劳动密集型中小企业为主，这些企业长期从事国际代工生产的活动，依靠廉价的劳动力等资源优势，获取商品加工过程的低附加值。然而，其自身的核心技术、营销渠道网络和企业品牌大多掌握在企业客户的手中，难以真正形成台资企业自身的核心市场竞争力。从大陆台资企业在中国大陆沿海地区投资的情况分析来看，早期在中国大陆沿海投资的台资企业，一般其产业链的技术和管理层次较低，产品比较单一，技术含量和外部产品的附加值不高，在国际市场上的核心竞争力也不强。台湾宏碁集团的创办人施振荣在 1992 年提出了"微笑曲线"（见图 3），指出在产业价值链中，高附加值存在于上游和下游两端，而处于中间的制造环节附加值最低。在整个全球的产业价值链中，台资企业所处的位置往往是产业链低附加值的低端制造装配环节，而整个环节位于"微笑曲线"中端，虽然生产规模较大以至于产生规模效应，但劳动生产率较低。

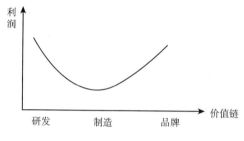

图 3　企业"微笑曲线"

福建大部分中小台资企业存在着研发力量较弱、投入不足、企业创新乏力的缺点，在闽台资企业尚未从根本上摆脱对低价生产要素尤其是廉价劳动力的过度依赖，因而在中国新一轮产业转型升级前面临压力。以在厦门的港澳台商投资企业为例，其户均研发经费投入远高于内资企业，企业规模也相对较大，但研发投入意愿与创新能力低于内资企业。图 4 和图 5 反映了 2018年厦门市规模以上工业企业的研发投入分布情况和发明专利分布情况。根据厦门市统计局公布的资料，2018 年，港澳台商投资企业户均研发投入 769 万元，投入强度分别为 1.81%，低于内资企业研发投入强度；户均专利申请数3.6 件，户均发明专利数 1.2 件，创新能力低于内资和外商投资企业。

（四）融资能力

根据苏美祥（2018）对在闽台资企业的相关调研结果显示，在 160 家

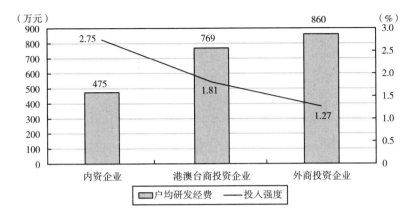

图4　2018年厦门市规模以上工业企业研发投入分布情况

资料来源：厦门市统计局。

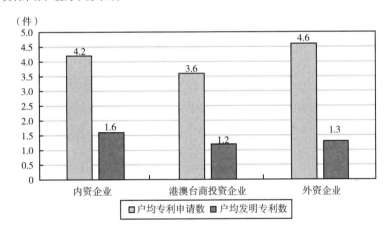

图5　2018年厦门市规模以上工业企业发明专利分布情况

资料来源：厦门市统计局。

被调研的台资企业中，仅11家通过资本市场融资（如图6），在闽台资企业大多依靠自有资金，难以承担转型升级所需要的大量资金和高风险。尤其是中小台资企业有效抵押品较少，能够达到银行的信贷条件的担保资源缺乏，更加面临资金短缺的问题。绝大多数台资企业投资规模小，经济效益不高，回笼资金不确定，没有土地使用权、房产等固定资产，无法向银行及担保公司提供有限的担保和反担保资产，也难以提供足具保障的还款来源。除此之外，大陆金融机构了解台资企业及台商个人在台湾地区的资产和信用情况的渠道较窄，更难以对这些财产进行有效处分，所以台商在台湾地区的资产和信用情况通常不被认可，不能作为贷款的抵押和担保手段。

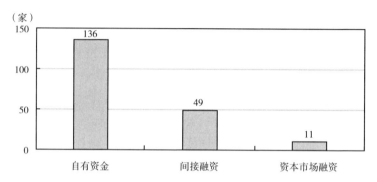

图6　2018年福建160家台资企业融资分布情况

资料来源：根据苏美祥（2018）数据整理。

而现有体制下，银行和担保公司在向企业贷款时要求企业提供优良的资质抵押和反担保资产，这对两岸所有中小企业都是一视同仁的，不可能专门制定针对台资企业的特殊政策。因此大陆台资企业普遍面临融资难的问题，难以和大陆的金融行业实现很好的对接和融合。此外，台资企业实际享用的政府设立的针对台商的专项贷款的份额依旧较低。随着中国经济转型升级，台资企业在大陆发展所需的生产用地、人力成本等都在不断升高，所需的初始资本门槛也在不断提高。目前两岸金融交流合作还处于较低的层次，台资金融业在大陆投资占比很小，也在一定程度上制约了台资企业的融资手段和渠道。

（五）经营成本

成本上升给台资企业带来经营压力。劳动成本、用地成本、原材料价格、土地税收成本等成本的提高，是在闽台资企业的转型升级的严峻现状。在闽台资企业主要为劳动密集型的中小企业，决定了转型升级中面临的最大挑战来源于劳动成本的提高。如图7所示，福建省最低工资标准逐年提高，随之而来的是台资企业在员工工资和社保等方面的投入也越来越高。福建省人力资源和社会保障厅印发《关于公布福建省最低工资标准的通知》，通知明确决定从2020年1月1日起，对全省各地的最低工资执行标准再次进行调整。在福建省最低工资执行标准进一步调整后，福建省居民每月的最低工资标准由五档大幅缩减调整为四档，分别为 1800 元、1720 元、1570 元、1420 元；此外，非全日制用工小时最低工资标准也设置相应的四个档，分别为 18.5 元、18 元、16.5 元、15 元。与福建省居民每月的最低工资标准调整之前相比，月最低工资标准各档平均值平均增幅为 8.4%①，在闽台资企业的人力成本正在上升，成本优势正进一步减弱。同时，台资企业人员知识结构不合理，人才队伍规模不大、素质不高，高级技术人才和高级管理人才匮乏，满足不了转型升级所需要的人才资源。台资企业缺工与长期以来不重视培养专业人才有很大的关系，加之技工人才原来就是大陆各大企业争夺的焦点，也增大了台企招工的难度。

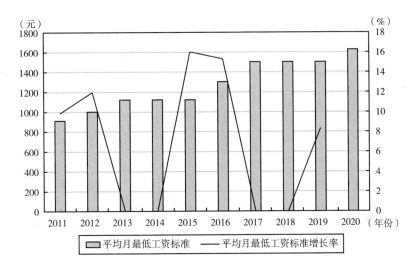

图 7　2011～2020 年福建省月最低工资标准情况

资料来源：福建省人社厅。

除此之外，对转型升级认识不足也是台资企业转型升级过程中所面临的普遍问题。不少台资企业对经济前景缺乏信心，缺乏积极性和主动性，未能识别机遇，及时改变经营战略，以适应宏观政策的调整及产业环境的变化。甚至将地方政府推动台资企业的转型升级误解为对台资企业的驱赶，从而产生抵触情绪。

---

① 福建省人社厅．福建：2020 年 1 月 1 日起调整最低工资标准［EB/OL］．http：//www. mo-hrss. gov. cn/SYrlzyhshbzb/dongtaixinwen/dfdt/201911/t20191118_342091. html.

四、在闽台资企业转型升级发展路径

（一）调整投资产业方向与结构

过去数十年来，台商在大陆的经营形态主要是以制造业为主的加工贸易出口。中国目前处于产业结构调整的关键时期，结合前述台资企业研发创新能力不足等问题，台商应居危思变，根据大陆政策导向，寻找精准的切入点进行自身产业结构的调整，方可顺应时代大潮流，以期抓住机遇，迎来发展新动力。台商应遵循"三驾马车"的转型策略，即以由制造业向服务业转型为主线；在无法全部及时转型的情况下，由制造业向战略性新兴产业转型；转型后的服务业则力图向现代服务业拓展进军。

1. 由制造业向服务业调整

中共中央在"十三五"规划中明确表示，现代服务业发展极为重要，坚持把服务业发展作为拉动经济增长的"新引擎"，坚持传统服务业与现代服务业并重，生产性服务业与生活性服务业并举，着力于提速度、增总量、优质量、上水平。进一步放开外资进入水平，鼓励外资更多地投向先进制造、高新技术、节能环保、现代服务业等领域。

随着中国服务业市场的逐步开放，全球企业必然纷至沓来，相较之下，台商在以下四个方面具有竞争优势：其一，与大陆本土现代服务业相比，台商更加注重消费者的感受，在优化用户体验上有着更为丰厚的经验，而经验是服务业创造竞争力的一大优势点。其二，相较于外资企业，两岸同文同种、同根同源，这一共同的文化基础是欧美众多企业无法比拟的一大优势。其三，从宏观设计上看，台资企业正处于转型升级的阶段，想要往更高水平转型，少不了研发服务、咨询服务以及物流服务的支持，这些都将是台资企业转型的有力切入点。其四，从营运经验上看，台商在大陆经营已久，对大陆的制度运作和工商合规性更为熟悉，在客户渠道拓展等方面具有先发优势。

2. 制造业同时向战略性新兴产业转型

过去制造业台商以电机电子、化学及机械等产业作为主要的投资重点，但在大陆"十三五"规划推动生物、新一代咨询技术、新材料、新能源、高端装备等战略新兴产业下，切入这些产业明显带来巨大的潜在商机。虽然近些年不少台商开始积极尝试嵌入大陆战略性新兴产业市场及供应链体系，但成功的案例并不多见。因此，面对激烈的市场竞争，台商必须找准切入点。

第一，新材料。台商在新材料的研发中具有强劲的竞争优势。台商法人智库长期投入新材料研发，具备研发基础和优势。在应用材料上，台商在再生能源领域已成功切入中国大陆市场。故此新材料可以作为台商切入大陆的第一个基点。根据中国产业信息研究网，在太阳能发电方面，生产太阳能导电浆的硕禾电子材料股份有限公司为全球第二大太阳能导电胶制造商，该公司不仅成功地进入台系太阳能电池市场，也进入中国大陆太阳能供应链。在风力发电方面，专注树脂生产的上纬新材料科技股份有限公司，一开始是以环保耐蚀树脂切入中国大陆电厂，展开在中国大陆的经营布局，之后随着中国大陆发展风力发电，上纬开始投入生产风力叶片树脂，2018 年上纬的风力叶片客户已包括大陆前十大厂商，当地市场占率超过二成，为大陆第三大风力叶片树脂供应商①。

第二，新能源。中国新能源汽车近几年来发展极其迅猛，陆续发展自有品牌新能源汽车，且密切寻求零组件合作商。而台商在电池、马达、汽车电机能方面都具有竞争优势，这将是切入大陆市场的良机。

第三，节能环保。青山绿水就是金山银山，在中共中央大政方针的指导下，环境保护上升为百年计划的重要组成部分。在污水处理、废弃物回收等方面，台商具备一定经验和优势，中鼎集团在废物回收方面获得良好业绩，值得立志于转型升级的台商企业学习。

3. 服务业投资结构应致力于"现代服务业"

过去服务业台商以批发零售业作为主要的投资方向，但在"十三五"规划推动现代服务业大背景下，台商未来会进一步朝现代服务业发展。

在生产性服务业中，物流、电子商务、金融等服务最引人注目，而且大陆也给予台商一定的优惠。根据《根据海峡两岸服务贸易协议》，台商可以在福建省合资经营电商网站，持股上限提高到 55%；根据《中国（福建）自由贸易试验区总体方案》，福建台资证券公司持股比例可达到 51%。在诸

①　根据中国产业信息研究网基础化工行业公开资料整理。

多政策的支持下，台商在生产性服务业方面会有比较优势，因此可以着重发展生产性服务业。

在生活性服务业方面，跨进 2020 年，我国已实现全面建设小康的基本目标，人均收入持续提高，人们日益增长的物质文化需求应该有一个缺口来补充。而台商则可精准切入，在住宿餐饮、批发零售、教育服务等生活性服务方面占领先机。加之台商的上述服务业已经在大陆有丰厚的实战经验，且两岸具有语言及文化相融优势，都是台商往该方向转型的理论与实践依据。

（二）战略性投资区域转移

经过 30 年的高速成长后，中国投资环境在近几年发生相当大的转变，尤其在劳动成本、土地成本大幅提高，以及环评稽核日趋严格的情况下，东部沿海地区台商的生产制造成本大幅攀升，迫使部分制造业台商向大陆中西部或向东南亚等其他国家移转。此外，在部分制造业台商将生产基地移出大陆东部地区的同时，台商亦开始在大陆东部地区投资战略性新兴产业及生产性服务业。

1. 东部转战中西部

由于过去台商在大陆可以取得低廉且充沛的劳动力及土地资源，因此，能够在东部地区建立单一生产基地，将所有产品集中生产，以获取规模经济。然而，在中国经济高度发展下，未来台商将无法持续在大陆东部取得充沛的生产资源，因此厂商较为可行的生产模式为设立数个适当规模的生产基地。至于生产地点的选择，除东部地区外，则以大陆中西部最为常见，而上述地区生产条件的完善程度将是影响大陆东部台商移转速度及规模大小的重要因素。

除了部分制造业台商向中西部移转外，批发、零售、餐饮、住宿等生活性服务业也会朝中西部三线以下城市布局。由于中国人均所得提高及城镇化推行，中国三线以下城市将出现庞大的消费需求，但因跨国企业早已集中在东部沿海地区进行布局，为避免与跨国企业进行直接竞争，台商批发、零售、餐饮、住宿等生活性服务业者可以向中国大陆中西部地区三线以下城市进行拓展。

2. 战略性新兴产业依旧坚守东部

由上文产业转移分析可知，投入战略性新兴产业是制造业台商的另一种选择，而新兴产业的附加价值高且需较多的人才及研发中介机构的支持，因此，若厂商以发展新兴产业作为主要策略的话，较有可能以东部地区作为投资地点。海峡两岸（镇江）新材料产业合作示范区在 2013 年 4 月被批准，此为江苏省第一家两岸战略性新兴产业合作示范区，更是中国第一家两岸新材料产业合作示范区，按照相关规划，该示范区将着重发展特种合金材料、化工新材料、新能源材料三大领域，目前已有奇美化工、联成化学等新材料企业入驻。台湾地区化学材料制造业及化学制品制造业近三年在东部地区的投资金额持续成长，某种程度也反映出台商看好新材料商机的取得，也在东部地区进行投资布局。

3. 现代服务业以东部为主

在台商制造业转型升级需求，以及东部试验区施行的影响下，部分现代服务业将以东部地区为主要投资地区。中国在养老机构、残疾人福利机构、电子商务、全牌照证券等服务业别设有区域上的限制，包括：以独资民办非企业单位的形式在福建省、广东省举办养老机构及残疾人福利机构；在福建省设立合资的电子商务公司；在深圳市、上海市、福建省各设立 1 家合资的全牌照证券公司。在上述限制下，相关台资企业将在上海、广东及福建等东部地区进行投资经营。

（三）目标市场转移

在改革开放之初，中国大陆主要是利用廉价的生产资源，搭配加工贸易政策来吸引台商投资，再加上当时中国的内需市场有限，因此绝大多数台商将大陆视为加工出口的生产基地，鲜少开发内需市场。然而在劳动力供给速度已开始趋缓且人均所得大幅提高下，近几年中国由世界工厂走向世界市场的时机已然成熟，也因此我们可以看到"十三五"规划中明确将调结构、拓内需作为中国接下来的发展主轴。在上述主轴调整下，将对台商在大陆的经营模式带来变化。

制造业方面，由加工贸易模式转向内外销兼顾。以往的两岸分工模式是台湾地区的零组件带到大陆进行加工，再出口到国外市场。但随着中国市场的崛起，未来中国大陆内需占台商营收比重将会逐步提高，未来台商应该以合资方式切入大陆市场或者供应链体系。

服务业方面，逐步向中国大陆市场倾斜。由于中国大陆在批发、零售、住宿、餐饮开放较早，目前已有不少台商利用加盟连锁形式成功打入大陆市场，例如仙踪林餐饮连锁、85 度 C、象王洗衣、王品集团等，显示生活性加盟连锁服务业者有机会利用其在台湾地区所展现的本土特色的经营形态进入大陆市场。加盟连锁模式之所以成功，在于其同时掌握品牌及通路两大成功要件，并且能协助业者借由加盟来加速展店以有效扩大经营规模，因此预测未来将会有更多台商服务业以加盟连锁作为扩展大陆市场的重要模式。

五、在闽台资企业转型升级支持体系构建

（一）创新提升核心竞争力

根据国家产业中长期发展的规划和产业结构调整的方向，不断完善相关产业发展导向的政策，凸显中央财政资金的撬动和引导作用，通过专项投资激励政策、跟踪服务政策措施、战略性项目投资等政策办法，促进一批来自各重点行业的优秀成长性龙头企业转型升级、发展壮大，迅速地成为各重点行业的经济中坚支柱企业。

（1）做强做大具有战略性的新兴龙头企业。应当选择一批具有完全自主知识产权和可持续发展经济基础、发展前景好的民营类中小企业，从资金、技术乃至人才全方面地提供支持，鼓励这些企业把握国家关于新兴产业战略性结构调整的机会，做大做强，迅速地成长为跻身行业竞争前列的战略性龙头企业。

（2）孕育培养出决定产业方向的优秀科技创新类企业。孵化要充分发挥科技孵化服务平台的重要支撑作用，鼓励优秀科技人员从事创新创业发展工作及其科技成果的转化，培养出一批具有符合大众市场需求、具有优秀自主创新技术成果、代表本产业科技前沿、引领本产业的可持续发展和创新方向的优秀科技创新型人才和企业。

（3）着力发展一批致力于从市场定位转变的拓展型台资中小企业。充分

利用当前国际新兴产业的演进和本地区经济发展相融合的历史性机遇，通过对品牌的塑造、技术创新、市场结构转型、并购和业务扩张等多种方式，推进一批有实力的台资中小企业从生产代工出口市场定位走向国际品牌和服务市场、从产品进口市场定位走向销售和服务市场、从拓展我国本土产品出口市场定位走向拓展国际国内市场，在更大的范围内拓展和形成国际影响力。

（4）从传统制造业向生产性现代物流服务业转型，施行多元化的经营发展战略。鼓励台资物流企业根据自身的物流技术优势和经济基础来进行转型升级发展，并对现代物流、电子商务、金融、咨询、休闲旅游观光等领域的生产性综合服务业进行理性的扩张，实行多元化的经营，增加台资企业获利的空间。

（二）建立内销市场新优势

（1）推动台资企业自主品牌的共同培育和创立。一是支持和鼓励与台资制造业和生产加工企业共同联合创立产业技术集群自主品牌。充分发挥中国地方行业协会或地区商会的作用，联合地区产业技术集群示范区内多家台资制造型的企业，共同参与培育和创立集群自主品牌，这样不仅可以有效地促进和避免重复投资，节约单个制造型企业的自主品牌推广的时间和成本，而且与零散的单个自主品牌体系相比，集群自主品牌更容易被地区消费者理解和辨识，形成良好的品牌效应。二是大力鼓励和支持有一定条件的台资外贸生产技术企业创建其自主的品牌。应积极鼓舞具有一定条件的大陆台资外贸生产技术企业强化其研发、设计，指导外贸生产企业重视加强外贸高新技术基础产品研发工作，建立健全有关产品标准、技术和产品质量的管理体系，完善高新技术产品的检测设备与质量管理手段，尽快帮助企业建立其自有的品牌。三是进一步加强地方政府对两岸企业合作的支持，扩大企业在国际市场的影响力。在台资企业集聚的位置，由中央或地方人民政府有关部门牵头，将台资企业生产的转型内销的相关优质产品纳入免检、名牌评价的目录，予以奖励、重点培育和进行品牌推荐，奖励和支持两岸台资企业通过品牌体系建设合作与其交流，扩大台资企业自主品牌的国际市场地位和影响力。

（2）推进相关台资加入中国大陆的现代商品流通销售服务体系的建设。中国现代商品流通体系的建立，既可以直接关系到台资企业物流及其商务平台自身的快速转型，更重要的是可以为制造型的台资进出口企业快速转型内销大陆市场提供便捷的途径。一是推动有实力的台资企业向大型的批发商、代理商的转型。台资进出口商品代理公司既与众多的外贸商品生产经营企业之间有密切的联系，又与国外的进口商之间有长期的对外贸易业务合作关系，通过提高和加强台资企业物流的能力、融资的能力、销售服务网的完善和在中国各地的人脉关系，完全有可能实现向大体量的龙头类批发、代理商的转变。二是推动中小型的台资企业批发商和其代理商进行合并，向从事内外贸商品销售的大型批发、代理商或者大型综合商务企业转型。三是积极进行内销渠道的创新。随着现代物联网与数字化等信息技术的发展，中国企业内销的渠道已经逐步开始了从传统企业销售商品的渠道向新型电子商务销售企业渠道的发展方式转变，以新型电子商务销售企业为经营主体的渠道带动网络经济的兴起，并已发展成为中国企业现代商品流通经营管理体系的重要组成部分。目前中国大陆的一些台资电商企业也认为应该更好地充分利用互联网电子商务这一平台，促进其向传统企业内销渠道市场的转型与发展。

（三）金融服务于企业融资

（1）加大对信贷金融政策支持的力度。在实现信贷风险和实际投资收益水平相匹配的前提下，降低台资企业贷款的门槛，增设专门针对台资生产经营企业的审贷监管部门，开辟便捷通道，降低台资企业贷款抵押率，针对日常往来中一些常见的问题，建立信贷工作协调机制，提高审贷的效率与公正性，缩短复核审批的时间。降低台资企业信贷金融交易成本，重点是支持台商的创业和技术创新，加快台企的转型和升级。

（2）创新为台资企业提供的金融服务产品和业务，拓展台资企业融资服务渠道。重点针对台资企业开展创新金融信贷方式和产品，开展台资企业人民币银行信用证业务和跨境人民币银行备用信用证业务；为跨境台资企业在有效应对人民币汇率的波动和金融风险的基础上提供多种金融避险对冲工具，加强对跨境台资金融企业远期交易结售汇和到期交割方式风险选择的监督和引导，降低企业使用对冲工具操作的费用；进一步建立跨境台资企业信用连带担保的机制，让台资企业向银行金融机构申请贷款时允许其他方提供信用连带保证承担责任，增强企业参与银行信贷投放的意愿。

（3）拓宽中小在闽台资个体经营企业融资的渠道，克服其融资道路上存在的障碍。一是鼓励金融机构基于台湾银行的信用保障体系，利用"外保内贷"等多种方式为中小在闽台资个体经营企业发展提供优质的融资和服务。二是促进两岸金融机构的合作，拓宽中小在闽台资个体经营企业融资的渠道。双方可充分利用"海峡股权交易中心"和"两岸股权交易中心"等大型股权投资服务机构，对急需促进产业转型和升级的中小在闽台资个体经营企业进行大型股权交易和投资，从而为台企改进经营战略并调整运营发展方向注入大量资金，促其产业转型和升级平稳健康发展。三是积极支持发展良好的台资企业进行上市融资。通过政府组织、指导、协调和提供多种服务方式引导在闽台资企业规范经营运作，上市融资，突破融资的瓶颈和束缚，实现转型与发展协同升级。

（四）降成本和引人才共驱动

（1）促进台资生产经营企业向低成本地区扩张或适度的转移，实现低成本产销分离。积极推行将生产与销售分离的低成本战略，或向中西部地区进行蔓延，或将上游生产经营环节台资企业转移至中西部的地区，并积极配合下游产业链的生产环节转移的需要，将产品研发、营销等生产环节台资企业驻留在目前福建省一些经济发达的区域，进而降低台资企业的生产成本，同时为这些新兴产业迁出地的产业经济再发展转型腾出了更多的空间，可谓是双赢之举。福建有关地区和部门一定要顺势而为，采取主动措施，第一步让台资企业在福建省内完成梯度式的转移。福建省内的厦门经济特区、国家生态文明试验区、福建自贸试验区、海峡蓝色经济试验区、平潭综合实验区、福州新区，以及福州、厦门、泉州、漳州等国家级台商投资区等均以对台为特色，还有漳浦等六大国家级台湾农民创业园、各类对台的工业园区等，有利于台商群聚福建。但目前各园区之间发展不平衡，有的已经相对饱和亟待转型升级，有的则还有空间潜力。推进福建台企梯度式转型，一要全面评估各园区发展现状，实施差异化发展战略，厘清产业发展方向，为福建台企制定产业转移路线图；二要发挥园区政策效应，带动周边区域发展，如漳州、泉州与厦门相邻的区域，近年来积极主动，创新模式，在承接厦门外移产业方面积累了一定的经验，应予以总结、推广；三要统筹协调，成立省一级的台商服务领导小组，负责协调台商在各地市、各园区之间的引导及服务工作，形成无缝对接，促进台商顺利外迁及落地。

（2）完善人才培养及台资企业用工保障制度，缓解台资企业人力资源短缺的问题。一是建立和推行毕业生校企联合办学的制度，将台资企业用工的选择与高校毕业生的就业和服务的双赢有效结合；二是健全和构建劳资争端协调解决的长效机制，减少台资企业劳资纠纷情况，为妥善处理类似问题提供帮助；三是将守住台商、守住人才为标杆，完善配套的基础设施，优化台商的生产和生活的环境；四是规划和建设异地台湾社区、台商企业联合会馆、台商综合医院、台商职业学校以及台商街等，解决异地台商企业"接班"困难及台资企业用工难问题；五是强化台资企业教育、医疗以及台资企业休闲文化娱乐等台资企业基础配套公共服务设施的建设，协助异地台资企业妥善解决异地台资企业转移职工安置相关事宜。

（五）强辅导稳机制助转型

（1）强化辅导，支持台资企业转型升级。一是创新辅导服务模式。一方面，及时开班辅导，帮助在闽台企台胞了解新规定、新政策；另一方面，拓展"以台辅台"模式，引进有实力的台湾企业战略咨询机构，或在福建举办"台资企业创新转型实战研习班"等辅导活动，或为台企转型升级"把脉"，提出个性化辅导专案。二是促进台资企业与民营企业融合发展。完善台资、民资融合发展信息平台让台资企业与民营企业互通信息，降低信息成本，在转型升级的道路上携手并进。

（2）完善有利于企业转型升级长效辅导机制和退出机制。第一个关键在于要提高发布有关产业结构优化调整的指南和负面清单的时效性，鼓舞相关台资企业积极投资新兴产业"建链"、现代服务业"补链"和有利于传统优势产业"强链"的相关产业重点项目及上下游产业协同融合与发展的项目；积极支持大陆本土企业以项目对接合作、资本购买和技术创新等多种方式积极承接来自台湾的相关项目和产业的转移，实现上下游产业链的整合与协同发展；逐步引导高污染的重点企业、高耗能和低过剩产能的重点项目企业退出或转型；第二个关键是进一步建立完善的台资企业数据库，实行定期的走访和跟踪制度，为更多台资企业（尤其特别是中小企业）排忧解难；第三个关键是进一步成立专家和顾问团，建立长期的指导、分类和帮扶的机制，设立有利于企业的转型和升级的过渡期；第四个关键是妥善地安排存在转型和升级困难的企业，引导转型升级相关的企业积极进行投资并购，根据相关企业市场情况确定价格，对转型或退出的企业实施合理的社会经济效益补偿，降低企业退出的成本。

参考文献

[1] 曹小衡，高一，朱航. 大陆台资企业转型分析——基于长三角、珠三角等台资企业聚集区的调研 [J]. 调研世界，2013（1）：22 – 26.

[2] 陈恩. 迈向 21 世纪海峡两岸经贸关系的回顾与前瞻 [J]. 暨南学报（哲学社会科学），2001，23（3）：57 – 63.

[3] 陈耕拓，杜銮燕，张向前. 海峡西岸经济区台资企业发展分析 [J]. 科技管理研究，2009，29（9）：26 – 29.

[4] 李新民. 中部地区城市企业转型升级及金融支持问题研究 [J]. 金融发展研究，2014（11）：84 – 85.

[5] 李臻，耿曙. 经济新常态下用地困境、供应链网络与台资企业转型升级——基于 453 家企业样本的调研 [J]. 台湾研究集刊，2020（1）：68 – 78.

[6] 林进忠，朱佳佳. 新形势下大陆台资企业发展困境与机遇——以福建省漳州市为例 [J]. 海峡金融，2019（10）：43 – 48.

[7] 林晓峰，陈丽丽. 新常态下大陆台资企业转型升级的困难与路径 [J]. 亚太经济，2015（5）：132 – 137.

[8] 林子荣，郑熠. 大陆经济"新常态"下台资企业发展现状及投资环境分析 [J]. 台海研究，2019（1）：43 – 55.

[9] 倪红福，冀承，杨耀武. 中国宏观需求结构的演变逻辑、趋势研判与政策含义 [J]. 改革，2020（7）：82 – 97.

[10] 潘健，21 世纪以来闽台贸易综述. 闽台经贸 [J]. 2013（3）：63 – 66.

[11] 苏美祥. 大陆台资企业区域分布视域下闽台产业合作转型升级研究 [J]. 亚太经济，2019（1）：146 – 152.

[12] 苏美祥. 福建台资企业转型升级的实证调查与支持体系研究 [J]. 福建论

坛·人文社会科学版，2018（8）：189 – 194.

　　［13］孙中伟. 企业工会如何促进产业转型升级［J］. 学术研究，2020（1）：103 – 109.

　　［14］吴伟兴. 京津冀协同发展战略下台资产业转型升级与对接合作有关问题研究［J］. 河北省社会主义学院学报，2020（1）：70 – 74.

　　［15］伍湘陵. 大陆台资企业转型升级风险［J］. 台湾研究，2019（2）：33 – 40.

　　［16］厦门台商之家. 聚焦！福建省推出 36 条措施为台胞知识产权保驾护航［EB/OL］. https：//mp. weixin. qq. com/s/IyiKMce0WOB6eRZQI4JeXA.

　　［17］中国新闻网. 关于进一步促进两岸经济文化交流合作的若干措施［EB/OL］. http：//www. chinanews. com/gn/2019/11 – 04/8997947. shtml.

专题八 福建省中小企业高质量发展研究

中小企业是现代国民经济的重要组成成分，促进中小企业的健康发展，对于建设和完善现代化经济体系、提高全要素生产率、增强经济创新能力等方面均有推动作用。中小企业经济在福建省经济中具有占比大、实力强、贡献高等特点，根据福建省统计局资料，截至 2018 年末，福建省中小微企业占全部企业数量的 97.4%，是福建省经济高质量发展的重要力量。因此，推进福建省中小企业高质量发展对于福建省经济的高质量发展有着至关重要的作用。

一、文献综述

关于中小企业高质量发展问题的研究，我国学者进行了大量的研究，并取得了深刻且科学客观的成果。

（一）中小企业高质量发展优势的研究

孙海峰（2018）研究认为，中小企业的优势在于能够以较低的时间成本和机会成本做出生产经营决策，从而实现盈利。任涛涛（2019）通过对中小企业应对风险控制的研究指出，相对于大型企业而言，中小企业可以针对经营目标灵活地进行经营投资，以达到高盈利速率、高生产效率和短市场活动期并存的效果，从而使得企业在较短的活动周期内获得较高的投资和经营收益。徐卓宇（2020）收集了多种数据库的文献进行分析研究，研究发现中小企业在局部市场能够发挥其灵活性和机动性，并通过缩短回收时间链、降低管理成本投入来实现瞬时性盈利和差异化发展。

（二）中小企业融资方面的研究

企业融资途径主要分为内源融资和外源性融资两大类。内源融资方面，杨星（2019）研究中小企业内源性融资匮乏的问题后指出，内源融资局限于中小企业自身的经营关系范围内进行，且由于私人借款缺乏规范性，易造成借贷纠纷，使得中小企业融资关系亚健康化。外源性融资分为债券融资和外部股权融资。王利军（2019）通过 IFO 调查数据指出，我国民营企业外部融资占比不足 20%，王利军进一步研究发现，中小企业 50% 以上的外源性融资均来自银行信贷业务。不仅如此，蒋晓薇（2019）研究指出，我国中小企业由于经营思想落后、融资积累和管理意识不强等原因，集群融资结构占比同样不足 20%，且中小企业集群融资相当于债务融资，易形成集群相互担保的集体举债，反而给中小企业带来严重的债务负担。徐卓宇（2020）指出，对于中小企业而言，较高比例的银行信贷可以确保资金供应的合法性和稳定性，但又会使得中小企业在融资来源上陷入依赖陷阱，这大大增加了银行信贷被切断或减少后资金链断裂的风险，从而使得企业在日常运行中处于资金高危状态。

（三）中小企业财务管理和成本管理方面的研究

财务管理方面，晓静（2019）从现金流角度出发，得出中小企业存在现金流管理不足、资产结构不良和融资管理缺乏三方面的财务管理问题，且认为中小企业缺乏全部或部分现金流预测控制机制。王常顺（2019）则从战略发展目标出发，认为由于在经营范围内难以组织协调有效的经营分工和行业分工，中小企业之间的竞争十分激烈、企业的更替速度快，生命周期大多在 2~7 年。较快的更替速度，导致中小企业通常只关注短期盈利和如何弥补临时亏损，而忽视长远的战略发展目标，进而导致中小企业对于财务管理缺乏应有的重视。

成本管理方面，彭宇翔（2019）通过对中小企业成本管理意识问题全面而深刻地总结，提出中小企业成本管理方面存在重生产成本轻流通成本、重短期成本轻长期成本和重领导轻基层三个方面的问题。陈子强（2019）则通过对中小企业的成本分析法进行研究，发现该分析法仅以账面成本与标准成本之间的差异作为成本变化的判断依据，忽略了对其他一些客观因素的综合判断。具体而言，造成成本变化的客观因素包括由于市场价格变动导致的原料成本增加、由于生产运输过程中操作不当引起的返工和退货成本的增加等，陈子强进一步解释说，由于中小企业常将这些原因作为无关项或其他项，从而导致这些客观因素在成本分析过程中被轻视或忽视。

通过学者的研究分析可以发现，当前我国中小企业由于在很大程度上不具备合格的财务管理和成本管理的意识和态度，从而直接影响了企业做出与实际经营活动相符且有利于企业增长的成本测算方法、财务管理手段和战略目标规划。

（四）中小企业创新方面的研究

闫华红等人（2020）的研究表明，科技型中小企业丰富的高管团队社会网络关系对企业创新具有促进作用，高管团队社会网络越丰富，高新技术企业的创新投入就越多。此外，他们还发现企业可以通过构建丰富的社会网络以减轻融资约束，从而达到促进企业研发创新的目的，不断提升高新技术企业核心竞争力，实现可持续发展。此外陈威等学者（2019）指出，中小企业与政府、银行和大企业之间的关系网络，有助于降低他们之间的信息不对称性，降低企业获得融资贷款的难度、增加企业获得政府补助的可能性和获得大公司的担保，从而促进企业创新。

（五）文献综述小结

综上所述，目前我国学者就中小企业发展优势方面、融资方面、财务管理和成本管理方面、创新方面进行了大量的研究，也取得了较为可观的成果。但不同省份的中小企业发展问题存在差异，而围绕福建中小企业高质量发展状况的研究较少，面对供给侧结构性改革与经济持续健康发展等的需要，也尚未有文献研究提出如何推进福建中小企业高质量发展的有效对策。

因此，本专题对当前福建中小企业发展现状进行分析、研究，找出福建中小企业高质量发展存在的问题并提出推进高质量发展的对策，具有很强的现实性和实践性，也能为今后福建中小企业高发展研究工作提供丰富的研究基础和开阔的探索空间。

二、福建省中小企业发展现状分析

（一）全国及福建省中小企业的基本情况

根据国家工商总局统计，截至 2018 年底，全国实有市场主体达 1.1 亿户，其中企业是 3474.2 万户。2018 年新增市场主体 2149.58 万户，新增企业 670 万户，平均每天新增企业 1.83 万户。根据国家统计局数据，以工业为例，2013~2016 年全国规模以上中小微企业单位数从 34 万户上升至 37 万户，从 2016 年开始单位数有所下降，截至 2018 年，中小微企业下降至 27 万家；福建省 2014~2018 年规模以上中小微企业单位数较稳定，维持在 1.6 万家左右，并未达到《福建省 2016~2018 年中小企业成长计划》要求的 1.8 万家（见表 1）。截至 2018 年末，从企业占比来看，全国中小微企业占全部企业数量的 96.7%，福建省中小微企业占全部企业数量的 97.4%，由此可见，中小微企业始终是经济市场的主力军（见图 1）。

表 1 　　　　　　2013~2018 年全国及福建省各规模企业单位数 　　　　　单位：家

地区	类型	2013 年	2014 年	2015 年	2016 年	2017 年	2018 年
全国	大型企业	9411	9893	9633	9631	9240	9103
	中型企业	53817	55408	54070	52681	49614	49778
	小微企业	343135	312587	319445	316287	313875	219559
福建省	大型企业	443	446	451	437	437	451
	中型企业	2998	2929	2909	2851	2810	2699
	小微企业	12674	13369	13880	13974	14101	14197

注：全国的数据中不包括港澳台地区的统计数据。

资料来源：国家统计局、福建省统计局。

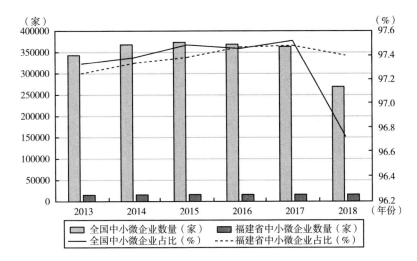

图1　2013～2018 年全国及福建省中小微企业数量及占比趋势

注：全国的数据中不包括港澳台地区的统计数据。

资料来源：国家统计局、福建省统计局。

（二）规模以上中小微企业工业增长贡献率远高于大型企业

据国家统计局数据显示，2011～2017 年福建省规模以上工业企业总产值不断增加，但增幅自 2013 年起有所下降，中小微企业工业总产值变动趋势大致相同，截至 2017 年底，福建省规模以上工业总产值增幅为 6.0%，其中中小微企业工业总产值增幅为 4.6%（见表2）。从工业总产值的贡献率来看，2011～2017 年福建省中小微企业工业总产值贡献率保持在 70% 左右，远高于大型企业（见图2）。

表2　　　　2011～2017 年福建省规模以上工业总产值及同比增幅

项目	2011 年	2012 年	2013 年	2014 年	2015 年	2016 年	2017 年
规模以上工业总产值（亿元）	27444	29705	33853	38405	41251	44544	47236
同比增幅（%）		8.2	14.0	13.4	7.4	8.0	6.0
中小微企业工业总产值（亿元）	18742	20155	23310	27234	28892	31616	33066
同比增幅（%）		7.5	15.7	16.8	6.1	9.4	4.6

资料来源：福建省统计局。

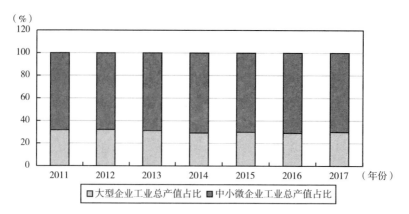

图2　2011～2017年福建省大型企业及中小微企业总产值占比

资料来源：福建省统计局。

2011～2017年福建省规模以上工业增加值稳步提升，2011～2014年工业增加值率维持在26%左右，但2015～2017年工业增加率有所下降，降低了约2个百分点，而中小微企业工业增加值率降低了约4个百分点，由此反映出福建省中小微企业相对于大型企业而言，存在工业中间消耗比重高、加工深度和技术含量低的突出问题（见图3）。

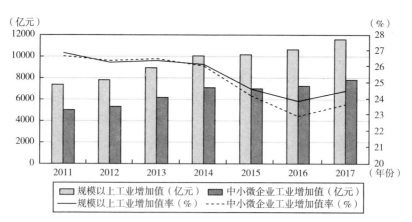

图3　2011～2017年福建省规模以上全部企业及中小微企业工业增加值

资料来源：福建省统计局。

（三）中小微企业税收贡献远大于大型企业，但未来呈下降趋势

根据福建省统计局的资料，2011～2017年数据，从平均值来看，福建省

规模以上大型企业的平均所得税费用为每年111.7亿元，平均税收贡献率为37.4%，中小微企业的平均所得税费用为每年183.1亿元，平均税收贡献率为62.6%，中小微企业平均税收贡献率远高于大型企业；但从趋势来看，大型企业税收贡献率自2014年起，呈上升趋势，而中小微企业税收贡献率呈下降趋势（见表3）。其主要原因是2015年1月始，全国企业所得税减半征收起征点调高至20万元，10月始起征点又调高至30万元，这使获得所得税减半征收优惠的小微工业企业数量进一步扩大，从而降低了中小微工业企业的所得税费用，虽然中小微企业税收贡献率有所下降，但对企业本身而言，所得税费用降低能够减轻企业税费压力，促进企业健康发展。

表3　　　2011~2017年福建省规模以上企业所得税费用及税收贡献率

项目	2011年	2012年	2013年	2014年	2015年	2016年	2017年
大型企业所得税费用（亿元）	90	93	90	88	92	123	148
税收贡献率（%）	37.2	37.8	33.5	30.8	33.3	40.0	42.6
中小微企业所得税费用（亿元）	152	154	178	199	183	185	200
税收贡献率（%）	62.8	62.2	66.5	69.2	66.7	60.0	57.4

资料来源：福建省统计局。

（四）中小微企业资产负债率相对大型企业较低

从趋势上看，2013~2018年福建省大中小型企业的资产负债率均呈现逐年下降的趋势，而微型企业的资产负债率则表现为先下降，至2018年出现反弹。而从平均值上看，2013~2018年福建省大、中、小、微型企业的平均资产负债率分别为57.37%、51.06%、49.51%和55.41%（见表4）。大型企业相对而言举债最多，说明大型企业相对较有活力，对前景充满信心；而中小微企业的举债程度不高，可能存在借钱难的困境。

（五）中小微企业的盈利能力相对大型企业较弱

据计算，2013~2018年福建省规模以上中小微企业主营业务收入平均增

表4　　　　　2013～2018年福建省各类型企业资产负债率　　　单位:%

企业类型	2013 年	2014 年	2015 年	2016 年	2017 年	2018 年
大型企业	58.92	58.33	58.48	57.04	56.69	54.76
中型企业	51.57	54.27	51.52	50.46	49.57	48.99
小型企业	51.90	50.06	49.37	48.17	48.84	48.71
微型企业	58.96	56.25	58.33	48.98	46.89	63.02

资料来源：福建省统计局。

长率为10.0%略高于大型企业主营业务收入平均增长率（8.9%），但中小微企业利润总额的平均增长率为12.7%低于大型企业（15.1%）2.4个百分点（见表5）。根据其他盈利指标（见表6）可以看出，中小微企业的成本费用利润率明显低于大型企业，但从全部资产的获利能力来看，大中小型企业水平相当，但微型企业的总资产贡献率远低于大中小型企业，可见福建省中小微企业尤其是微型企业，存在成本费用控制能力较差和经营管理水平相对不足的问题。

表5　　　　　2013～2018年福建省大型企业及中小微企业盈利指标

企业类型	指标	2013 年	2014 年	2015 年	2016 年	2017 年	2018 年
大型企业	主营业务收入（亿元）	10346.7	10731.0	11769.1	12135.8	13456.0	15681.9
	同比增长（%）	9.6	3.7	9.7	3.1	10.9	16.5
	利润总额（亿元）	638.2	648.1	678.1	961.3	1134.9	1462.0
	同比增长（%）	-4.5	1.5	4.6	41.8	18.1	28.8
中小微企业	主营业务收入（亿元）	22764.4	26366.4	27822.1	30401.4	32202.5	34958.2
	同比增长（%）	15.2	15.8	5.5	9.3	5.9	8.6
	利润总额（亿元）	1586.8	1696.2	1681.7	1927.9	2086.9	2718.3
	同比增长（%）	17.1	6.9	-0.9	14.6	8.2	30.3

资料来源：福建省统计局。

表6　　　　　2013～2018年福建省大型企业及中小微企业其他盈利指标　　　单位:%

指标	类型	2013 年	2014 年	2015 年	2016 年	2017 年	2018 年
工业成本费用利润率	大型企业	6.57	6.47	6.25	8.65	9.21	10.19
	中小微企业	6.48	6.08	4.97	6.05	6.50	7.61
总资产贡献率	大型企业	14.58	14.8	14.48	14.04	14.99	16.02
	中型企业	16.87	14.46	14.48	14.42	14.29	15.94
	小型企业	16.55	16.24	15.78	16.13	14.79	19.22
	微型企业	5.57	8.85	4.36	6.12	9.69	6.22

资料来源：福建省统计局。

（六）中小企业资金流动性强，微型企业流动资产周转周期长

从大趋势上看，如表 7 所示，福建省中小微型企业 2018 年的流动资产周转次数较 2013 年有所提高，而大型企业的流动资产周转次数则有所下降。从平均值上看，2013～2018 年福建省大、中、小、微型企业的平均流动资产周转次数分别为 2.27、2.61、3.17 和 1.91，其中中小型企业平均流动资产周转次数相对较高，说明小型企业经营过程中相对节约流动资产，相对扩大资产投入，增强了企业盈利能力，资金利用效果较好；而微型企业平均流动资产周转次数相对较低，说明微型企业需要补充流动资产参加周转，易形成资金浪费，会降低企业的盈利能力。

表 7　　　　　　　　　2013～2018 年福建省各类型企业流动资产周转次数　　　　单位：次/年

类型	2013 年	2014 年	2015 年	2016 年	2017 年	2018 年
大型企业	2.40	2.35	2.38	2.02	2.22	2.25
中型企业	2.49	2.59	2.61	2.74	2.62	2.62
小型企业	2.93	3.01	3.18	3.36	3.13	3.38
微型企业	1.65	2.14	2.00	1.36	2.44	1.86

资料来源：福建省统计局。

（七）中小微企业产品满足社会需求的程度较高

从趋势上看，2013～2018 年福建省大型企业的产品销售率先降后升，而中小微企业的产品销售率较稳定，基本维持不变（见表 8）。从平均值上看，2013～2018 年福建省大、中、小、微型企业的平均产品销售率分别为 95.82、

表 8　　　　　　　　　2013～2018 年福建省各类型企业产品销售率　　　　单位：%

类型	2013 年	2014 年	2015 年	2016 年	2017 年	2018 年
大型企业	97.02	96.28	95.43	93.70	96.00	96.46
中型企业	97.10	97.43	96.59	97.12	97.59	97.32
小型企业	98.07	97.99	97.78	97.67	97.56	97.81
微型企业	99.62	98.50	97.46	98.15	99.10	98.62

资料来源：福建省统计局。

97.19、97.81 和 98.58，其中微型企业的平均产品销售率最高，中小型企业的平均产品销售率相当且均高于大型企业水平，可见福建省中小微企业工业产品已实现销售的程度较高，且其工业产品能满足社会需求的程度也较高。

三、福建省中小企业发展政策演进及最新政策解读

（一）福建省中小企业发展政策演进

1. 《福建省促进中小企业发展条例》的演进

福建省早在 2014 年 9 月 26 日福建省十二届人大常委会第 11 次会议通过了《福建省促进中小企业发展条例》（以下简称《条例》），内容共计 7 章 51 条。该条例结合了福建省中小企业发展现状和特点，参照了国家有关法律法规，针对阻碍福建省中小企业发展的薄弱环节和突出问题，重点在中小企业的创业扶持、资金支持、技术创新、市场开拓和服务保障等方面进行了规范，该条例有利于进一步解决福建省中小企业发展过程中面临的各种困难和挑战。

2018 年 11 月 23 日，在福建省第十三届人民代表大会常务委员会第七次会议上，为了推进简政放权、放管结合、优化服务改革，根据国务院"放管服"改革的有关要求，对该《条例》进行了修改，具体是将原《条例》的第五条第二款修改为"县级以上地方人民政府统计部门应当加强对中小企业的统计调查和监测分析，定期发布有关信息。"

2. 福建省支持全省中小企业发展意见的演进

本专题主要研究了 2015 年、2018 年和 2020 年，福建省人民政府关于支持中小企业发展意见的演进情况，以下将从意见出台背景和主要内容两个部分的演进情况进行分析。

（1）意见出台背景的演进（见图 4）。2015 年，《福建省人民政府办公厅关于进一步扶持小微企业加快发展七条措施的通知》（以下简称"七条措施"）发布，目的是深入贯彻落实国务院扶持小微企业健康发展有关工作部署，进一步激发小微企业活力。根据福建省统计局公布的资料，2017 年福建省规模以上中小企业工业增加值 84024 亿元，增长 8.4%，但近年来福建省

中小企业发展也面临着增长下行压力大、融资难融资贵、创新能力不足、管理水平不高等困难和问题，因此2018年《福建省人民政府关于进一步支持全省中小企业发展十条措施的通知》（以下简称"十条措施"）出台，目的是致力于破解中小企业发展面临的困难和问题，营造有利于中小企业发展的良好环境，以促进福建省中小企业实现高质量发展。2020年，由于受到国内外疫情的影响，福建省一季度全省规模以上中小微企业工业增加值、出口交货值、营业收入、利润等数据均显示不同程度的下降，企业面临下行压力较大，在此背景下，福建省政府在广泛征求各地有关部门及中小企业意见后，制定并出台了帮扶中小企业难关、推动平稳健康发展的《福建省人民政府关于促进中小企业平稳健康发展的若干意见》（以下简称"九条意见"）。

2015年	2018年	2020年
为深入贯彻落实国务院扶持小微企业健康发展有关工作部署，进一步激发小微企业活力	致力于破解中小企业发展面临的困难和问题，营造有利于中小企业发展的良好环境，促进福建省中小企业实施高质量发展	为扎实做好"六稳"工作，全面落实"六保"任务，帮扶中小企业渡过难关，推动其平稳健康发展，为高质量发展提供坚实支撑

图4 福建省2015年、2018年及2020年支持全省中小企业发展意见出台背景

资料来源：福建省人民政府网。

（2）意见主要内容的演进。从整体趋势来看，从2015～2018年，福建省支持中小企业发展的意见措施逐渐完善，从7条意见完善至10条意见；2018～2020年，支持中小企业发展的意见措施在保持大部分措施不变的情况下，进行了相应的简化修改，使得措施更加精准（见表9）。

表9 福建省2015年、2018年及2020年支持全省中小企业发展意见对比

意见	2015年	2018年	2020年
1	落实税收政策	强化组织领导	畅通产业链条
2	支持直接融资	加大财政支持	帮扶纾困解难
3	强化融资服务	加强融资促进	支持企业融资
4	加强用工保障	支持"专精特新"发展	加大财政支持

续表

意见	2015 年	2018 年	2020 年
5	发展公共服务	支持创新发展	推动市场开拓
6	支持基地建设	实施梯度培养	实施梯度培养
7	完善信息平台	支持开拓市场	引导提高增效
8		优化企业服务	强化服务保障
9		提升企业人才支撑	加强组织领导
10		强化监督检查	

资料来源：福建省人民政府网。

具体来看，2015 年的"七条措施"主要涵盖税收、融资、用工保障、公共服务、基地建设和信息平台六大方面；而 2018 年的"十条措施"在保持 2015 年"七条措施"的大部分内容不变的情况下，对"七条措施"进行了优化和完善，其中主要对财政、融资、人才用工、服务四个方面进行了优化，并提出了强化组织领导和监督检查、支持创新和"专精特新"发展、实施梯度培养等方面的新措施；2020 年最新出台的"九条意见"，首先维持了 2018 年"十条措施"中关于加强组织领导、加大财政支持、支持市场开拓、支持企业融资、实施梯度培养、强化企业服务等方面的措施，其次删去了支持中小企业创新发展方面的意见，最后增加了畅通产业链条、帮扶纾困解难和引导提高增效三个方面的内容，使得福建省促进中小企业平稳发展的意见措施更加贴合全省中小企业的实际发展状况，避免了不必要的人力、物力支出。

（二）福建省2020 年促进中小企业平稳健康发展的"九条意见"解读

为了深入贯彻落实习近平总书记重要讲话和重要指标，扎实做好"六稳"工作，全面落实"六保"任务，实施"八项行动"，福建省人民政府就促进中小企业平稳健康发展提出以下九个意见。

（1）畅通产业链条。该项措施主要包括打通产业链、供应链堵点，开展产业链固链行动和推动产业链填平补齐三个方面内容。畅通产业链条重点是要通过抓龙头企业从而带动大中小企业协同，通过抓产业协作从而促进上下游贯通，通过抓关键替代从而维护供应链的稳定。意见指出，该项措施的目的是协调解决产业链协同问题，且未来将大力开展产业链招商，并鼓励市、县（区）根据项目投资情况给予一次性奖励。

（2）帮扶纾困解难。该项措施主要从减税费、降成本、纾困难和缓期限四个方面帮扶中小企业渡过难关。其重点是落实减税降费政策，希望用好首期 100 亿元贷款额度的省中小微企业纾困专项资金，积极发挥应急周转金的作用。此外该项措施针对吸纳高校毕业生就业的中小微企业，按照每人 1000 元的标志给予用人单位一次性吸纳就业补贴，以帮助中小微企业提高员工文化水平。该项措施还指出中小微企业可缓缴职工基本医疗保险费，缓缴期限延长至 2020 年 10 月底，对于困难企业还可以延长还本付息的期限。

（3）支持企业融资。该项措施主要从加大信贷支持力度、大力发展供应链金融、深化产融对接合作、建立"白名单"制度和加大清理拖欠企业账款力度五个方面给予企业流动性资金支持。其重点是通过适当提高中小企业不良贷款容忍度，提高新发放贷款中的"首贷户"、信用贷款、中长期贷款和无还本续贷业务的比重。其次，省级财政将按中小企业通过应收账款获得年度融资额不超过 1% 的比例，给予符合条件的供应链核心企业最高不超过 200 万元的奖励，从而加快推广应收账款融资模式。此外，福建省政府还设立了规模 10 亿元的省级政策性优惠贷款风险分担资金池，并要求中小企业技改项目占省技改基金投放额的比重不得低于 50%，该措施还制定了"白名单"企业，承诺优先满足"白名单"企业的融资需求。最后，该措施将企业征迁补偿款纳入了清欠范围，通过加快项目验收和财政审核审计进度，提高清偿率。

（4）加大财政支持。该项措施要求要用好中小企业专项发展资金、政府投资基金，并明确专项资金和投资基金的使用方向。对于获得贷款贴息、认定类、奖励类项目的省级资金补助的中小企业，可同时享受其他省级资金补助，从而发挥政策叠加效应。

（5）推动市场开拓。该措施主要是通过发展新模式和新业态，帮助企业开拓市场。其重点是加快发展在线办公、在线教育、远程医疗、无接触配送、新零售等新模式新业态，通过打造产业供需对接平台，发展工业旅游、文化旅游、休闲农业乡村旅游等新业务，并对列入省级工业旅游示范基地的项目，给予一次性资金奖励，从而鼓励推动企业开拓新市场。

（6）实施梯度培养。该措施主要从"个转企""小升规""规改股""股上市"四个方面出发，着力打造"个转企、小升规、规改股、股上市"的中小企业成长链条，并支持市、县（区）财政对施行该成长链条的企业给予奖励，此外省级财政将对梯度培养成效明显的前三名设区市（含平潭综合实验区），分别给予500万元、300万元和200万元的正向奖励，从而帮助中小企业不断成长升级。

（7）引导提高增效。该措施主要从支持创业创新和"专精特新"发展两个方面出发，以提升中小企业质量和效益。其重点是关注列入国家级或省级"专精特新"的企业、获得制造业单项冠军的企业、高新技术培育库的企业和小微企业创业创新示范基地等，并给予这些企业一次性奖励。此外该措施还将为中小微企业免费培训企业高级经营管理人才，并表彰具有突出贡献的企业家。

（8）强化服务保障。该措施主要从提升"政企直通车"服务效能和优化公告服务体系两个方面出发，为中小企业营造良好的营商环境。其重点是推进省、市、县（服务站）三级平台互联互通、数据共享，从而形成"1＋10＋N"的服务平台网络，并对完成建设验收的各级平台给予相应的补助。此外，该措施将对全省中小企业公共服务平台网络开展运营考核，对于完成考核目标任务的前10个平台给予不超过30万元的运营补助。

（9）加强组织领导。该措施主要是要发挥协调机制的作用，其重点是充分发挥各级领导小组和办公室促进中小企业发展的作用，要求各级领导小组和办公室要定期研究、协调解决中小企业发展中存在的实际困难问题。此外，还将开展中小企业发展环境的评估，从而推动惠企政策的有效落地。

四、典型企业案例分析

（一）典型企业案例选择规则

本专题主要选取福建省在中小企业板上市的企业作为研究案例，根据

Wind 数据，截至 2019 年底，在中小企业板上市的福建省企业共 41 家，涵盖制造业，农、林、牧、渔业，电力、热力、燃气及水生产和供应业，信息传输、软件和信息技术服务业，批发和零售业，科学研究和技术服务业，以及金融业。根据数据的可获得性和案例企业高质量发展的典型性，最终本专题选择福建圣农发展股份有限公司（以下简称"圣农发展"）作为典型企业进行案例分析。本案例根据证监会和该企业官网公布的公开资料整理。

（二）圣农发展案例分析

1. 圣农发展基本情况

（1）主营业务及股权结构。圣农发展成立于 1999 年，并于 2009 年在深交所上市，拥有完整的白羽肉鸡全产业链，业务涵盖饲料加工、原种培育、祖代与父母代种鸡养殖、种蛋孵化、肉鸡饲养、屠宰加工与销售、熟食加工与销售等多个环节。

圣农发展股权结构清晰，根据《圣农发展 2020 年半年报》，截至 2020 年上半年，公司的第一股东为圣农控股集团，共持有公司 5.65 亿股股份，占比 45.37%；第二大股东为 KKR Poultry Investment，共持有 0.86 亿股股份，占比 6.90%。公司的实际控制人为傅光明、傅长玉夫妇和其女儿傅芬芳。

（2）营收情况。圣农发展收入端保持稳步的增长：2015～2019 年，公司的年收入从 69.4 亿元增长至 145.6 亿元，年复合增长率为 20.4%（见图 5）。利润端受鸡肉价格波动的影响，呈现出一定的周期性波动，2018 年、2019 年归属母公司的净利润同比增长率高达 377.79%、171.85%（见图 6）。

圣农发展的业务按产品分为鸡肉、肉制品和其他业务三类，根据《圣农发展 2019 年年报》，公司的鸡肉业务实现营业收入 95.3 亿元，占比 65.5%；肉制品业务 39.5 亿元，占比 27.1%；鸡肉和肉制品业务合计占比达 92.6%，其他业务仅占比 7.4%。

2. 圣农发展高质量发展优势

（1）规模化量产及多品类优势。根据《圣农发展 2019 年年报》，圣农食品现在拥有 9 个食品加工厂，其中有 3 个食品加工厂仍在建设中，设计产能为 11.52 万吨/年，待建成后，公司的产能将扩张到 35.52 万吨/年。公司目前的生产线覆盖油炸、蒸煮、碳烤、裹粉、烟熏、灌肠、冷冻调理线、中式

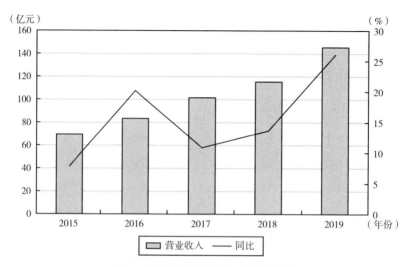

图 5 圣农发展营业收入及同比增速

资料来源：Wind 数据库。

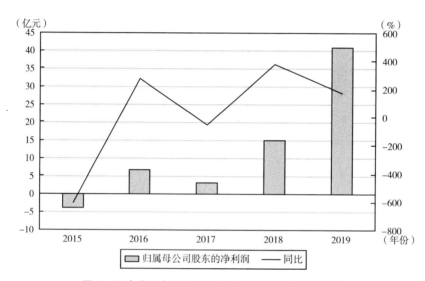

图 6 圣农发展归属母公司股东的净利润及同比增速

资料来源：Wind 数据库。

调理包等多种工艺，此外新建的产能除了巩固鸡肉深加工的业务外，还积极拓展研发新业务，包括猪肉、牛肉等其他品类肉类产品的生产和加工。圣农食品不仅包含多种食品业务和多种生产工艺，其生产线的设计也十分灵活，可以生产各种中式、西式产品，且不断提升自动化生产的能力，可以随时满足客户的临时波动需求，即其生产线具备灵活应对的能力，当需求旺盛时，可以增加生产能力，以满足需求的增长。

（2）产品研发优势。根据《圣农发展 2019 年年报》，圣农食品在光泽县、福州市和上海市先后成立了三大研发中心，并斥资 1000 多万元购置了各类实验设备 40 余套，设备涵盖肉类加工的各个工艺环节，为公司研发提供充足的设备支持。此外，公司已拥有 100 多人的专业研发团队，专业的中西餐厨房团队，能够为客户提供有力的菜品研发支持，定制的菜品能够满足不同消费者的不同口味，同时公司建立和完善多层次培训体系，以加强员工招收培训和人才储备工作，助力公司未来发展。具体来看，2019 年公司研发投入金额为 5588.23 万元，较 2018 年增加 12.78%（见图 7），研发人员数量更是从 2018 年的 236 人增加至 2019 年的 525 人，同比增长 122.46%。根据公司规划，未来还将在原种鸡培育创新、食品领域产品创新方面加大研发投入，从而不断提高公司在行业中的竞争力水平。

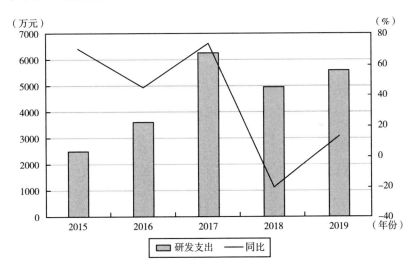

图 7　圣农食品研发支出及同比

资料来源：Wind 数据库。

（3）分层次渠道布局优势。圣农食品已建立起以福建为核心，以华东、华南为区域中心，并向华北、西北拓展的市场区域布局体系，主要销售渠道包括餐饮、出口、商超、便利店、批发、电商、团餐等，公司目前已成为多家国内外餐饮巨头的供应商。同时公司注重新兴渠道的拓展，与本地和国内主要电商平台建立了深度合作关系。在宣传方面，公司与新兴媒体达成合作，将品牌影响力有效地输出至终端渠道。

（三）案例分析总结

通过对圣农发展的分析研究，我们可以发现该企业实现高质量发展离不开其规模化量产、注重研发创新和积极拓展渠道三个方面的作用。首先，圣农发展通过不断地探索，逐渐找准产品定位，并通过扩张产能，在食品业务上持续发力；其次，圣农发展明确创新的重要性，在雇用研发人员和投入研发资金上均表现出积极的态度，不断提升公司研发能力和竞争力；最后，圣农发展积累了丰富的客户资源，建立了完善的销售服务网络，并利用新型媒体加大宣传力度。

五、存在的问题

（一）成本费用控制能力不足，降成本压力仍较大

虽然福建省政府先后停征个体工商户管理费、集贸市场管理费和 100 多项行政事业性收费，以及对中小企业进行各类减免税，但中小企业各项数据仍然反映其税负负担过重和成本费用过高的问题。根据福建省统计局数据，2011～2018 年福建省中小微企业的工业成本费用利润率平均为 6.53%，低于大型企业的 8.09%。福建省中小微企业为获得收益所付出的代价要大于大型企业，即中小微企业的成本费用控制能力不如大型企业，获利能力也不如大型企业，这主要是因为大多数中小企业没有完善的财务审计制度，且成本控制主要采用传统的人工管理方式，无法通过财务报表和大数据技术及时发现企业经营过程中存在的问题，进而无法对企业未来的经营管理风险做出有效预防。此外，2011～2018 年福建省中小微企业利润总额的平均增长率为11.1%，高于主营业务收入平均增长率 1.3 个百分点，且差距逐年上涨，可见中小微企业的成本费用在不断下降，但与大型企业（平均高 1.7 个百分点）对比，福建中小微企业的成本费用仍较高，其中人力成本较高是中小微

企业面临较为突出的问题。福建中小微企业降成本压力仍较大，未来有进一步降低成本的空间。

（二）高端技术人才不足，创新能力较低

根据 Wind 中小企业数据库的数据显示，在中小企业板上市的企业中，技术人员人数平均占比为 20.7%，博士人数、硕士人数和本科人数平均占比分别为 0.5%、4.2% 和 25.1%，其中福建省企业，技术人员人数平均占比为 21.3%，略高于全国平均水平，而博士人数、硕士人数和本科人数平均占比分别为 0.2%、3.1% 和 22.8%，均低于全国平均水平，且不同企业差距较大，从事研发的科技人员主要集中在少数的中小微企业中，可见福建中小企业高端技术创新人才稀缺且不均衡。此外，福建省大多数中小企业由于缺少创新资金、研发人才和专门的研发团队，自主创新能力较低。中小企业的主要利润来源为"贴牌"生产，典型的方式是对新技术进行吸收、消化与再创造，较少自主研发的创新产品，并且十分依赖产品的价格优势，常通过"走量"来获得更多的利润。当市场原材料价格和劳动力成本不断上升时，这些企业为了维持市场份额，不会轻易提高产品价格，从而造成企业利润空间不断被压缩的困境。如果不能提高福建中小企业的创新能力，它们将因为缺乏高技术含量的创新产品和有利于长期发展的自有核心技术储备，而阻碍企业的长期高质量发展。

（三）融资渠道单一，融资难问题依然存在

中小企业融资难、融资贵问题一直是抑制中小企业发展的关键，福建省中小企业同样面临这个问题，且呈现出融资资金数量少、资金周转时间短和融资次数较多的特点。虽然我国先后设立了中小企业板、创业板和新三板来帮助中小企业解决融资困境，但根据国泰安和 Wind 数据库的数据显示，截至 2019 年底，在中小企业板、创业板和新三板融资的中小企业合计为 7747 家，其中福建省中小企业合计为 269 家，占比 3.47%，仅占福建省规模以上中小微企业总数的 1.59%。主要原因是福建中小微企业的融资渠道以商业银行的抵押贷款为主，而中小微企业规模小、抵押物少，抵押物不足导致其

信用度较低，投资风险较高，且严苛的上市要求也使得福建省大多数中小企业难以达到融资条件。总体而言，福建中小企业融资难、融资贵，一方面是因为银行提供给中小企业小额贷款的信用审查周期较长且利率较高，使得绝大多数中小企业选择放弃银行贷款的融资方式；另一方面是因为大多数福建省中小企业规模小，且以家族式管理为主，常常通过自筹或向亲友借贷的方式融资，而对企业财务管理制度不规范、不健全和信息不透明，这增加了银行对企业财务数据的审查难度，增加了银行的经营风险，从而导致银行不愿意借钱给中小微企业。

（四）财税政策不够完善，公共服务体系覆盖范围有待扩大

由于财税政策不够完善，福建省对中小企业的财政投入仍然不足，如福建省科技型中小企业技术创新资金管理中心创立至今已有 20 年，其间创新基金的投入不断丰富、资金规模不断扩大，但是直接财政投入占地方财政投入的比例仍低于许多发达国家，导致许多中小企业因缺乏创新资金而阻碍了企业的稳健发展。此外，政府对中小企业的资金投入存在区域性失衡和行业偏向强的问题。政府对中小企业的支持既有税收优惠和财政投入，也有资本支持和土地使用优惠，但这些帮扶政策仅针对某一行业或者符合条件的部分企业，很难实现在所有地区、行业和企业间的均衡分配。如创业园、孵化器和公共技术服务平台等公共服务体系多用于大中城市，而经济相对落后的偏远地区很难覆盖到。且由于扶持中小企业发展的财政支出，以专项基金的形式居多，福利范围集中在农业、高新技术企业和出口产业企业，而其他行业一些符合扶持条件的企业，还需要具有相当大的实力，才能得到相应资助。

六、对策建议

（一）财务和成本管理模式创新，强化对大数据信息技术的应用

在大数据背景下，福建省中小企业应该意识到大数据对企业财务和成本

管理、经营发展的深刻影响，要利用大数据等现代化信息技术不断优化企业的内部管理，以达到降成本、提高盈利能力的效果。政府应鼓励并支持中小微企业对财务和成本管理模式进行创新，如为中小微企业构建或参与财务和成本管理云平台提供资金和技术支持，以帮助中小微企业实现财务和成本集约化管理。政府还可以利用"互联网＋"产业融合的背景，推动中小企业将传统模式下的财务和成本管理工作升级为利用信息系统来完成数据的收集工作。中小企业应建立完善的财务和成本管理机制，并借助大数据等信息技术实现财务和成本管理所需的各项数据的收集、整理、分析和储存，形成财务和成本管理数据库，为企业进行全面的财务和成本管理提供详细的信息数据。同时企业可通过自身的发展情况对数据库进行不断的优化和完善，从而保持数据库的准确性和实用性，以实现对市场变化和自身发展的有效预测、对各项成本支出情况的有效预算及控制企业成本支出总量，确保各项资金利用的合理性和科学性。

（二）不断吸引高端人才，加大创新支持力度

不管是财务和成本管理模式的创新还是企业技术的创新，都需要专业化人才的支持，人才已经成为中小微企业不断向前发展并取得竞争优势的核心所在。对中小企业而言，要转变观念，明白高端技术人才对企业未来发展的重要性，不断吸收引进高端技术人才，尤其是高校毕业生和社会尖端技术人员，从而形成专业的技术研发团队。此外企业应该加强内部人员的技能培训，通过多种方式提升员工的业务素质，为企业创新提供有力的智力支持。对政府而言，应加大对中小企业创新的支持力度，利用福建省高校人才资源，构建校企结合的人才培育平台，加强校企合作，帮助高校人才资源与企业的有效对接。此外可以建立和完善中小企业的信用担保体系和服务体系，并利用互联网和现代化信息技术搭建相应的帮扶平台，如中小企业融资、咨询、管理和培训等平台，为中小企业信贷融资和培训管理等方面提供便利，从而加大中小企业创新发展动力和自主研发力度，不断提高企业产品的附加值，提高企业的竞争力。

（三）加大金融支持力度，建立并完善融资体系，利用互联网优化融资环境

为解决福建省中小企业融资难、融资贵的问题，有关部门需要多管齐下。在间接融资方面，首先要努力整合现有金融资源并加大金融创新力度，不断创新金融产品，降低中小企业贷款门槛，加大银行贷款支持力度；其次是发展以现有金融机构体系为基础的主要间接融资渠道，降低商业银行中小企业贷款资金来源成本；最后要运用新技术手段降低商业银行中小企业贷款管理成本，从而逐步建构功能完善且布局优化的金融融资格局。在直接融资方面，要积极创造条件培育多层次、专门化的地方中小企业资本市场体系，对于福建省内市场前景好、综合效益高、核心竞争力强的中小企业，在严格监管约束的条件下，鼓励和支持其改制上市，并推动政府性基金和民间资本等加大对改制上市及新三板挂牌企业的股权投资力度。此外，政府应整合资源并应用互联网技术，建立全省统一的中小企业互联网金融征信体系及互联网融资服务平台，通过获取海量数据，完善征信系统建设，不断改进经济欠发达地区信用环境，推动全省各区域协调发展。此外不断提升和完善互联网信息技术研发，逐步形成信息和信用评级相对透明化且能有效保护融资交易双方信息的可信赖平台，不断优化福建省中小企业的融资环境。

（四）规范财税政策的实施，扩大公共服务体系的帮扶对象

福建省应该规范并落实落细中小企业财税政策，扩大公共服务系统的帮扶对象，不断增强对中小企业的扶持力度，推动中小企业的蓬勃发展。政府应继续落实落细对中小企业的融资补助，争取更大规模的专项债券，以支持中小企业的转型升级，并扩大战略性新兴产业的投资，支持信息基础设施、创新基础设施和融合基础设施等新基建项目的建设。税收部门应切实帮助中小企业享受阶段性优惠政策，并响应中央号召，以最大限度减免地方税种，如房产税、城市维护建设税和城镇土地使用税等，同时充分利用鼓励创新的税收政策，积极引导中小企业创造出更多新产品和新服务，促进中小企业转型升级。此外政府应建立并完善专项财政资金和公共服务体系的实施细则，

不断扩大中小企业公共服务体系的帮扶对象，以消除区域性失衡和行业偏向强的问题。建议利用互联网和信息技术建立福建全省联动的中小企业公共服务平台，为福建省各地区、各行业符合条件的中小企业提供信贷融资服务、技术创新资金支持和品牌宣传推广等服务，从而推进中小企业创新高质量发展，支持中小企业加快培育品牌影响力和核心竞争力。

参考文献

［1］本刊评论员. 创造良好发展环境　助力中小企业高质量发展［J］. 企业经济，2018，37（9）：1.

［2］陈佳丽，邹小红. 互联网金融对中小企业融资影响及对策分析——以福建地区为例［J］. 北方经贸，2019（8）：104 - 105.

［3］陈威，周友. 负债融资、政府补助与企业创新：基于战略性新兴企业数据［J］. 会计之友，2019（15）：48 - 54.

［4］陈学志. 我国中小企业技术创新存在的问题和建议措施［J］. 现代营销（经营版），2020（3）：32 - 33.

［5］陈玥. 大数据背景下中小企业成本控制策略研究［J］. 纳税，2020，14（13）：176 - 177.

［6］陈子强. 中小企业成本管理研究［J］. 会计师，2019（20）：37 - 38.

［7］福建省人民政府. 福建省人民政府办公厅关于进一步扶持小微企业加快发展七条措施的通知［Z］. 2015 - 01 - 13.

［8］福建省人民政府. 福建省人民政府关于促进中小企业平稳健康发展的若干意见［Z］. 2020 - 05 - 25.

［9］福建省人民政府. 福建省人民政府关于进一步支持全省中小企业发展十条措施的通知［Z］. 2018 - 09 - 11.

［10］黄思萍. 福建省中小企业对外贸易发展的机遇与风险——基于"一带一路"战略［J］. 科技经济市场，2019（12）：43 - 44.

［11］蒋晓薇. 中小企业集群融资问题及发展对策研究［J］. 商业经济研究，2019（17）：161 - 164.

［12］李珂. 加大财税政策支持　提高中小企业核心竞争力［N］. 湖南日报，2020 - 04 - 28（008）.

［13］刘兰芳. 福建省扶持中小企业发展的财税政策研究［J］. 福建商业高等专科学校学报，2014（6）：21 - 26.

［14］彭宇翔. 中小企业成本管理问题及解决措施探讨［J］. 企业改革与管理，2019

（19）：179，181.

[15] 任涛涛. 中小型企业应对风险控制研究 [J]. 现代营销（信息版），2019（11）：123.

[16] 圣农发展 2019 年年报.

[17] 圣农发展 2020 年半年报.

[18] 孙海峰. 浅谈中小企业成本管理存在的问题及其优化 [J]. 中国集体经济，2018（16）：41－42.

[19] 王常顺. 浅谈中小企业财务管理中存在的问题及对策 [J]. 中国商论，2019（20）：156－157.

[20] 王利军. 我国中小企业融资难的原因及对策研究 [J]. 经济研究导刊，2019（25）：78－79.

[21] 吴杏媚. "互联网＋"产业融合背景下福建中小企业财务管理创新探究 [J]. 农村经济与科技，2019，30（24）：103－104.

[22] 徐卓宇. 新时期我国中小企业发展优势及困境研究综述 [J]. 河北企业，2020（5）：90－92.

[23] 闫华红，郭子悦. 中小企业高管团队社会网络与创新投入——基于融资约束的中介作用 [J]. 会计之友，2020（7）：58－63.

[24] 杨晓静. 浅谈中小企业现金流管理的问题及对策 [J]. 会计师，2019（20）：32－33.

[25] 杨星. 新常态下我国中小企业融资困境及金融支持建议 [J]. 中国商论，2019（5）：42－43.

专题九　应对疫情下的海西文化产业发展

一、疫情下海西文化产业概况

（一）新型冠状病毒肺炎疫情背景

2020 年，新型冠状病毒肺炎疫情（以下简称"新冠肺炎疫情"），在全球陆续发生，已在 100 多个国家和地区流行传播，呈现多点暴发的扩散态势，疫情的突发性和严峻性对人民日常生活、企业生产、社会经济运行形成了巨大的影响。

为了应对这场全球性的公共卫生安全危机，我国及时出台了多项政策，如国务院联防联控机制印发《关于进一步做好重点场所重点单位重点人群新冠肺炎疫情防控相关工作的通知》，强调结合当前疫情防控形势，落实分区分级防控要求，推进生产生活秩序逐步恢复。疫情得到有力控制后，刺激恢复产业经济是政府需要持续关注的问题，在文化产业方面，文旅部印发《剧院等演出场所恢复开放疫情防控措施指南》《旅游景区恢复开放疫情防控措施指南》《公共图书馆、文化馆（站）恢复开放工作指南》《关于做好旅游景区疫情防控和安全有序开放工作的通知》等，严格规范解禁后旅游景区、图书馆、文化馆的管理，确保文化旅游公共场所安全有序开放。海峡西岸经济区各地政府也纷纷出台相关政策以扶持救助文化产业。福建省政府出台了《福建省应对新型冠状病毒感染的肺炎疫情扎实做好"六稳"工作的若干措施》《支持省级文化企业加快发展的通知》，支持省级文化企业在做好疫情防控常态化基础上，实现平稳健康发展。《关于创建夜间文化旅游消费集聚区的实施意见（试行）》则通过指导创建夜间文化旅游消费聚集区，策划夜间文化旅游产品，举办夜游文旅消费主题活动，鼓励景区开发夜游项目，引入网红经济等方式激发文化旅游消费潜力，缓解文化旅游业的经济压力。与此同时，省政府还与闽东北四市一区共同签订了《闽东北协同发展区疫后旅游市场复苏行动合作框架协议》，针对减少疫情对旅游业的负面冲击，提升闽东北文化旅游产品在市场上的吸引力、竞争力，建立合作关系。

此次疫情具有波及范围广、持续时间长的特点，且发生于我国外部环境复杂严峻、国内经济处于下行周期的时期，对我国经济的负面影响可能更为直接和深远。疫情的全球蔓延愈来愈显现其影响的长期性，可能成为冲击全球经济、影响我国产业发展的重要事件。如何在挑战中识别发展的新机遇，成为各个产业急需解决的问题。

（二）海西文化产业概况

海峡西岸经济区（以下简称"海西经济区"），是指台湾海峡西岸，以福建为主体，涵盖周边浙江、广东、江西三省的部分地区，与珠三角、长三角两个经济区衔接，依托沿海核心区福州、厦门、泉州、温州、汕头五大中心城市及其以五大中心城市为中心所形成的经济圈的地域经济综合体。其对于促进两岸经贸往来、加快海西开发区的基础设施建设、提高东南沿海地区进一步协作和建设中西部地区对外开放新通道具有重大的积极意义。2006 年"两会"期间，支持海峡西岸（以下简称"海西"）经济发展的字样出现在《政府工作报告》和"十一五"规划纲要中，计划通过 10～15 年的努力，海峡西岸将形成规模产业群、港口群、城市群，成为中国经济发展的发达区域。2007 年福建省政府出台了《海西经济区建设纲要》，明确要将福建地区的经济发展落到实处，2009 年海峡西岸经济区建设纳入国家战略，2012 年平潭综合实验区设立，搭建对台交流的平台。经过十多年的资源整合、产业调整和基建投入，福建省在经济、文化、民生以及对台交流等多方领域取得了显著成效，特别是在文化产业的发展和创新方面，更是起到了引领和示范作用。

海西经济区有着极为丰富的文化资源，包括闽南文化、闽都文化、客家文化、红土地文化、船政文化、妈祖文化、朱子文化、潮汕文化、祖地文化、畲族文化等。其中闽南文化、客家文化、潮汕文化和妈祖文化是海西经济区独特的文化遗产与资源优势，在台湾地区有广泛的影响。福建省作为海西文化的中心地域，新中国成立之初，就成为东南沿海的海防前线和对台工作前沿，到社会主义革命和建设时期，涌现出"谷文昌精神""龙江精神""女排精神"等优秀精神文化，可以说聚集着许多优秀的我国东部沿海文化。福建建立了许多的文化品牌，在海西文化产业发展上拥有独特的不可替代的优势，如：世界自然和文化遗产——武夷山；世界地质公园——泰宁、古泉州（刺桐）史迹；海上丝绸之路先行区——泉州；中国历史文化名镇（村）——上杭县古田镇、南靖县书洋镇田螺坑村等。福建特有的文化与台湾地区的文化在宗教信仰、民间风俗、文化遗产等诸多方面有很深的历史渊源，在表演艺术、新闻出版、印刷发行、网络动漫、文化旅游、文化会展等各领域都有广泛的合作。海西文化产业是海西经济区建设的组成内容，其独特的使命是以"文化"为媒介，发挥两岸的历史血缘和亲缘的纽带连接作用。因此，海西文化产业的发展以海峡两岸关系融合为基础，不仅推动了海西经济特区各个区域的经济发展、文化交流，对两岸人民的亲密合作也有不可替代的重要促进作用。

在福建省政府的政策引导下，作为海峡两岸经济区主体的福建省的文化产业发展保持了较为稳健的增长趋势，关于文化产业的创新性和多元化协作发展逐渐受到重视。据福建省统计局公布的数据显示，2015年，福建省文化产业增加值达1070.94亿元，占地区生产总值比重4.12%，总量与占比均居全国上游。"十二五"期间，文化产业增加值年均增长12.2%，比同期GDP年均现价增速快0.2个百分点。根据《2019年中国文化及相关产业统计年鉴》，2018年，福建省文化产业拥有资产5226.65亿元，比2013年末增长85.5%，经营性文化产业全年实现营业收入5939.89亿元，比2013年增长95.5%。2018年文化及相关产业法人单位数达到7.5万个，从业人员达到106.12万人，贡献财政税金及附加40亿元。福建省人均文化娱乐消费支出767元，其中文化办公用品、书报杂志、体育娱乐用品类商品的消费分别同比增长27.6%、21.3%和27.8%。

作为福建省文化产业紧密相关的重点行业，旅游业在近年的发展也可圈可点，2018年福建省统计公报指出，福建省2018年实现旅游总收入6634.58亿元，增长30.5%，其中国际旅游外汇收入90.92亿美元，增长19.8%。接待入境游客901.24万人次，比上年增长16.2%，其中接待外国人344.19万人次，增长 17.5%；台湾同胞 363.50 万人次，增长 16.0%；港澳同胞 193.55 万人次，增长 14.4%；入境旅游过夜游客 813.59 万人次，增长 17.6%。2012 ~ 2018 年福建省旅游外汇收入年均复合增长率为 13.62%，入境旅游人数增加 407.57 万人。从福建省文化和旅游厅获悉，2019 年春节节假日期间，福建省文化和旅游市场累计接待游客 2638.68 万人次，增长 16.7%；旅游总收入 211.57 亿元，增长 22.8%；过夜游客人数 598.01 万人次，增长 20.5%。

在创新、科技与文化产业融合上，海西文化产业的核心是动漫游戏和文化创意产业。在"互联网 + 文化"的战略下，文化创意产业已成为发展潜力巨大的治理密集型、劳动密集型、科技密集型和资金密集型的"朝阳"文化产业，并具有完整的产业链，在文化产业中处于龙头地位。其中动漫产业作为文化创意产业的领头军，取得了较为显著的发展。动漫游戏企业响应"一带一路"倡议，贯彻"走出去"战略，产业跨界融合趋势明显。厦门是全国最早出台并落实动漫扶持政策的城市之一，首届海峡两岸文博会在厦门成功举办之后，从一定程度上标志着福建省文化创意产业已经开始向台湾地区迈进。经过多年的持续投入和培育，已经推动厦门动漫游戏业、动漫周边衍生品行业产值倍增。同时厦门还成功培育了文化类国家级高新技术企业 101 家、市级高新技术企业 71 家，在新媒体与影视科技领域、VR/AR 领域、数字出版领域、智慧旅游等领域都聚集了一大批龙头企业。厦门的动漫产业得到迅速发展，成为福建省发展文化创意产业的一个重要指标。

海西文化产业的发展取得显著成果一部分归功于政府始终将文化建设作为重要的战略规划内容，将文化产业的发展作为经济崛起的重要推动力。近年来，福建省政府着力推进文化领域供给侧结构性改革，特别是在推进文化和旅游融合发展、推进文化和旅游体制机制改革方面出台了许多政府性文件。2006 年福建省出台《福建文化强省建设纲要》，提出力争到 2010 年，形成适应海峡西岸经济区发展要求的文化设施健全配套、文化市场繁荣有序、区域文化特色鲜明、文化产业优势明显和公民素质普遍提高、群众文化丰富多彩的文化发展新格局。2009 年，颁发的《国务院关于支持福建省加快建设海峡西岸经济区的若干意见》提出，要打造一批地域特色明显、展现海峡西岸风貌、在国内外具有影响力的文化品牌，重点保护发展闽南文化、客家文化等特色文化，发展文化创意产业，建立海峡两岸文化产业合作中心。2018 年福建省旅发委拟制《关于加快推进全域生态旅游的实施方案》，明确多举措促进福建文化旅游深度融合。同年,《福建省朱子文化旅游发展规划（2018—2022年）》《福建省红色旅游发展实施方案（2016—2020年）》两项规划相继出台,重点培育朱子文化旅游精品线路,促进福建红色旅游和生态旅游融合。2019年福建省文化和旅游厅下发了《全省文化和旅游市场整治行动实施方案》,对文化和旅游市场存在的问题进行专项整治,维护文化产业和旅游业良好的市场秩序。2020年福建省文化和旅游厅印发《福建省曲艺传承发展实施方案》,明确曲艺保护振兴、曲艺传承实践、曲艺传播普及3大工程9项任务。立足于丰富多样的工业资源,福建省还拓展了"工业+旅游"新形态,推动工业旅游发展,开启深层次融合发展之路。与此同时,在两岸文化产业对接方面政府的工作成果也较突出。2013年,福建省设立了文化产业专项资金,成立了福建海峡文化产业投资基金,基金以股权投资方式进行运作,成为福建省文化产业创投领域的新亮点。2018年福建省文化厅发布了《福建省文化厅关于促进闽台文化交流合作的若干措施》,促进两岸文化互通。市级城市响应号召,在综合分析台湾地区文创产业优势的基础上,厦门把创意设计和数字内容产业作为推进厦台文化产业交流对接与合作发展的重点领域,并利用园区或创新孵化基地,深入推进厦台之间文化产业领域的合作对接,取得积极成效。2019年《关于推进福建省"互联网+文化产业"高质量发展的建议》对数字艺术展示、动漫、游戏、"互联网+演艺娱乐"和网络文化市场监管做了初步总结和未来拓展。

二、疫情对海西文化产业的影响分析

随着新冠肺炎疫情的暴发和迅速蔓延,国家采取了一系列的防控措施,这不可避免地对海西经济区内各行业造成了短期压力和长期影响。而作为海西经济发展重要支撑的文化产业,如文化旅游、电影、演艺、节庆会展等,因高度依赖人群集聚消费,更是首当其冲,影响巨大。

（一）新冠肺炎疫情对海西文化产业的负面影响

疫情防控时期,人口流动和集聚急剧萎缩,严重依赖于人员集聚的部分海西文化产业营业收入遭遇断崖式下滑，甚至可能会出现一定时期的零业绩。此次新冠肺炎疫情暴发后，党中央和国务院反应迅速，立即部署全国范围的超强防控工作。从疫情发生的地区来看，海西经济区中的福建、江西和广东等区域内城市疫情控制较好，温州相对较为严峻。但是，由于国家区域内的产业关联度较大，尤其是文化产业、旅游业，加上疫情防控的一个重要措施就是居家隔离，这使得影视、工艺制作、文化产品制造及出口等人员密集型企业深受影响。据估计，防控措施的出台将会对海西文化产业产生直接冲击，其中，严重依赖于人员集聚的文化旅游业、演艺业、电影业、节庆会展业、体育休闲业等遭受的冲击最为严重。根据 2019 年的《福建统计年鉴》显示，2017 年文化、体育和娱乐业带来的福建地区生产总值为 533.68 亿元，我们以 2017 年收入的同比增速 45.18% 计算，得到 2018 年、2019 年的数据分别为 744.80 亿元、1124.85 亿元。2020 年上半年，因为疫情的强力防控维持导致这些行业的收入基本为零，那么以 50% 的下降估算这些行业的地区生产总值将减少约 562.43 亿元。由此可见，疫情将会对海西文化产业的发展产生较为显著的负面影响。

1. 一季度海西整体文化产业和旅游产业发展承压大，数据面临断崖式下滑危险

在疫情冲击下，海西文化产业和旅游产业失去了春节红利。国家电影数据信息网相关数据显示，2019 年春节期间，国内电影票房 59.05 亿元，观影人次达 1.3 亿，占全年票房 9.2%；福建省旅游宣传中心指出，2019 年福建省假期内累计接待游客 2638.68 万人次，增长 16.4%，旅游总收入 211.57 亿元，同比增长 22.8%，超同期全国旅游收入增长 8.2% 的平均值。2020 年春节假期，电影春节档取消，旅游市场全面停滞，海西文化旅游产业受到巨大冲击。

根据中国旅游研究院《中国旅游经济蓝皮书 No.12》，受新冠肺炎疫情影响，预计 2020 年一季度及全年，国内旅游人次分别负增长 56% 和 15.5%，全年同比减少 9.32 亿人次；国内旅游收入分别负增长 69% 和 20.6%，全年减收 1.18 万亿元；一季度和全年的入境旅游人次负增长 51.7% 和 34.7%，国际旅游收入负增长 59.8% 和 40.6%，全年分别较上年减少 5032 万人次和 534 亿美元；一季度和全年的出境旅游人次分别负增长 42.6% 和 17.6%，全年较上年减少 2763 万人次。在全国旅游形势整体下滑的大背景下，海西文旅产业的生存和发展也无疑将承受较大的冲击和压力。

2. 大量海西文化企业面临现金流压力，部分文化企业存在资金链断裂风险

文化旅游景区全面关闭，没有收入，却要承担巨额的财务费用和设施维护费用、人工成本。酒店行业、文化项目等面临租金、融资成本、人员费用压力。庙会、灯会、演出等文化活动，前期筹备耗资巨大，现全面停止运营，投资打水漂。影视剧拍摄中止，需要持续增加投资。旅行社退团退款歇业，民宿全部停止运营。文化产业由于具有项目周期长、投资大、无形资产占比较大的行业特性，更加剧了价值变现和现金回收的压力。

海西文化旅游类上市公司大多属于资源垄断型企业，其固定支出较小，资产负债率较低，一旦此次疫情过去，仍会拥有长期稳定的现金流，因此就长期而言，疫情无论是对经营业绩还是股价的影响都可忽略不计。但是，对于部分债务率较高的海西文化企业，骤然遭遇近一个季度的零营业收入，其现金流极有可能断裂，若不采取必要及时的救助措施，将面临破产倒闭的危机。部分高杠杆的海西文化休闲类上市公司，若流动性出现危机，还会同时出现股票质押爆仓及债务违约问题，很可能引发市场的传染效应，必须引起有关部门的高度重视。

3. 海西文化产业园区、孵化器和集聚区等以集聚式、规模式、连锁化发展的主体形态面临空置危机

由于政府采取的新冠肺炎疫情防控措施周期长、手段严，导致人员返工延迟、物流速度放缓、企业工作效率下降等现象逐步显现。实体书店、影剧院、网吧等以人员集聚为主要特征的实体文化消费场所和公共文化活动空间将面临相应网络运行形态的替代冲击，刚刚回暖的海西文化实体消费面临发展困境。

为了应对这些困难，福建多个众创空间出台了租金和服务费减免办法。国科双创基地（福州）免除入驻企业2个月租金及服务费，洛阳创业园（泉州）、魁客众创空间免除入驻企业一个月租金，大崳科创（厦门）免除入驻企业一个月管理费，E+生活互联众创免除入驻企业半个月租金及服务费，阳光能量孵化器、漳州国家高新区众创园、图灵互联网创客空间（漳州）免除入驻企业半个月服务费，福州市职工创新创业创造中心免除入驻企业半个月场地费。在漳州国家高新区众创园，园区运营公司决定，与所有入驻企业共渡难关，并对所有（实体入驻）企业和团队免除自2月1日至2月15日的物业管理费，已支付第一季度物业管理费的企业，则在第二季度费用中减免相应费用。

4. 文化特色村镇、生态旅游重点区域、城市更新社区等因疫情面临生存发展难题

相应区域的当地居民未来一段时间的收入来源和劳动就业陷入困境。文博旅游、文创产品开发、研学旅游、红色旅游、夜间文旅消费等作为近期福建省政府拉动内需的重点产业形态受疫情冲击非常明显。具体表现在三个方面：一是人员流动性受限，影响海西文旅业复苏节奏。文旅业发展极大取决于人员流动性。流动性的断崖式下降，一度造成文旅业全行业停摆，由此给企业带来了严峻的现金流压力，有些业内知名企业甚至已经进入破产清算程序。二是前所未有的疫情导致社会心理受到冲击。对于新冠病毒传染性的心理防护使得人们需要更长时间来度过心理紧张甚至恐惧的缓冲期。疫情结束后，文旅消费需求释放会滞后一段时间，释放强度也会受到影响，从而在一定程度上影响海西文旅业复苏进程。三是国际疫情持续蔓延给海西文旅业复苏带来了新的不确定性，海西经济区的出境旅游和入境旅游面临新的挑战。

（二）新冠肺炎疫情对海西文化产业的正面影响

新冠肺炎疫情期间，全国居民都成了"宅男/宅女"，各种带有"宅经济"属性的线上消费行为出现暴发式增长，成为疫情期间消费领域最为显著的变化。最能够体现这一变化趋势的数据是，据工信部统计，2020年1~2月，移动互联网累计流量达到235亿GB，同比增长44.2%。线上新兴消费热度猛增，虽然是特殊时期的特殊现象，但社会各界均意识到这样一个问题——数字化转型和数字化消费的潜力还远未被充分挖掘，消费升级的空间仍然大有余地。过往的历史告诉我们，即使在最严酷的寒冬中也有顽强发展起来的产业。

1. 游戏行业利好不断

2020年的电影"春节档"率先迎来寒潮，影片全面撤档。疫情让人们只能窝在家里，这给游戏和影视剧播放平台带来了巨大的流量。

在游戏方面，发行8年之久的《瘟疫公司》重登App Store收费榜首，同时在线玩家数量也刷新了历史新高；热门手游《王者荣耀》出现服务器卡顿的情况，蜂拥而至的玩家无法正常登录；《和平精英》的活跃度也大幅度上升，一度出现玩家无法匹配地图的现象；甚至连早已不再是顶级热门的网易手游《阴阳师》也出现了服务器排队的情况。

与此同时，近年来海西游戏文化产业的发展也较为迅速。福建省动漫游戏产业发展报告显示，2015 年福建省全省动漫游戏产业总收入达到 210 亿元，年增长 23%，截至 2018 年福建省经营游戏产品的单位为 808 家，占经营性互联网网络文化单位的 76%。其中，福建省著名网游企业——网龙，更是凭借自主研发的《魔域》《征服》《机战》等多款网络游戏，成功打入国际市场。因此，海西游戏文化产业在疫情期间极有望得到较大的发展空间。

2. 线上消费需求的增长给网络视频等产业带来利好

据新浪财经报道，2020 年"春节档"另外一件引人注目的大事就是字节跳动从欢喜传媒手中买断了《囧妈》的版权，在抖音、今日头条、西瓜视频等旗下 App 进行网络免费播出，三日播放量超过 6 亿。这不仅开启了春节档电影在线首播的先河，也向外界展示了字节跳动在流媒体内容方面由短及长的变化。

对影视业而言，部分原有运作模式在数字空间中被改写与超越。在《囧妈》之后，《肥龙过江》《大赢家》等电影也陆续选择在线上视频平台进行放映，不再将院线作为首映选择。这一模式在音乐领域已有实践，10 年前中国的音乐产业便已经历了从传统唱片到数字化发行的转变，而这一过程现在将要在电影产业再发生一次。尽管院线放映（包括艺术电影院线）的观影仪式感强、舒适度高，也有足够的消费黏性，但线上发行就商业角度而言有着很强的吸引力。

在影视产业上，福建省建立了多家影视基地，集美集影视文创园、海峡两岸影视制作（漳州）基地等 8 家影视基地更是于 2019 年形成联盟，以"影视＋"助推了文化产业链建设。因此，此次疫情带来的影视媒体线上需求的增长，将进一步拉动海西网络视频等文化产业的发展。

3. 线下文化活动转为线上

诸多原本发生在线下的集聚型文化活动被搬到线上。"云博物馆""云旅游""云音乐会"等在疫情期间不断涌现，人民网、字节跳动、腾讯以及福建省政府对"云端展会""云端论坛"首次进行了大规模实验，省内多处景点基于 VR 和全景视觉技术开发线上游览平台并向社会投放，消费者居家期间的文化需求在网络时空中得到一定填补。如福建博物院推出近年来获得"全国博物馆十大陈列精品"的《丝路帆远——海上丝绸之路文物精品七省联展》等 9 个网上展览，中国闽台缘博物馆推出了网上展览和线上教育活动，福建民俗博物馆还推出了线上元宵系列活动和网上文物精品系列展览等。

为了让大家足不出户也能尽享福建美景，满足人民群众多样化的需求，福建省文化和旅游厅早就推出了文旅地图以及"VR 全福游"，市民游客只需要打开手机扫描景区二维码，就可以开启"云游"旅程。福州、三明、龙岩、泉州等地景区纷纷推出了线上旅游产品，包含 720 度 VR 全景、真人语音导游等，实现足不出户便能虚拟旅行。福州三坊七巷历史文化街区在官微推出"在家看古厝""在家听古厝"等系列栏目，通过图片、音视频等方式展示古厝风采；同时全面升级"三坊七巷"App 和景区官网，推出网上展馆和 360 度全景 VR 游览。

4. 在文化生产方面，线上办公新形式迅速普及

数字化技术的运用带来新的社会认识，培养了新的消费习惯，创造了新的效率增长空间。这意味着线上教学、办公、教育、培训、咨询服务乃至工业生产等业态，将会迎来更深刻的发展机遇，从而进一步影响海西文化企业的生产和办公方式。疫情期间，多家服务商向社会免费开放远程办公产品，从而帮助减少人员流动，其中包括阿里巴巴的钉钉、华为云的 WeLink、腾讯的腾讯会议、字节跳动的飞书、国外远程办公及会议软件 Zoom 等。这为海西文化产业的远程办公与云协作提供了可能。不少艺术设计、网络文学、游戏设计等对计算机技术具有较高依赖度的行业通过云办公的方式实现复工。

5. 主流媒体利用数字技术扩大了影响力

"央视频"联合中国电信全天候 24 小时实时直播火神山和雷神山医院建设现场实景，有超亿人观看。这一方式实现了人民的知情权、监督权，而且扩大了主流媒体的影响力，有利于传播主流声音，使民众团结一致聚焦在共同对抗疫情的关键议题中。

疫情对于海西文化产业的影响，从媒介形态的视角，可以分为两个部分。一方面，疫情对海西文化产业整体的影响是无法忽视的，其中以电影、旅游为代表的实体产业所受到的冲击最为明显；另一方面，在移动互联网的媒介迭代效应下，海西数字文化产业不仅未受影响，反而在局部领域得到了加强。

此次疫情中，直播、短视频起到了非常积极的正面作用。例如雷神山和火神山医院施工时就有数千万人通过直播"云监工"。由"回形针"团队制作的科普短视频《关于新冠肺炎的一切》也火爆全网，总播放量过亿。

直播、短视频作为移动互联网时代的新的媒介文化表征，在疫情期间，不仅即时、透明地传播了相关信息，全行业还积极地承担起相应社会责任，对于"凝民心，聚合力"起到了"润物细无声"的社会影响。

6. 在线教育市场得到重塑

据艾媒咨询《2019—2020年中国在线教育行业发展研究报告》显示，2019年中国在线教育市场规模达4041亿元，预计2020年达4538亿元；2019年中国在线教育用户规模达2.61亿人，2020年预计将达3.09亿人。

受疫情影响，海西在线教育行业在宏观层面至少得以享受三大红利：

第一，渗透率提高。当所有教育机构线下业务不得不按下暂停键，所有家长、学生、老师面前都只有一个选择：在线教育。不论主动或被动，家长选择了在线上课，学生端坐在摄像头前，老师打开了直播软件，所有人都提前接触并接受了在线教育。对行业而言，在线教育的渗透率短时间内大幅提高了。

第二，获客效率提高。首先，从中短期来看，从行业整体来看，获客成本降低了。腾讯网报道，2019年的暑假，流量大战硝烟四起，以学而思网校、猿辅导、作业帮等主打在线大班课的"金主"机构为主，在线教育公司疯狂撒钱。然而疫情发生，在线教育用户总数高速增长。曾经不少用户对在线教育是以尝试的心态上赠课，如今没有线下课程可选，用户本就带着在线上课、报班的强烈目的而来，销售线索转化成客户的效率提升，转化漏斗整体优化，行业整体的营销费用被大大节省。

第三，下沉加速。据前瞻产业研究院数据显示，截至2018年，在线教育用户主要分布在二线、四线及以下城市，两者2018年用户占比分别高达34.8%和32.6%。此外，在二线城市用户占比下滑的同时，三线及以下城市用户占比显著提升，在线教育呈现市场下沉的典型特征。而此次疫情，偏偏发生在春节前后这一人口大规模流动时期。不论是福州、泉州等福建省中心城市还是偏远地区，各地纷纷推迟开学，必将让此前很多没意愿甚至没条件接触在线教育的用户上线学习。省内偏远地区的在线教育渗透率，会在在线教育行业渗透率提高的基础上，有更大幅度的提升。

（三）新冠肺炎疫情对海西文化产业的深远影响

此次新冠肺炎疫情在对海西文化产业造成短期冲击的同时，也可能产生一些深远的影响。

1. 加快新兴数字文化产业的迅猛发展

近年来，互联网、人工智能和 5G 等新兴技术的快速发展给海西文化产业带来一些革命性的变化，这些变化也催生了动漫游戏、网络视频、数字音乐、数字阅读、网络直播、在线教育等新兴的文化业态与模式。在新技术浪潮下，我国的数字文化产业一直呈现蓬勃发展的态势。河北省文化和旅游产业协会指出，2016 年与 2017 年，我国以"互联网＋"为主要形式的文化信息传输服务业收入分别为 5752 亿元、7990 亿元，同比分别增长 30.3%、34.6%，增速远远高于文化产业的总体增速。我国也已成长起阅文集团、腾讯音乐娱乐集团、虎牙直播等潜在的数字文化"独角兽"企业。为了将"数字化"与文化产业相融合，福建省积极推动数字艺术展示产业转型升级，充分运用 VR、AR、3D 裸眼等现代科技手段，推动艺术品、文化文物、非遗等文化资源的数字化转化和开发，打造 VR 全产业链。与此同时，福建省还将打造独具特色的动漫产业孵化平台，推动虚拟现实技术、计算机 CG 技术、增强现实技术等在动漫设计、制作领域中的集成应用，并鼓励企业积极发展手机游戏等新媒体业务，推动游戏衍生产业发展。

此次疫情期间，传统的线下文化类相关企业遭受重大冲击，而新兴的数字文化产业却由于在线消费的特点而优势凸显，在亿万民众居家隔离、远程办公期间获得了更大的市场份额。数字文化类上市公司股票也在近日受到了资本市场的追捧，如在线教育类上市公司全通教育在 2 月 3 日逆势大涨 6.58%，并在接下来的四个交易日收获四个"涨停"；在港交所上市的数字阅读领域龙头阅文集团股价也有所上涨。可以预见，随着技术的进步及其与文化产业的进一步融合，数字文化产业的"创造性破坏"效应将会更加凸显。

2. 加速传统文化产业经营的互联网化升级

新兴技术在创造新的文化产业业态与模式的同时，也不可避免对传统文化产业的经营方式产生重大影响，促使传统文化产业的经营方式趋于多样化。此次疫情防控期间所造成的长时期物理隔离，使得传统文化产业相关企业加速了与互联网技术的结合。例如，福建省文化和旅游厅推出了"云中剧院"，其作为一种新的网上公益演出模式，扩大了节目覆盖面，拓展多个播放宣传平台，给传统文化演出行业提供了新的演绎模式；福建省博物馆、古田会议纪念馆、泉州海交馆在春节疫情闭馆期间充分利用已有文博数字资源推出网上数字展览；春节档电影《囧妈》实现在线首播；教育培训类机构加快布局网络授课等。提前布局线上娱乐业务的宋城演艺股价在 2 月 3 日的交易日仅下跌 4.60%。经过此次疫情后，网上首映、VR 旅游等方式会更加普及，文化产业"互联网 +"时代会加速到来。

数字化时代，营销思维受到的外部冲击是巨大的，夺目的业绩增长是外在表现，内里体现的则是近乎白热化的营销策划竞争。以"带货"为代表的社交电商成为数字化时代奇迹出现之地。直播带货，是营销过程中最应被重视的入口和平台，这是由社交平台和电商平台占据了我们近 80% 手机使用时间的社会习惯所决定的。从中也可以看出，数字化是抵抗产业脆弱性的关键一招。对于文化产业而言，疫情中涌现出的新业态越多，则说明我们原本的数字化程度越低，遭受到的冲击也就越大。随着 5G 时代的到来，消费者一定会向数字空间索取更多的产品和服务。若文化产品和服务生产者无法提升开展线上业务的能力，制定适应新商业环境的营销策略，无论是怎样剧烈的洗牌期，都会成为退潮后裸泳的那一个。也就是说，在信息化发展继续加速的时代，文化产业站在了发展变革的十字路口。公共部门与市场能否真正拥抱数字化转型，为更广泛的数字化文化产品、文化服务和文化体验付费、买单，将在很大程度上决定疫情缓和后文化产业的发展走向。

3. 加剧文化产业结构的优化调整

自海西经济特区建立以来，海西的文化产业一直在转型，处于剧烈的结构变化之中，与数字技术高相关度与低相关度的行业之间的发展差别迅速拉大，海西文化产业发展的旧窗口期逐渐关闭，新的窗口期不断打开。此次疫情突发，是为海西文化产业的转型踩了一脚油门，也是对于海西传统文化产业发展的"路径依赖"模式踩了最后一脚刹车。从积极的角度来看，海西文化产业转型的重大窗口期被迫提前到来，文化产业的整体转型被强制性开启。整体来看，此次疫情使得海西数字文化产业迅速崛起，从"消费互联网"向"生产互联网"发展瞬间提速，倒逼新技术应用、新业态和商业模式创新成为企业的生死选择，将激发被传统体制束缚的文化生产力的暴发。比如说，如同海西其他行业一样，文化产业的中小企业受到较大冲击，大量倒闭不可避免，但是，必将首先淘汰那些习惯于依赖政府扶持政策生存的文化企业，以及那些重资产型的、寄生于地产经济的文化业态。与此同时，也必将凸显那些代表未来发展趋势的"生态型"平台企业强大的生存力，将打造超大型平台企业与小微型企业的新型合作业态，在商业模式上做出弹性转变。

国际文化航母迪士尼的业务包括影视娱乐、电视媒体、新媒体传播以及迪士尼乐园与消费品等全产业链，其 2018 年第四季度财报显示，2018 年营业收入达 594 亿美元，净利润 126 亿美元。相比而言，海西文化产业则缺乏大型文化产业集团，文化企业规模普遍相对偏小，业务模式单一，利润率较低。随着我国居民对高质量文化休闲服务的需求日益增加，海西文化产业在迎来更加广阔的市场前景的同时，也不可避免地发生产业结构的调整。具体而言，文化企业的兼并重组将会增多，个别文化产业龙头企业与集团公司将会脱颖而出。此次疫情暴发后，海西文化产业在短期内将遭受较大冲击，文化旅游和休闲服务类企业可能会遭遇较为严重的危机，即便有政府的救助政策，一些企业可能在短时间内也难以走出困境，因此，部分优质文化企业可通过兼并重组来扩大自身的竞争优势与市场份额。

三、应对疫情冲击的建议

面对新冠肺炎疫情的巨大影响，要采取积极的、行之有效的措施，解决海西文化企业当前的实际困难，切实发挥政策措施的帮扶效力，精准施策，"雪中送炭"，帮助广大海西文化企业尤其是中小企业渡过难关。促进海西文化产业平稳健康发展，需要政府、文化企业以及整个海西文化产业的共同努力。

（一）政府出台相关政策，帮助文化企业渡过难关

在切实抓好中央和地方政府已出台的普惠性扶持政策的落实落地基础上，根据海西文化企业的特点和当前面临的主要困难，应当加大政策扶持力度，给予文化企业重点扶持。

第一，加强财政支持力度，推出更多财政扶持政策。福建省财政整合历年支持文化企业发展的专项资金，设立省级文化产业抗疫补偿专项资金，重点扶持受疫情影响大的文化娱乐休闲服务、文化传播、文化投资运营等行业企业。增加对受疫情影响较大的文化企业的租金补贴、稳岗补贴、职业技能培训补贴等，帮助企业渡过难关。加大对文化产业基础设施、重点项目的支持力度，特别要加大对新媒体发展、传统媒体向新媒体转型项目、数字文化产业发展项目的支持力度。灵活运用政府购买服务、政府和社会资本合作（PPP）等方式，通过"以奖代补"方式，推进新型海西文化产业示范项目建设。通过政府文化采购、发放文化消费券和行业专用券等方式，积极发挥市场调配文化资源的竞争机制，激发文化市场活力。

第二，完善金融服务功能，加大信贷资金支持力度。协调金融机构，加大对海西文化企业的信贷支持力度，对受疫情影响还款确有困难的文化企业，特别是小微企业，金融机构不得盲目抽贷、断贷、压贷。对受疫情影响严重的文化企业到期还款困难的，可予以延期或续贷。推动开发性和政策性银行加大对海西文化产业重点项目、重点产业、重大领域的信贷投资支持力度，重点支持文化企业恢复生产。通过政府融资平台和民间资本积极发展"政府引导中小企业母基金"，加速推动各类股权投资基金的设立，提高直接融资比例，降低企业负债融资比重。优化金融服务，各银行及金融机构要通过增加信用贷款和中长期贷款、提高授信额度和资金审批效率、提供最优贷款利率和减免金融服务手续费等方式，支持相关企业战胜疫情灾害影响。大规模扩大公益性担保基金规模，逐步使基金总规模达到能够担保本地总信贷量，为海西中小微文化企业提供贷款担保并提供优惠利率贷款；利用"投贷奖"金融联动扶持，加大信贷投放。

第三，实施有效减税降费，降低企业生产经营成本。税务部门要视情况适当延长纳税申报期，对受疫情影响办理申报有困难的纳税人可在此基础上

依法申请进一步延期。积极拓展"非接触式"办税缴费服务，按照"尽可能网上办"的原则，提高涉税事项网上办理覆盖面。继续实施对海西文化企业的大幅度减税降费政策，改变目前以"增值税专用发票"进项销项抵扣机制的增值税征收机制，将企业一切成本支出按一定比率计算进项税并实施抵扣。减免 2020 年上半年海西文化企业的企业所得税、房产税等各种应缴纳税，加大增值税优惠扶持力度，减免或降低疫情过后各项应缴税税率。通过"房租通"进行房租减免或补贴，一定期限地免征个人所得税和企业所得税、对于承租国有（集体）资产类经营用房的中小文化企业，可减免或减半征收 1~3 个月的租金。充分利用国务院减免企业社保费、缓缴住房公积金相关政策，年内免征企业养老、失业、工伤保险单位缴费，除了常规的延迟缴纳社会保险费，还无须申请即可免交住房公积金单位缴费。在国家政策减免的基础上，海西经济区政府还应当适当降低下半年应缴社保费用中单位部分的比例及额度，直接降低海西文化企业的经营成本，减轻企业资金压力。

（二）文化企业应重塑信心积极应对

第一，要多措并举消除恐慌，重建文化消费信心。调查显示，即使疫情结束，短期内公众恐慌心理仍无法消散，对文化消费的信心和动力依然不足，因此，尽快消除公众恐慌重建消费信心、激活文化消费市场对海西文化产业恢复发展至关重要。目前对于海西文化产业发展来说，尽管疫情对海西文化产业影响巨大，但辩证地看，危机孕育转机，转机带来商机。首先，文化消费已成为人民重要的生活方式，国家推动文化产业成为国民经济支柱产业，文化产业长期向好的大趋势未变。其次，国家鼓励文化企业以高质量文化供给增强人民群众的文化获得感、幸福感的发展目标未变。最后，疫情也给资本运作带来了一个"窗口期"，疫情过后，文化消费将迎来补偿性增长。因此，疫情结束后，要利用权威渠道释放积极信号，最大力度地消解公众恐慌，帮助公民恢复文化消费信心、刺激公众文化消费，释放补偿性文化消费的潜力，积极鼓励文化消费，促进文化消费市场复苏。海西文化企业要积极采取措施，恢复生产，提高文化产业生产速度和产品质量，以丰富多彩的文化产品吸引公众消费，提高企业的社会效益和经济效益。

第二，完善安全防护保障，有序推动复产复工。目前，国内抗疫取得了显著的成效，海西文化企业要在严格遵守疫情防控规定的前提下群策群力，最大限度地复产复工，使企业回归正轨，渡过疫情难关。在做好差异化防控的同时，海西文化企业要积极做好复工复产的准备，明确相关条件、时间、保障和防护措施。完善安全防护保障，制定发布复工防疫手册，健全人员分流、安全检查、定期消毒等工作机制，保障企业防疫物资到位；符合复工复产条件的文化企业要尽快复工复产，在全面制定复工的预案基础上，有序安排复工，切实抓好安全生产。

第三，理性评估疫情冲击，做好持续承压准备。疫情暴发恰逢春节文化消费的"黄金周期"，受疫情影响，福建省各地文化企业损失巨大，比如文化旅游业、演艺业、电影业、节庆会展业、休闲娱乐业损失惨重。目前疫情虽然得到控制，但复工复产还有一个过程。加之受时间、经济等条件限制，以及受国际疫情蔓延趋势加剧的影响，公众整体文化消费预计在 2020 年下半年才可能明显回升。因此，海西文化企业要谨慎理性评估疫情的实际影响，做好更长时间承受压力的心理准备和应对措施。在经营层面尽量压缩成本、节约开支；在资本层面要做好力所能及、切实可行的资金来源安排；在产品层面做好产品研发，提供更好的文化产品，增强市场竞争力。

（三）因势利导化危为机，促进文化产业高质量发展

要重视企业产品服务和品牌建设，增强抗风险能力；重视企业数字化转型和应用，提升创新能力；重视企业独特品牌价值，提高竞争能力。通过创新引领、科技融合、产品研发、品牌培育、业态创新，实现海西文化企业高质量发展。

第一，充分利用新兴技术实现文化企业迭代更新。疫情对海西文化产业发展有"危"有"机"，疫情虽然给海西文化企业带来了巨大的影响，也让海西文化企业看到了采用新兴技术实现企业迭代更新的紧迫性。近年来，数字文化消费的增长率大大高于传统实体型文化消费的增长率，特别是在这次疫情期间，数字文化产品再一次彰显优势，出现消费暴发式增长，如网络视听、网络游戏、在线教育、数字音乐、知识付费等行业逆势上扬，数字文化娱乐的普及度和用户黏性都有所增加。文化企业应抓住机遇，利用此次新增的市场和消费者，将疫期的消费热潮拓展为产业链盈利高潮，转化为可持续

发展的动力。数字技术应用不只是一种工具、一种服务，它对于产品生产、平台建设、产业生态系统的不断迭代和演进具有重要影响，能够产生很多新经济业态和新发展模式。因此，发展数字文化产业应该成为文化企业的长久战略思维，成为决胜于未来的重要举措。要加快智能技术、5G、超高清、增强现实、虚拟现实以及云计算、大数据等新兴数字技术与文化产业的结合，积极发展数字阅读、影视视频、动漫游戏、网络直播、知识付费、在线教育、短视频等新兴文化业态。通过数字技术进行内容创意、产品传输、平台销售，以及在线消费，促使海西文化企业加速数字化转型。

第二，因势利导大力推动海西传统文化产业转型升级。要进一步推进文化与科技的深度融合，推动海西传统文化生产和消费的数字化和智慧化发展，积极利用5G、AR、VR、AI等现代技术拓展文化生产内容与形式，重点进行智慧穿戴设备、智慧终端、高新视频软硬件设备的研发与生产。要强化数字化、网络化、智能化、社交化、互动化的文化产品供给，实现线上线下互动，营造线上文化产品消费空间，增强海西文化产业的盈利韧性。比如，在文化旅游方面，进一步推动"文化 IP + 应用场景 + 消费体验"一体化发展，推出虚拟旅游、虚拟博物馆等项目，实现和线下的实体旅游、实体展陈相结合。将工艺品、美术品实物型文化产品与数字平台交易结合，把数字电商、数字展览、数字拍卖等作为一个重点突破的领域。努力建设数字化平台，深度挖掘文化资源，提供精细化服务，满足上下游整个业态的结合，促进海西传统文化产业转型升级和高质量发展。

第三，大力推进供给侧结构性改革，增加高品质产品供给。推动海西文化产业高质量发展，既需要生产端的高质量产品供给，也需要消费端的高品质需求驱动。文化产业应继续坚持供给侧结构性改革，优化产业结构，鼓励业务模式单一、利润率较低、抗风险能力较差的企业积极转型，优化产业结构，不断开发新业态，推出新项目、新服务。文化企业在疫情后应静下心来，进行反思，谋划未来，加强内功修炼，注重产品研发，加强创意，促进内容创意的品质升级，增强文化企业高品质产品的供给能力。疫情给文化企业带来了商业模式、管理模式以及应变能力的考验，尤其对中小微文化企业更是一次巨大的冲击。尽管中小微文化企业适应市场的灵活性强，但与大型企业相比，企业独立抗风险能力较弱。与此同时，由于中小微企业大部分业务模式、销售渠道以及日常运营仍以传统的线下经营为主，其产业链对相关行业依赖性极强，企业发展受到严重制约。因此，中小微文化企业需要与头部企业、平台企业和园区企业进行业务链、供应链和价值链之间的整合，提高行业集体抗拒风险的能力。

第四，抓住机遇，适应新型文化消费习惯。经历100多天的线下消费停摆和居家经济，大众的很多消费习惯已经被改变，原来期望的报复性消费将以什么样的形式、什么时候出现都充满了不确定性。在这样的背景下，我们应该对疫情后海西文化产业的发展有更多的思考和准备，特别是针对依托于线下消费场景的文化产业部类。此次疫情中，文化场馆及线下消费场所是受影响最直接的环节，并且这种影响也逐渐由消费端向产业上游扩展。有的机构倒闭，有的被迫寻求线上的传播，或由于传统业务停滞而不得不开发线上产品。但实事求是地说，很多此类在线项目的产品还处于探索期，相关的运营模式也没有形成，云上演出、云上看展，多为不得已而为之。即便在疫情结束后，线下文化企业也得思考如何拓展多元化经营模式进而形成多样化的盈利能力，以提高未来抵御风险的能力。伴随着传统线下消费领域的数字化转型探索，随之而来的系列问题还包括：个体组织如何认识这种消费趋势的变化；原有内容资源积累和生产运营模式是否足以满足线上的需求；如何理解在线项目并基于其特征展开相关的项目业务设计；疫情防控期间及之后在线项目的经营模式及在企业运营中战略的定位问题；企业的人才结构是否能匹配这种转型拓展的需求等。海西文化产业行业的高质量发展既要关注新业态、新需求，也不能忘记基础资源、生产要素的开发和实实在在的产品生产与市场拓展。

（四）挖掘海西文化特色创立品牌价值

福建省是全国主要的侨胞和台胞祖籍地之一，一直以来都是两岸文化、旅游、农业、科技等交流合作的重要地区，例如：地处漳州、厦门市结合部的漳州台商投资区，现已成为台商投资创业热土，台塑、统一、泰山、灿坤等众多知名企业在此投资设厂，落地生根。从近几年海西的发展可以看出，海西注重政治、经济、思想等方面的内容。海西文化不仅物质丰富多样，精致多彩，更富含许多精神内涵，因此，要在精神层面熏陶旅游者，向其提供精神食粮，推进海西旅游更具文化气息；让游客在旅游中体会闽南文化资源，感受精神内涵的丰富，改变旅游一味地观景模式，体现饮食文化丰富性、参与性和趣味性，也使闽南饮食文化以独特的角色融入海西旅游。

第一，深化合作交流，推动海西文化融合发展。近些年来，闽台全面合作与交流进一步深化。福建省坚持秉持"两岸一家亲"理念，以产业融合促进情感融合，以文化认同促进民心相通，不断推进"同城待遇"应享尽享，提升台胞归属感和认同感。闽台地缘相近、血缘相通、文缘相似，饮食相承。政府进一步加强政策引导，针对海西文化未来发展的方向和前景，制订相对应可行的方案，对资源进行选择和整顿，重点选择、开发那些有重要的市场价值也有强大的市场潜力，并且开发成本适中的资源，形成区域文化旅游特色，以加强海西文化产业的竞争力。

第二，加快创新，丰富海西文化内涵。当今社会，正处于高速发展、快速变革、崇尚创新的时代，大众创业、万众创新已成为一种潮流。海西文化也要拒绝墨守成规，学会推陈出新，必须用创意和创新去挖掘文化的潜在价值，将饮食、旅游以及文化产业更好地结合起来，实现海西文化传统与创新的结合。海西文化有着其独特的风味和历史韵味，进一步开发海西文化资源，将推动海西经济区的蓬勃发展。地方性的特色文化往往具有区域性、民族性，同时富有传统历史文化，是一种独特的文化资源，能有效地引导民众的旅游动机，产生广阔的旅游潜在市场。同时，还要打造海西文化品牌，提升文化产业的竞争力，加大宣传力度，提高知名度和影响力。

参考文献

［1］陈震. 海西文化产业发展现状与建议［J］. 盐城师范学院学报（人文社会科学版），2016，36（2）：25.

［2］侯雪彤. 创意设计服务趋势向好［N］. 中国社会科学报，2020－06－04（005）.

［3］胡娜. 疫情之下，中国文化产业数字化的自我审视［N］. 中国文化报，2020－06－06（004）.

［4］胡跃蓝. 海峡西岸经济区区域经济联动发展战略研究［J］. 黑河学院学报，2019，10（3）：70－71.

［5］亓冉. 激发文化娱乐休闲服务新动能［N］. 中国社会科学报，2020－06－04（005）.

［6］祁述裕. 后疫情时期文化产业创新需进一步松绑［N］. 中国新闻出版广电报，2020 – 06 – 29（003）.

［7］杨剑飞. 中国文化产业未来发展趋势［N］. 中国社会科学报，2020 – 06 – 04（005）.

［8］伊璐. 重整格局　探索疫情后文创突围之路［N］. 中国出版传媒商报，2020 – 06 – 23（011）.

［9］尹海明. 为海西改革发展稳定汇聚起强大正能量［J］. 青海党的生活，2019（1）：25.

［10］余静. 加快海西文化旅游产业发展路径探析［J］. 柴达木开发研究，2017（6）：4 – 6.

［11］张春. 后疫情时代：国产电影发展趋势［J］. 文艺评论，2020（3）：102 – 111.

［12］朱世艳，刘崇献. 新冠疫情对我国生活性服务业的影响及对策分析［J］. 时代经贸，2020（16）：52 – 53.

专题十　厦门市建立企业类国有资产管理评价体系研究

一、选题背景

在中国特色社会主义市场经济体制下，国有资产归全民所有，政府是国有资产的管理者，各级政府所管理和占有的国有资产需要向人民报告并接受人民监督。为贯彻落实党的十八届三中全会"要加强人大国有资产监督职能"以及党的十九大"要完善各类国有资产管理体制"的精神，中共厦门市委于2018年出台了《关于建立政府向市人大常委会报告国有资产管理情况制度的意见》。同时，厦门市人大常委会为进一步健全和完善国有资产管理报告和监督机制，出台《厦门市人大常委会贯彻实施中共厦门市委〈关于建立政府向市人大常委会报告国有资产管理情况制度的意见〉的若干意见》。2018年起，厦门市政府开始向市人大常委会分别报告包括企业类国有资产在内的四类国有资产管理情况。其中，企业类国有资产总额最大，因此我们在厦门市人大财经委、厦门市国资委配合下，首先对企业类国有资产管理评价体系进行了调研并展开研究。

二、国内外研究现状述评

每个国家的公共财政规模对于一个国家经济体量而言都是不容小觑的，各个国家都十分重视公共财政的管理与运行。国内外有诸多学者针对公共财政的管理评价体系做了许多研究与分析。

多数西方政府的经济体制为资本主义市场经济，资本主义私有制下的西方政府只作为社会的管理者，当社会存在市场失灵时，公共部门为社会提供公共服务和公共产品，其收支形成了非经营性的公共财政。有学者认为，各级政府及公共部门都应该实行合理的绩效管理模式，绩效管理是非经营性公共财政管理工作的重点（Shafritz，Russell，1997）；在公共组织和非经营性政府组织的项目中，有效的绩效管理模式应该包含设定目标、指标设计、评价打分、确定权重等一系列工作（Stone，Cutcher，2003）。除了企业效益考核指标之外，科佩尔（Koppell，2007）认为由于国有企业的特殊地位，国有企业要同时兼顾社会评价，找到二者的平衡点。大多数研究者认为良好的公共财政管理绩效有助于提高公共部门的产品质量和服务质量，应该对国有企业实行合理、完善的管理评价体系。

我国学术界对于企业国有资产（不含金融企业国有资产）、金融企业国有资产这两类经营性国有资产管理和评价的研究，起步最早也最为丰富。刘亚莉（2003）从一般竞争性国有企业的绩效评价体系出发，提出建立利益相关者导向的综合绩效评价体系，引入了市场价值增值率评价指标，并以电力企业为例检验了该指标的可行性和实践意义。张晓明、何莹（2003）提出了"超额利润增长率"的新绩效评价方法，这种评价方法是以企业的财务状况、市场占有率、内部经营的管理机制、创新与发展能力四个方面对企业经营成果进行全面评价。孙世敏、赵希男（2005）提出了企业绩效社会评价的思想，他们认为企业的价值还应该包括企业的社会评价，结合企业绩效和社会评价才能对一家企业进行完整的评价。大多数国内学者关于国有资产的研究都不同程度地说明，科学建立国有资产管理评价体系有利于国有资产做强、做优、做大。

综合国内国外的研究来看，科学建立国有资产管理评价体系及完善其配套机制势在必行。本专题基于前人的研究，立足厦门市实际情况，对企业类国有资产管理评价体系进行研究，力求为建立相对科学、系统、全面和细致的企业类国有资产管理评价体系提供研究思路和方向。

三、厦门企业类国有资产管理现状

根据《厦门市人民政府关于2018年度国有资产管理情况的综合报告》

显示，截至 2018 年底，全市国有企业资产总额 11910.1 亿元，比 2017 年增加 1276.1 亿元，增长 12.0%；负债总额 7738.1 亿元，比 2017 年增加 843.9 亿元，增长 12.2%；所有者权益 4172.0 亿元，比 2017 年增加 432.0 亿元，增长 11.6%。从主要指标看：

（1）厦门市国有企业资产负债率为 65.0%，与 2017 年基本持平，与全国国有企业平均资产负债率水平基本持平。

（2）从行业分布比例来看，社会服务业、房地产业、批发零售业、交通运输业分别占厦门市国有企业资产总额的 30.5%、29.5%、15.5%、8.1%。行业分布与 2017 年基本一致。

（3）厦门市国有企业实现营业收入 9571.1 亿元，比 2017 年增加 1536.9 亿元，增长 19.1%。建发、国贸、象屿集团的供应链贸易业务、房地产业务快速发展，带动营业收入较快增长。其中：建发集团营业收入 2826.2 亿元，比 2017 年增加 623.7 亿元，增长 28.3%；国贸控股集团营业收入 2741.0 亿元，比 2017 年增加 517.2 亿元，增长 23.3%；象屿集团营业收入 2414.6 亿元，比 2017 年增加 273.8 亿元，增长 12.8%。三家企业集团营业收入合计 7981.8 亿元，增加 1414.7 亿元，占厦门市增量的 92.0%。

（4）厦门市国有企业归属母公司净利润 134.8 亿元，比 2017 年增加 38.7 亿元，增长 40.3%。建发集团、象屿集团大力发展"供应链＋"模式，企业效益持续提升。其中：建发集团和象屿集团两家企业归属母公司净利润合计 54.9 亿元，增加 24.4 亿元，占厦门市增量的 63.0%。

（5）厦门市国有企业上缴国有资本经营收益 18.9 亿元，比 2017 年增加 6.2 亿元，增长 49.0%；主要因为归属母公司净利润增长 40.3%，以及国有资本经营收益缴交比例提高了 2 个百分点。

（6）厦门市国有企业负责人平均薪酬 45.5 万元，是 2017 年厦门市国有企业职工平均薪酬的 5.2 倍，符合厦门市委关于市级企业负责人薪酬不超过上年度市级国有企业在岗职工平均工资 10.4 倍的要求。

四、厦门市科学建立企业类国有资产
管理评价体系研究

当前，厦门市市属国有企业共 37 户，根据厦门市部门职责划分，其中：

厦门市国资委出资、监管企业 19 户；其他市级国有企业 18 户。为了科学分析厦门市企业国有资产管理，是否促进企业国有资产做强做优做大，本专题拟参考 2006 年国务院颁布的《中央企业综合绩效评价实施细则》与 2019 年国务院颁布的《企业绩效评价标准值》，对厦门市国资委出资、监管企业进行分类研究。其中：商业一类企业为厦门 JF 公司、厦门 GM 公司、厦门 TFK 公司；商业二类企业为厦门 GWK 公司、厦门 LQ 公司、厦门 XS 公司；公益类企业为厦门 GJ 公司、厦门 CLG 公司、厦门 AJ 公司。

（一）厦门市九家国有企业管理评价体系

依据《中央企业综合绩效评价实施细则》，国有企业管理评价体系由反映企业盈利能力状况、资产质量状况、债务风险状况和经营增长状况四个方面的八个基本指标构成，用于综合评价企业财务会计报表所反映的管理状况。其中，企业盈利能力状况以净资产收益率、总资产报酬率两个基本指标进行评价，要反映企业一定经营期间的投入产出水平和盈利质量。企业资产质量状况以总资产周转率、应收账款周转率两个基本指标进行评价，主要反映企业所占用经济资源的利用效率、资产管理水平与资产的安全性。企业债务风险状况以资产负债率、已获利息倍数两个基本指标进行评价，主要反映企业的债务负担水平、偿债能力及其面临的债务风险。企业经营增长状况以销售（营业）增长率、资本保值增值率两个基本指标进行评价，主要反映企业的经营增长水平、资本增值状况及发展后劲。计算公式如表 1 所示。

表 1   **管理评价体系基本指标计算公式**

管理评价体系	基本指标	计算公式
盈利能力状况	净资产收益率	·净资产收益率＝净利润/平均净资产×100% ·平均净资产＝（年初所有者权益＋年末所有者权益）/2
	总资产报酬率	·总资产报酬率＝（利润总额＋利息支出）/平均资产总额×100% ·平均资产总额＝（年初资产总额＋年末资产总额）/2
资产质量状况	总资产周转率	·总资产周转率（次）＝主营业务收入净额/平均资产总额
	应收账款周转率	·应收账款周转率（次）＝主营业务收入净额/应收账款平均余额 ·应收账款平均余额＝（年初应收账款余额 ＋年末应收账款余额）/2 ·应收账款余额＝应收账款净额＋应收账款坏账准备

管理评价体系	基本指标	计算公式
债务风险状况	资产负债率	·资产负债率 = 负债总额/资产总额×100%
	已获利息倍数	·已获利息倍数 = (利润总额 + 利息支出)/利息支出
经营增长状况	销售（营业）增长率	·销售（营业）增长率 = (本年营业务收入总额 − 上年营业务收入总额)/上年营业务收入总额×100%
	资本保值增值率	·资本保值增值率 = 扣除客观增减因素的年末国有资本及权益/年初国有资本及权益×100%

本专题从 Wind 及厦门市国资委获取九家国有企业近四年的企业绩效进行计算和分析，绩效具体数值见表2。

表2　　　　厦门市九家国有企业绩效原始数据

企业名称		年份	净资产收益率（%）	总资产报酬率（%）	总资产周转率（次）	应收账款周转率（次）	资产负债率（%）	已获利息倍数	销售增长率（%）	资产保值增值率（%）
商业一类企业	厦门 JF 公司	2016	14.06	4.96	1.29	47.85	74.19	3.74	13.66	122.35
		2017	14.76	5.20	1.45	67.33	75.05	2.87	50.15	134.04
		2018	18.26	6.22	1.43	56.08	74.98	2.77	28.26	124.42
		2019	16.00	4.63	1.32	49.20	77.62	2.88	20.28	121.48
	厦门 GM 公司	2016	8.95	5.10	2.09	34.37	67.29	4.24	52.72	198.78
		2017	9.93	5.92	2.61	50.26	63.58	3.92	67.88	145.12
		2018	9.42	6.18	2.80	59.82	65.81	3.56	25.48	99.91
		2019	9.57	5.23	2.64	62.13	69.27	3.98	5.54	105.83
	厦门 TFK 公司	2016	14.86	6.28	0.29	43.35	76.66	4.33	118.21	105.43
		2017	12.85	4.15	0.22	32.83	71.90	4.02	−19.68	123.30
		2018	1.12	2.19	0.14	18.30	79.92	1.25	−34.49	80.60
		2019	6.09	4.44	0.18	30.55	78.57	2.02	52.20	116.77
商业二类企业	厦门 GWK 公司	2016	7.70	6.77	1.43	11.73	56.29	14.5	23.84	105.73
		2017	4.13	3.96	1.77	17.05	56.33	5.90	52.50	109.28
		2018	0.94	3.49	1.61	18.01	57.84	2.47	−2.35	102.15
		2019	2.81	4.34	1.55	19.03	54.53	3.44	5.70	123.19

企业名称		年份	净资产收益率（%）	总资产报酬率（%）	总资产周转率（次）	应收账款周转率（次）	资产负债率（%）	已获利息倍数	销售增长率（%）	资产保值增值率（%）
商业二类企业	厦门LQ公司	2016	1.87	1.30	0.38	13.88	69.59	2.56	27.71	102.64
		2017	1.70	0.80	0.47	15.30	69.52	3.13	28.27	101.44
		2018	2.08	1.60	0.63	17.62	66.46	2.37	41.09	120.36
		2019	2.13	1.53	0.69	18.00	69.70	2.28	23.47	104.46
	厦门XS公司	2016	10.16	5.66	0.89	26.03	73.15	4.12	8.14	109.41
		2017	8.80	3.66	0.87	26.61	73.10	2.72	9.26	110.10
		2018	10.94	5.85	0.85	30.01	72.12	3.17	5.65	110.97
		2019	10.35	5.87	0.83	116.27	71.83	2.96	4.09	108.16
公益类企业	厦门GJ公司	2016	0.87	1.48	0.52	19.75	60.77	0.00	6.53	110.21
		2017	−1.30	0.98	0.52	21.24	61.76	29.97	5.82	105.26
		2018	−1.84	0.14	0.48	23.27	66.46	4.19	0.72	96.85
		2019	−1.42	0.21	0.48	33.08	66.71	1.68	−4.17	109.17
	厦门CLG公司	2016	1.16	2.84	0.36	26.75	57.84	1.31	31.66	101.62
		2017	1.26	0.72	0.29	17.20	58.35	1.36	−16.92	101.97
		2018	1.31	2.73	0.31	17.71	55.69	1.41	9.68	109.52
		2019	1.49	2.82	0.29	41.91	54.20	1.45	−5.60	102.64
	厦门AJ公司	2016	0.25	0.23	0.02	7.76	0.56	384.33	15.20	763.91
		2017	0.51	0.59	0.02	4.76	0.81	4678.11	72.51	138.13
		2018	0.98	1.27	0.08	18.80	11.80	0.00	479.15	100.89
		2019	1.74	2.01	0.08	22.60	18.96	37.20	4.49	87.44

资料来源：Wind 及厦门市国资委。

（二）各行业企业绩效评价标准值

依据《企业绩效评价标准值》，将企业管理绩效评价划分为优秀（A）、良好（B）、平均（C）、较低（D）、较差（E）五个档次。对应五档评价标准的标准系数分别为1.0、0.8、0.6、0.4、0.2，较差（E）以下为0。标准系数是评价标准的水平参数，反映了评价指标对应评价标准所达到的水平档次。

企业管理绩效定量评价标准值的选用，一般根据企业的主营业务领域对照企业综合绩效评价行业基本分类，采用该主业所在行业的标准值。参考各企业主营业务，厦门 JF 公司、厦门 GM 公司、厦门 GWK 公司、厦门 XS 公司对应的行业归类为地方批发和零售贸易行业；厦门 TFK 公司、厦门 AJ 公司对应的行类归类为地方房地产业；厦门 LQ 公司对应的行类分类为地方建筑业；厦门 GJ 公司、厦门 CLG 公司对应的行业归类为地方交通运输仓储及邮政业。各行业企业绩效评价标准值如表 3 所示。

表 3　　　　　　　　　　各行业企业绩效评价标准值

基本指标	地方批发和零售贸易行业					地方建筑业				
	优秀	良好	平均	较低	较差	优秀	良好	平均	较低	较差
净资产收益率（%）	16.8	10.7	5.8	-0.8	-7.7	9.5	3.3	0.9	-4.2	-11.1
总资产报酬率（%）	7	5.3	3.4	-0.9	-7	2.9	1.2	0.4	-0.9	-4.5
总资产周转率（次）	4.5	2.9	1.5	0.9	0.3	0.9	0.5	0.4	0.3	0.2
应收账款周转率（次）	24.3	15.7	8.8	4.6	0.7	6.3	3.5	2.6	1.2	0.7
资产负债率（%）	54.2	59.2	64	74.2	89.2	51.2	63.3	72.2	84.7	90.6
已获利息倍数	5.7	3.2	1.8	0.2	-3.3	5	3	1.9	1	-0.1
销售增长率（%）	18.2	12.6	5.2	-6.1	-12.5	19.7	10.9	9.8	-11.6	-29.6
资产保值增值率（%）	115.6	109.6	104.8	98.2	91.3	110.2	105.9	102.5	99.8	95.5
基本指标	地方房地产业					地方交通运输仓储及邮政业				
	优秀	良好	平均	较低	较差	优秀	良好	平均	较低	较差
净资产收益率（%）	9.1	5	2.8	-1.3	-3.3	8.9	6.4	3	-1.5	-8
总资产报酬率（%）	5.2	2.5	1.5	-0.8	-2.6	8.2	5.4	2.8	1	-1.2
总资产周转率（次）	1.2	0.8	0.5	0.4	0.3	1.5	1	0.5	0.4	0.3
应收账款周转率（次）	12.3	7.7	5	3.9	3.7	21.4	12.8	6.5	2.7	1
资产负债率（%）	49.2	59.2	69	79.2	89.2	54.2	59.2	64	74.2	89.2

基本指标	地方房地产业					地方交通运输仓储及邮政业				
	优秀	良好	平均	较低	较差	优秀	良好	平均	较低	较差
已获利息倍数	4.5	2.9	1.9	0.3	-2.4	3.6	2.5	1.8	0.4	-0.7
销售增长率（%）	14.5	9	3.8	-2.8	-5.3	14.1	8.6	3.3	-5.3	-15.4
资产保值增值率（%）	108.1	103.9	101.8	97.8	95.7	107.8	105.3	101.9	97.5	91

资料来源：国务院国资委考核分配局《企业绩效评价标准值 2019》。

（三）管理评价体系计分方法

管理评价基本指标计分是按照功效系数法计分原理，将评价指标实际值对照行业评价标准值，按照以下计分公式计算各项基本指标得分。

$$基本指标总得分 = \sum 单项基本指标得分$$

$$单项基本指标得分 = 本档基础分 + 调整分$$

$$本档基础分 = 指标权数 \times 本档标准系数$$

$$调整分 = 功效系数 \times (上档基础分 - 本档基础分)$$

$$上档基础分 = 指标权数 \times 上档标准系数$$

$$功效系数 = (实际值 - 本档标准值) / (上档标准值 - 本档标准值)$$

其中，本档标准值是指上下两档标准值居于较低等级一档。

管理评价指标及指标权数如表 4 所示。

表4　　　　　　　　　　　管理评价指标及指标权数

管理评价体系	管理评价基本指标	权数（%）
盈利能力状况	净资产收益率	20
	总资产报酬率	14
资产质量状况	总资产周转率	10
	应收账款周转率	12
债务风险状况	资产负债率	12
	已获利息倍数	10
经营增长状况	销售（营业）增长率	12
	资本保值增值率	10

通过上述方法，得出的综合评价结果可以划分为五个档次：85 分（含）以上为优秀水平，70（含）~85 分为良好水平，50（含）~70 分为中等水平，40（含）~50 分为较低水平，40 分以下为较差水平。在得出综合评价结果以后，计算年度之间的绩效改进度，以反映企业年度之间管理情况的变化状况。计算公式为：绩效改进度 = 本期绩效评价分数/基期绩效评价分数。绩效改进度大于 1，说明管理情况改善；绩效改进度小于 1，说明管理情况下滑。

由此，企业可以知道自己的行业定位、经营强势和短板问题，并由此进一步改进完善，发展壮大。

（四）厦门市九家国有企业管理评价得分情况

根据企业类国有资产管理评价方法，计算九家国有企业管理评价得分情况如表 5 所示。

表 5　　　　　　　　厦门市九家国有企业管理评价得分情况

企业名称		年份	盈利能力状况	资产质量状况	债务风险状况	经营增长状况	管理评价得分	绩效改进程度
商业一类企业	厦门 JF 公司	2016	28.89	17.30	13.23	20.06	79.48	
		2017	29.72	17.83	12.20	22.00	81.74	1.03
		2018	32.71	17.76	12.06	22.00	84.53	1.03
		2019	29.68	17.38	11.79	22.00	80.86	0.96
	厦门 GM 公司	2016	25.48	18.84	15.26	22.00	81.58	
		2017	27.59	19.59	15.99	22.00	85.16	1.04
		2018	27.61	19.86	15.06	16.52	79.05	0.93
		2019	26.18	19.62	14.58	13.74	74.12	0.94
	厦门 TFK 公司	2016	34.00	12.00	15.19	20.73	81.92	
		2017	32.91	12.00	15.92	10.00	70.83	0.86
		2018	20.69	12.00	9.81	0.00	42.51	0.60
		2019	30.28	12.00	11.19	22.00	75.46	1.78

续表

企业名称		年份	盈利能力状况	资产质量状况	债务风险状况	经营增长状况	管理评价得分	绩效改进程度
商业二类企业	厦门GWK公司	2016	27.17	13.99	21.00	18.39	80.55	
		2017	20.22	16.37	20.98	19.87	77.43	0.96
		2018	17.59	16.40	17.21	10.79	61.99	0.80
		2019	19.97	16.59	20.03	17.36	73.96	1.19
	厦门LQ公司	2016	24.98	17.60	15.10	18.08	75.77	
		2017	23.13	19.40	16.05	17.22	75.80	1.00
		2018	25.83	20.65	15.60	22.00	84.08	1.11
		2019	25.79	20.95	14.57	19.15	80.46	0.96
	厦门XS公司	2016	27.35	15.97	13.78	16.07	73.18	
		2017	23.23	15.90	12.37	16.69	68.19	0.93
		2018	28.26	15.83	13.25	15.80	73.14	1.07
		2019	27.85	15.77	13.01	14.36	71.00	0.97
公益类企业	厦门GJ公司	2016	16.45	17.62	12.09	18.66	64.82	
		2017	13.75	18.04	18.32	16.32	66.42	1.02
		2018	12.30	17.60	16.62	10.28	56.80	0.86
		2019	12.67	16.40	12.39	15.11	56.57	1.00
	厦门CLG公司	2016	18.81	15.20	15.55	17.87	67.43	
		2017	15.69	10.83	15.38	6.04	47.94	0.71
		2018	18.79	13.17	16.73	20.07	68.76	1.43
		2019	19.08	12.00	17.50	11.17	59.74	0.87
	厦门AJ公司	2016	16.37	9.63	22.00	22.00	70.00	
		2017	17.05	6.68	22.00	22.00	67.73	0.97
		2018	18.34	12.00	15.78	17.55	63.67	0.94
		2019	20.79	12.00	22.00	7.52	62.31	0.98

（五）厦门市九家国有企业管理评价得分分析

1. 商业一类企业

商业一类企业为竞争类企业，具有以市场化为导向，以企业价值最大化为目标，兼顾社会效益和服务区域战略的特性。综合商业一类企业管理评价得分情况来看，公司盈利能力状况得分较高，而债务风险状况得分较低，其余得分指标因行业性质不同略有差异。

厦门 JF 集团有限公司的管理评价得分稳中求进，四年均保持在 80 分左右，维持在良好水平以上接近优秀水平。其中表现较为突出的是盈利能力状况约为 30 分，以及经营增长状况约为 20 分，得分均接近满分。通过查阅企业年报，公司主营业务为供应链业务，近些年业务的利润及营业收入呈逐年递增的态势。但在债务管理方面约为 12 分，得分较低的原因主要是企业拥有较高的资产负债率（约为 75%），其债务风险处于较高水平。JF 的资产质量状况约为 18 分，表现良好。JF 旗下拥有两家房地产企业，它们的营业收入占集团营业收入的 15%，而房地产企业以高杠杆低周转为行业特点，可能导致集团的资产负债率较高。通过绩效改进程度，可以发现 JF 的绩效 2017 年与 2018 年均有 3% 的增长，2019 年有 4% 的下滑，所以 JF 的财务状况总体来看稳中求进，虽有升有落但幅度都不大。

厦门 GM 控股集团有限公司近几年管理评价得分呈现下滑趋势，从 2017 年优秀行列的 85.16 分降至 2019 年良好行列的 74.12 分。分指标来看，盈利能力、资产质量、债务风险的得分没有较大波动，但是经营增长状况连续两年下降。GM 处于较为稳定的成熟期，成长性略差，与相似定位的 JF 集团相比，2017 年 GM 和 JF 的业务增长情况较为相似，GM 营业收入同比增长 67.88%，JF 同比增长 50.15%，但近两年 GM 的增长势头远不如 JF 强劲，2018 年 JF 净利润同比增长 58.15%，而 GM 同比增长 10.86%；2019 年 JF 营业收入同比增长 20.28%，净利润同比增长 4.34%，而 GM 同比增长 5.54%，净利润同比增长 1%。对此，可能的解释是 JF 和 GM 都是供应链为主的企业，JF 相对来说转型更早，并且 2019 年"LIFT 供应链服务"品牌战略逐步落地，取得一定成就，GM 更多是以产业链投资带动供应链转型升级，对外开放度不如 JF，因此供应链业务的增长势头较弱。从这个角度看，指标体系一定程度上反映出了问题。从绩效改进度来看，GM 在 2018 年、2019 年两个年头的绩效下滑幅度均超过 5%。

厦门 TFK 公司管理评价得分呈现深 V 字形，波动较大，2016 年管理评价得分 81.92 分处于良好水平，而在 2018 年时管理评价得分降至 42.51 分处于较低水平。与此同时，绩效改进程度的变化波动也较大，2018 年下滑

40%，在 2019 年则上升了 78%，呈现急上急下的特征。2018 年是房地产政策出台最为密集的一年，在调控的重压下，厦门新建商品住宅成交量持续走低，存量持续扩容，商品住宅市场呈现供过于求态势。2018 年 TFK 集团净资产收益率仅为 1.12%、总资产报酬率为 2.19%、应收账款周转率为 18.3 次、营业收入下滑 34.49%，由此导致了盈利能力状况、资产质量状况、债务风险状况和经营增长状况得分都处于较低的水平，特别是对经营增长状况影响最大，得分仅为 0 分。在其余年份，TFK 集团的盈利能力状况都保持在一个较高的水平，得分约为 32 分，资产质量状况、账务风险状况和大多数房地产企业相似，保持在中等水平，得分约为 12 分。

2. 商业二类企业

商业二类企业为非充分竞争类企业，此类企业不完全以盈利为主要目的。从商业二类企业管理评价得分来看，这一类企业的盈利能力状况得分相对于商业一类企业略有下降。

厦门 GWK 公司的管理评价得分呈现 V 字形，波动较大，主要是由于外界宏观经济对企业的港口发展影响密切。在国民经济和全球经济具有周期性波动的特点下，港口行业同样也具有周期性的特点。通过调查相关资料发现，2017 年，在全球政治不确定性下降、发达经济体增长回暖、国际市场大宗商品价格上涨等多重利好影响之下，全球经济逐步企稳，全球各地港口行业也开始走出萧条走向复苏。这使得 GWK 的管理评价得分较好，位于优秀水平。2018 年世界经济延续复苏态势，但总体增长动能有所减弱，包括美国、欧盟在内的主要经济体经济增长有所放缓。这一年，受中美贸易摩擦、对台业务限制、能源结构调整等因素影响，公司管理评价得分大幅下滑，其中主要是盈利能力状况和经营增长状况下滑。2019 年，全球经济增速再度放缓，外部环境总体趋紧，国内经济增速下行压力加大，但企业盈利能力状况恢复较高位水平，但通过查看 GWK 2019 年年报可知，2019 年增加的收入更多是由于投资收益和资产评估增值导致，港口物流主业收入并无明显上升。值得注意的是，根据 2019 年年报披露，GWK 2019 年吞吐量有所提升，对应的成本有所上升，然而该业务的收入却有所下降，合理推测有了港口业务的竞争后，有可能产生了低价揽客的现象。无论是 2018 年的 -20% 还是 2019 年的 19%，GWK 的绩效变化幅度都较大，且从上述分析中可知，GWK 的主营业务近两年并无明显起色，也非企业增长的动力来源，因而导致财务绩效不稳定，如过山车似的大起大落。

厦门 LQ 公司的管理评价得分呈现稳步上升的态势，在 2018 年达到了最高值。2016 年管理评价得分为 75.77 分处于良好水平，2018 管理评价得分为 84.08 分接近优秀水平。近四年，LQ 公司净资产收益率约为 2%、资产收益率约为 1.3%、应收账款周转率约为 16 次、资产负债率约为 69%、销售增长率约为 30%、资产保值增值率约为 107%，由此得到的盈利能力状况约为25 分，资产质量状况约为 20 分，债务风险状况约为 15 分，表现均较为平稳。企业经营增长状况态势良好，销售增长率都在 23% 以上，其中 2018 年销售增长率达到 41.09%，2016 年经营增长状态为 18.08 分，2018 年则为 22分，变化幅度较大，对综合管理评价得分的贡献也较大。这几年企业发展稳步上升与企业业务的不断扩张有着密不可分的关系，公司在 2017 年 1 月收购漳州四家公司资产，全面进军漳州市场，2018 年 3 月成立厦门 LQT 集团，同时 LQ 公司承建的多项市政工程和公共设施工程也已开始施工建设。

厦门 XS 公司的管理评价得分基本保持在良好水平，四年平均得分约为71 分。企业拥有较高的净资产收益率（约为 10%）、总资产报报酬率（约为5%），盈利能力状况约为 27 分；总资产周转率约为 0.86 次、应收账款周转率为 26 次以上，均处于优秀水平，资产质量状况约为 16 分；资产负债率约为 73%、已获利息倍数约为 3 倍，债务风险状况仅约为 13 分；销售增长率与资产保值增值率均处于中等水平，经营增长状况约为 16 分。四类管理评价得分均无较大变化波动情况，可见 XS 集团作为保障"米袋子""菜篮子"的主力军，表现较为优秀。

3. 公益类企业

公益类企业以保障民生、提供公共交通、提供公共社会服务、提供公共产品、确保城市正常运行为主要目标。总体来看，公益类企业的盈利能力状况得分在三类企业中相对最低，而债务风险状况则表现较好。

厦门 GJ 公司近四年的管理评价得分稳定，处于中等水平，得分最高值为 2017 年的 66.42 分，最低值为 2019 年的 56.57 分。公交集团有限公司净资产收益率约为 -1%、总资产报酬率约为 0.7%，企业盈利能力状况仅约为13 分处于较低的水平；总资产周转率约为 0.5 次处于较低水平，应收账款周转率约为 24.34 次处于优秀水平，资产质量状况评分约为 17 分处于中等水平；债务风险状况波动较大，2017 年得分为 18.32 分，2016 年得分仅为

12.09 分；经营增长状况评分呈现 V 字形，在 2018 年达到最低值 10.28 分，主要是受到本年的销售增长率及资产保值增值率较低的影响。

厦门 CLG 公司近四年的管理评价得分围绕中等水平上下起伏。2017 年达到管理评价得分最低点 47.94 分，处较低水平；2016 年、2018 年、2019 年则都高于 50 分，处中等水平，其中 2018 年达到综合绩效评分的最高点 68.76 分，接近良好水平。2017 年综合绩效评分较低的原因是本年度营业收入出现较大幅度的回撤，总资产报酬率较低导致盈利能力状况及经营增长得分较低。另外，企业近四年的整体盈利能力得分较低，主要原因是企业净资产收益率与总资产报酬率较低。企业资产负债率均处于优秀水平，但是已获利息倍数仅为中等水平，故债务风险水平一直保持在中等水平。

厦门 AJ 公司近四年的管理评价得分处于中等水平，但呈现逐年递减的态势，从 2016 年的 70 分逐年降低至 2019 年的 62.31 分。分析其基本指标发现，2016 年、2017 年 AJ 集团已获利息倍数、销售增长率、资产保值增值率较高，都处于行业的优秀值以上，企业债务风险状况、经营增长状况评分都为满分，所以综合绩效评分较高。2018 年虽然盈利能力状况与资产质量状况评分得到了一定程度的提升，但是债务风险状况、经营增长状况出现了下降，所以 2018 年整体上，综合绩效评价还是有所降低。2019 年销售增长率出现了大幅下降，综合绩效评价继续走低。另外，AJ 集团的净资产收益率和总资产报酬率也都处于较低的水平。

五、厦门市建立企业类国有资产管理
评价体系政策建议

（一）企业类国有资产应坚持分类评价原则，并设置不同评价指标和评价体系

目前，厦门市国资委将市属出资国有企业分为商业类（一类、二类）和公益类，不同分类的企业其经营目标不同，在建立管理评价体系时，应该考虑设置不同内容的评价指标和评价体系。

商业一类企业为竞争类企业，例如厦门 JF 公司、厦门 TFK 公司等企业，

此类企业具有以市场化为导向，以企业价值最大化为目标，兼顾社会效益和服务区域战略的特性，建立管理评价体系应重点考核其市场竞争力、经营财务绩效和资产做强做优做大能力。商业二类企业为非充分竞争类企业，例如厦门 LQ 公司、厦门 XS 公司，此类企业不完全以盈利为主要目的，应适当减少盈利能力状况的考核，在考核中要兼顾政府宏观调控政策、国民经济平稳运行、国家安全保障以及完成某些特殊任务的考核。公益类企业为非竞争类企业，如厦门 GJ 公司、厦门 CLG 公司等企业，此类企业以保障民生、提供公共交通、提供公共社会服务、提供公共产品、确保城市正常运行为主要目标，因此其管理评价体系应加大对成本利润率、资产质量状况、运营经济效率和民生保障能力的考核。

（二）应关注集团型企业多业态的特点，并提高评价结果的准确性

当前，厦门市大部分国有企业为集团型企业，具有多业态的特点，并且不同集团的业态分布情况往往不尽相同。对于多业态的集团型企业，在建立管理评价体系过程中容易带来两方面的问题。

一方面，多业态的集团型企业的行业标准值难以准确计算。目前，本专题的行业标准值来源于国务院公布的国有企业绩效标准值，而这些行业标准值又来源于企业的基础信息估算。有关部门每年在进行基础财务指标数据统计采集过程中，这些多业态集团型企业通常选择其主业作为其所属行业，并以此应用于行业标准值的测算，进而会使得行业标准值受到影响，不能真正体现这一行业的实际对照标准值。

另一方面，多业态的集团型企业会提高管理评价成本。企业管理绩效定量评价标准值的选用，一般根据企业的主营业务领域对照企业综合绩效评价行业基本分类，采用该主业所在行业的标准值。对于多业态的集团型企业，行业标准值的推荐算法有三：一是根据下属行业分类，采用可以覆盖其多种经营业务的上一层次的评价指标；二是根据下属行业分别计算管理评价得分，再根据资产总额占集团型企业的比例，计算多业态集团型企业的管理评价总得分；三是下属行业分别选取具体行业标准值，根据资产总额占集团型

企业的比例赋权，计算多业态集团型企业的行业标准值。不论采取哪一种算法，都会提高管理评价成本。如 JF 集团作为综合性集团，因其涉足房地产行业，对其负债情况的评价若仅以地方批发和零售贸易行业的负债标准为依据，可能有失偏颇，可能需要两个行业的标准以一定比例加权得出一个新的标准。但是这样就涉及评价成本偏高的问题，若对每一个类似 JF 公司的多业态集团型企业都构建一个新的标准，则难免会提高评价成本，所以在评价成本和评价收益之间需要有一定的权衡。

（三）构建企业类国有资产评价体系，应区分行业来设置差异化的权重

科学建立管理评价体系还需要区分行业，不同行业的管理评级体系指标权重应不尽相同。区分行业设置差异化的权重可以在已有的权重评价基础上，依据行业特点和社会责任进行调整完善。例如，对于房地产行业而言，其主要目的是获得高额营业利润，但是针对其高杠杆运转的特点，在国家去杠杆去库存的大背景下，可以适当降低经营增长状况的指标权重，增加其资产质量状况的指标权重，以此鼓励企业改善资产负债的情况，防化债务风险。对于公益类企业，例如厦门 GJ 公司，由于目前我国大部分公交和地铁等服务暂未实行市场化运作，运营票价多通过政府听证会调控。此类公司并不以盈利为主要目的，其主要目的为保障民生、服务社会，对这类行业要适当降低盈利能力状况和经营增长状况的评价权重，适当增加资产质量状况和债务风险状况的评价权重。在科学建立管理评价体系的过程中区分行业，有利于企业发挥主要社会功能作用，引导企业向其功能定位方向经营和发展。

（四）管理评价考核既要包含财务绩效指标，还要包含非财务管理类指标

本专题的管理评价体系中的基本指标都为财务绩效，暂未包括非财务的管理类指标。这样的管理评价体系，可能会误导企业过分注重利润的实现，而忽视了企业其他方面的管理决策。为避免个别企业片面追求高净资产增长

率与高总资产报酬率等财务数据，而出现企业结构性懈怠管理降低服务质量所带来的经营风险，在科学建立管理评价指标的过程当中，可以适当加入包括战略管理、发展创新、经营决策、风险控制、基础管理、人力资源、行业影响、社会贡献等方面在内的管理类指标。根据不同分类、不同行业、不同业态的企业，设置合理的财务类指标与非财务类指标的比例，更好地引导企业健康、持续、稳定的发展。

参考文献

［1］国务院国有资产监督管理委员会. 关于印发中央企业综合绩效评价实施细则的通知［EB/OL］. http：//www. gov. cn/gzdt/2006 - 10/27/content_425677. htm.

［2］刘亚莉. 自然垄断企业利益相关者导向的综合绩效评价研究［J］. 管理评论，2003，15（12）：31 - 36.

［3］孙世敏，赵希男. 企业绩效的社会评价与政策建议［J］. 当代财经，2005（7）：64 - 66.

［4］张晓明，何莹. 略探企业"超额利润增长率"绩效评价方法［J］. 财会月刊：综合版（中），2003（2）：30 - 31.

［5］Koppell J G S. Political control for China's state-owned enterprises：Lessons from America's experience with hybrid organizations［J］. Governance，2007，20（2）：255 - 278.

［6］Shafritz J M，Russell E W，Borick C P. Introducing Public Administration［M］. Routledge，2016.

［7］Stone M M，Cutcher-Gershenfeld S. Challenges of measuring performance in nonprofit organizations［M］// Measuring the Impact of the Nonprofit Sector. Springer US，2002.

板块四　高质量发展

专题十一 推动厦门经济持续稳定
高质量发展的战略思路

从近代五口通商口岸之一到改革开放后最早设立的 4 个经济特区之一，从"一带一路"建设的支点城市到福建自贸试验区最大的片区，在不同的历史关口，厦门一直勇立潮头，引领时代风气，成为先行先试的排头兵。改革开放 40 多年来，厦门已经成为一个现代化城市，先后收获了"温馨""美丽""宜居"等闪亮的城市名片，"高素质的创新创业之城""高颜值的生态花园之城"的美誉不胫而走。不过，进入"十二五"后期，厦门发展面临瓶颈。在十九届中央第一轮巡视中，厦门被点名存在"小岛"意识，对区域经济引领带动作用不够。现在，厦门该如何在已有发展基础上厘清新的战略定位，推动经济持续稳定高质量发展，是一个事关厦门未来发展的重大决策。笔者认为，厦门既要避开或补齐自身的一些短板，又要充分发挥自身的优势和特色，权衡利弊，在此基础上确立经济发展战略定位，克服"小岛"意识，找准靶心，抓住机遇，才能谋求新发展、新突破、新跨越，实现高质量发展和赶超发展，才能充当区域经济发展的引擎，增强辐射和引领带动作用。

一、厦门的短板

根据历年的《厦门经济特区年鉴》，1978～2018 年，厦门市工业增加值以年均 17.3% 的速度增长，实现了从"厦门加工"到"厦门制造"再到"厦门创造"的历史性跨越。但不可否认，厦门存在一些明显的短板，这些短板不仅影响了厦门的竞争力，也使厦门的经济发展受到掣肘。有些短板是先天的，如土地面积，厦门制定经济发展战略时，必须正视自身的短板，规避这些短板；有些短板是在经济社会发展过程形成的，通过努力可以改变或克服，如辐射能力不强、国际化程度不高，必须尽快把这些短板补齐。可以说，如何扬长避短，取长补短，是厦门亟待解决的首要问题。

（一）土地面积和人口规模小

厦门陆地面积只有1699.39平方千米，在全国15个副省级城市中排在末位，在福建省9个设区市中也最小，人均土地面积仅高于深圳。在全国15个副省级城市中，厦门的常住人口规模也是最小的，2018年只有413.48万人（见表1）。

表1　　　　　2018年全国15个副省级城市土地面积与人口规模

城市名	土地面积		常住人口		人均土地面积	
	平方千米	排名	万人	排名	平方米	排名
深圳	1996.85	14	1306.22	3	152.87	15
南京	6597.00	13	843.62	10	781.99	11
成都	14605.00	4	1633.00	1	894.37	10
长春	20565.00	2	751.30	13	2737.26	2
杭州	16596.00	3	980.60	7	1692.43	4
济南	8177.21	11	884.00	9	925.02	9
武汉	8494.41	10	1108.10	4	766.57	12
宁波	9816.00	9	820.20	12	1196.78	7
西安	10108.00	8	1000.37	6	1010.43	8
厦门	1699.39	15	411.00	15	413.48	14
青岛	11282.00	7	939.48	8	1200.88	6
大连	13237.00	5	595.20	14	2223.96	3
广州	7434.00	12	1490.44	2	498.78	13
哈尔滨	53100.00	1	1085.8	5	4890.40	1
沈阳	12948.00	6	831.6	11	1557.00	5

注：表中人均土地面积按常住人口计算。

资料来源：根据各地统计公报及统计年鉴整理。

土地面积与经济发展之间没有必然联系。例如，香港和深圳面积也小，照样成为世界级的大城市。虽然土地面积小不应成为制约经济发展的理由，但它确实会制约传统制造业的发展空间。特别是当土地要素变得十分稀缺、地价不断飙升之际，城市房价、房租相应地节节攀升，企业用地成本、用工成本也跟着水涨船高，传统制造业稀薄的利润空间很快就会被挤压一空。"岛内缺地，岛外缺人""房价高企，实体滑坡"，这是近年来厦门遭遇困境的真实写照。2008 年全球金融危机暴发后，在土地资源受限的情况下，深圳不得不通过"腾笼换鸟"来推动产业升级①，将传统制造业转移出去（主要是向东莞和东南亚转移），发展高端制造业，专注于 IT、互联网、金融等高科技领域，就是一个现实例子，值得厦门借鉴。厦门地本来就小，加上原来实施的土地财政发展模式，传统制造业很难有太大的发展空间。随着中国经济进入新常态，依靠要素驱动特别是投资拉动的经济增速已明显回落。如果想与其他地区比拼量方面的粗放型增长，那么厦门是没有什么优势可言的，可能越拼越落后。至于人口规模小，市场容量有限，不仅制约了消费规模，而且限制了人口规模的聚集效应，导致整个人力资源供给相对不足，专业人才尤其是高端人才紧缺。如厦门某集团刚成立一个新的金融部门，在上海一周之内就可以招到需要的人才，但在厦门就没法这么快招到。在新一轮的城市"抢人大战"中，高房价是厦门丧失人才吸引力的主要因素之一，也是抑制厦门人口规模扩张的重要阻力。另外，人口规模偏小，直接影响市场规模和效益，进而制约相关产业发展，特别是那些与人口容量高度相关的交通运输、物流、零售等服务业。众所周知，厦门高崎国际机场于 1982 年 1月正式动工兴建，1983 年 10 月正式通航，得益于经济特区的发展优势，1995 年旅客吞吐量在全国民航机场排名第 6 位，其中出入境旅客数量居全国第 4 位②。但随着其他地方经济板块的崛起，高崎机场的位次开始节节后退，2018 年货邮吞吐量排在全国民航机场第 12 位，旅客吞吐量、起降架次均排在第 13 位③。当土地财政和投资驱动的发展模式难以为继时，厦门必须重塑

---

① "腾笼换鸟"是 2008 年 5 月 29 日《中共广东省委、广东省人民政府关于推进产业转移和劳动力转移的决定》正式提出的，也叫"双转移战略"。

② 厦门市统计局. 改革开放四十年厦门旅游和会展业发展综述［EB/OL］. http：//tjj. xm. gov. cn/tjzl/tjfx/201812/t20181214_2190607. htm.

③ 中国民用航空局. 2018 年民用机场生产统计公报［EB/OL］. http：//www. caac. gov. cn/XXGK/XXGK/TJSJ/201903/t20190305_194972. html.

发展思路，加快新旧动能转换，实现持续稳定高质量的发展。

（二）经济规模小

厦门城市地域狭小，集聚效应无法跟北京、上海、广州、深圳、成都等特大城市、大城市相提并论。其经济辐射范围仅限于闽南、闽西、赣南、粤东地区，对周边的引领带动作用并不显著。而腹地空间小且经济发展水平低，反过来又成为制约厦门经济总量的重要因素。2018 年，在全国15 个副省级城市中，厦门的地区生产总值总量排在最后，人均地区生产总值排在第 9 位，唯一可圈可点的是经济密度，在 15 个副省级城市中排在第 3 位（见表 2）。

表2　　　　　2018 年全国 15 个副省级城市主要经济指标比较

城市名	地区生产总值总量		人均地区生产总值		经济密度	
	亿元	排名	万元	排名	亿元/平方千米	排名
深圳	24221.98	1	18.54	1	12.13	1
南京	12820.40	6	15.20	3	1.94	4
成都	15342.77	3	9.40	11	1.05	8
长春	7175.70	12	9.55	10	0.35	14
杭州	13509.00	5	13.78	4	0.81	11
济南	7856.60	11	8.89	12	0.96	9
武汉	14847.29	4	13.40	5	1.75	5
宁波	10745.50	8	13.10	6	1.09	6
西安	8349.86	9	8.35	13	0.83	10
厦门	4791.41	15	11.66	9	2.82	3
青岛	12001.50	7	12.77	8	1.06	7
大连	7668.48	10	12.88	7	0.58	12
广州	22859.35	2	15.34	2	3.07	2
哈尔滨	6300.50	13	5.80	15	0.12	15
沈阳	6292.40	14	7.57	14	0.49	13

资料来源：根据各地统计公报及统计年鉴整理。

纵向来看，2000 年以来，在 5 个计划单列市中，厦门的地区生产总值总量与深圳、宁波、青岛的差距进一步拉大（见图1）。大连的地区生产总值增长在2015年后呈下滑趋势，但总量仍高于厦门。

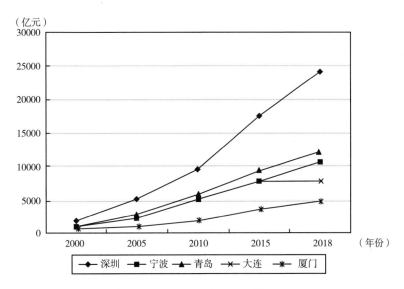

图1　5个计划单列市的地区生产总值总量（2000～2018年）

资料来源：根据5个计划单列市历年统计年鉴整理。

不仅如此，2005年以来，厦门地区生产总值总量与本省的福州、泉州两地的差距也明显拉大，同为闽南金三角之一的漳州已迎头赶上（见图2）。2018年，厦门名义地区生产总值增速10.1%，而福州、泉州、漳州分别为10.89%、12.19%、11.88%，福建省也达到11.25%[①]。在福建省9个设区市中，厦门名义地区生产总值增速全省倒数第一。所以网络舆论形容厦门的境况是"前有标兵（泉州、福州），后有追兵（漳州），现在离标兵越来越远，离追兵越来越近"。从以上数据不难看出，厦门与省内外的主要城市不论是比规模还是比块头，均毫无优势。

（三）国际化程度不高

2016年，厦门市委提出厦门的国际化水平要走在全国前列。成为国际化城

---

① 中国产业信息. 2018年福建省各城市GDP排名统计［EB/OL］. http：//www.chyxx.com/in-dustry/201901/710860.html.

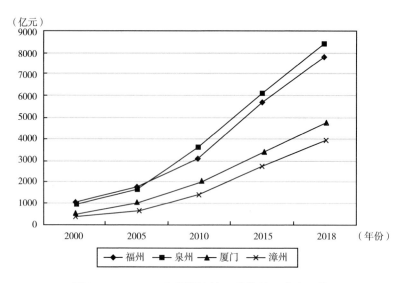

图 2　2000～2018 年福厦泉漳四地的地区生产总值

资料来源：根据 4 市历年统计年鉴整理。

市，这是厦门的城市发展定位，也是厦门建设"五大发展"示范市的一项基础性工程。一般来说，国际化城市具有如下特征：（1）主要的金融中心，尤其是世界金融中心；（2）跨国公司总部所在地；（3）国际性机构集中地；（4）第三产业高度发达，综合服务功能强；（5）主要制造业中心，生产制造能够在全球范围里进行资源配置；（6）世界性交通枢纽，即拥有国际航运中心和国际航空港；（7）城市人口达到一定规模。也就是说，国际化城市应在金融、贸易、组织、产业、生产、技术、信息、人才以及文化等方面均实现国际化，跨国往来与交流活动十分频繁。厦门已具备国际化城市的某些特征，不过与世界上知名的国际大都市相比，厦门的国际化程度仍然不高。以香港为例，香港是世界第三大金融中心，金融、贸易的国际化程度高，教育、人才的国际化程度也相当高。香港的很多学校采用中英双语教学，确保学生既学好母语，又能跟外国人无障碍沟通；绝大部分餐厅都能提供中英双语菜单，哪怕是一间在居民社区里服务本地人的小饭馆也不例外。香港是亚洲的文化中心之一，影视娱乐业的对外开放程度一直比较高。反观厦门，仅双语化程度就与香港存在较大差距，外文服务、双语服务还满足不了现实需要。例如，除长庚医院外，目前厦门其他医院都没有提供英语医疗服务。再如，目前思明区已有专门的国际社区——官任社区，来自全球 42 个国家和地区的 1400 多名外籍人士居住在这里，但厦门的国际学校数量不多，国际高端人才在这里工作会受到很大限制。所谓国际化的营商环境，从最根本上说，就是满足国际化的需求，营造国际化的文化，特别是着力建设外国人友好型（foreigner friendly）城市或社区。除了满足产品和服务的需求，还要给人一种宾至如归的感觉，这种主观感受和主观体验对于提升城市的品牌形象是至关重要的。

我们知道，判定城市国际化程度的直接表象是一个城市的国际化元素，包括国际化的形象元素、视觉元素和感知元素。城市公共标志是一种最为醒目的视角符号，最容易被人感觉和感知，因而是城市形象的重要元素。可以说，城市公共双语标志对满足国外旅客需求起着重要的引导作用，同时具有美化城市环境的重要功能，因此不能等闲视之，需要在细节上下功夫。从国际化的角度看，厦门市的公共标志还有许多改善空间，比如在机场码头、道路交通、街市里巷、景区景点、酒店餐馆、文化体育设施、医疗卫生机构、商业服务机构等许多公共场所缺乏英文标识或指示牌。

2018 年 6 月，福建省政府办公厅转发了《关于加快推进全域生态旅游实施方案》，据该方案，到 2020 年，厦门的目标是建成国际旅游城市，但从目前情况看，厦门提供国际化的产品与服务还存在短板，对境外游客的吸引力有待增强。2018 年厦门旅游总人数达 8900.32 万人次，但入境游客只有 430.43 万人次，占旅游总人数的 4.84%，香港这一比例高达 44.51%[①]。

二、厦门的优势与特色

在经济社会发展历程中，厦门也形成了自己的优势与特色，这些优势与特色在全国经济格局中具有不可替代或难以替代的特点。厦门市经济发展的战略定位，应围绕这些优势与特色来做好文章。

（一）港口竞争力强劲

厦门因港兴业，以港立市。厦门港是一个天然深水良港，优越的自然条

---

① 厦门市统计局. 厦门市 2018 年国民经济和社会发展统计公报［EB/OL］. http：//tjj. xm. gov. cn/tjzl/ndgb/201903/t20190322_2238302. htm.

件使厦门港在对外贸易港口中占据重要位置。目前厦门港与世界 50 个国家
129 个港口有直接往来，国内外集装箱航线 143 条，其中海上丝绸之路航线
42 条①。同时，厦门港也是大陆对台直接往来的重要口岸之一。厦漳港口资
源整合全面启动后，开创了两地港口"资源共享、优势互补、管理高效"的
良好局面，形成"大港口、大通道、大物流"的全新格局。而保税区政策优
势与港口区位优势的整合实现了"区港联动"，有效提升了厦门港的核心竞
争力。2017 年，厦门港的集装箱吞吐量超过高雄港和大连港，在全球港口中
排名第 14 位（如表 3），中国大陆港口中排名第 7 位，2018 年排名维持不
变，已跻身世界级强港行列。

表 3   **全球 20 大集装箱港口集装箱吞吐量**

2018 年排名	港口名称	集装箱吞吐量（万 TEU）						
		2018 年	2017 年	2016 年	2015 年	2014 年	2013 年	2012 年
1	上海	4201	4023	3713	3654	3529	3362	3253
2	新加坡	3660	3367	3090	3092	3387	3260	3165
3	宁波—舟山	2635	2461	2160	2063	1945	1733	1683
4	深圳	2574	2521	2397	2420	2403	2328	2294
5	广州	2192	2037	1885	1722	1616	1531	1474
6	釜山	2159	2140	1985	1945	1865	1769	1704
7	香港	1959	2076	1981	2007	2223	2235	2312
8	青岛	1930	1826	1801	1747	1662	1552	1450
9	天津	1600	1521	1449	1411	1405	1301	1230
10	迪拜	1495	1544	1573	1560	1525	1364	1330
11	鹿特丹	1451	1360	1238	1223	1230	1162	1187
12	巴生	1203	1206	1320	1189	1095	1035	1000
13	安特卫普	1110	1045	1004	965	898	859	864
14	厦门	1070	1038	961	918	857	801	720
15	高雄	1045	1024	1046	1026	1059	994	978

---

① 刘艳，李春妮. 主动融入"一带一路"开创对外开放新航程［N］. 厦门日报，2018 – 08 –
16.

续表

2018 年排名	港口名称	集装箱吞吐量（万 TEU）						
		2018 年	2017 年	2016 年	2015 年	2014 年	2013 年	2012 年
16	大连	977	971	961	945	1013	1086	892
17	洛杉矶	946	934	886	816	833	787	808
18	丹绒帕拉帕斯	879	833	828	910	850	763	770
19	汉堡	873	900	891	882	973	930	889
20	林查班	796	776	761	752	785	781	785

资料来源：World Shipping Council，https：//www.worldshipping.org/。

历史上，福建东南沿海的港口几经兴衰变迁。早在唐代，泉州的刺桐港就已成为海上丝绸之路的起点，与广州港、扬州港并称为中国对外贸易的三大港。宋元时期，刺桐港臻于鼎盛。宋元祐二年（1087 年），泉州设立市舶司，嗣后又设来远驿，以接待贡使和外商。《马可波罗游记》认为其可与埃及的亚历山大港齐名，甚至更加宏伟，是当之无愧的"东方第一大港"。因倭寇侵扰，明王朝实行严厉的"海禁"，限制泉州港只通琉球，泉州对外贸易受到限制，后来市舶司又移设福州，来远驿也随之废置，昔日"市井十洲人""涨海声中万国商"的盛况已不复存在。随着泉州港的没落，取而代之的是位于漳州海澄（今龙海）的月港。明宣德年间在此开通了"洋市"，在明朝"海禁"的大背景下，这里是唯一对外开放的"特区"，被誉为"闽南小苏杭"。明末清初，郑成功、郑经父子与清军在闽南沿海争战近 40 年，清廷为遏制郑氏，对沿海实行"迁界"，海澄一带被划为"弃土"，月港"海舶鳞集、商贾咸聚"的繁华景象也因此烟消云散。1842 年，厦门成为最早开阜通商的五口之一，在刺桐港、月港相继衰落之后强势崛起，历经一百多年的风雨洗礼，终于成长为世界级大港。从厦门港在全球港口的位次看，其竞争力是比较强劲的。

（二）对外贸易优势明显

早在宋元时期，厦门港就与海外建立了广泛的贸易关系。但随后的明清两朝实行"海禁"，厦门港的对外贸易受到限制。特别是从乾隆二十二年

（1757 年）到道光二十年（1840 年），全国只保留粤海关一关的对外贸易职能，闽、浙、江三地海关均被关闭。自晚清开埠通商以来，凭借优越的航运条件，厦门的对外贸易取得了长足的发展，厦门港一跃成为国际贸易大港。1980年，国务院批准设立厦门经济特区，厦门经济特区因台而设，充当对台的"桥头堡"和先行区。两岸已共建了台交会、海峡论坛、文博会等多个合作平台。如今，厦门经济特区成为两岸经贸交流合作最为活跃的地区之一，台湾地区成为厦门的第二大贸易伙伴。2018 年对台进出口贸易总值达 398.06 亿元，增长2.7%，经厦门口岸往返两岸的旅客吞吐量约占两岸往返旅客总量的 1/4①。另外，厦门也是海上丝绸之路核心区和重要枢纽城市，近年来着力深化互联互通、经贸合作、海洋合作、人文交流四大枢纽建设。无论从历史还是现实视角看，厦门对外贸易都具有显著优势。抓住"一带一路"建设契机，加强与东盟国家的经贸往来，厦门手中有很好的"牌"可以打，而且应该打好。

（三）旅游资源丰富，吸引力大

厦门是闽南经济文化中心，华侨主要发祥地，与台湾地区历史文化渊源深厚，还有大量潜在的、具有鲜明特色的旅游资源可以开发和挖掘。进入 21世纪以来，厦门旅游人数逐年攀升，年均增长率达到 14.86%（见图 3）。2017 年厦门旅游总收入达 1168.52 亿元，首次突破千亿大关，成为厦门市的又一千亿产业。2018 年接待国内外旅游者 8900.32 万人次，同比增长13.66%，旅游总收入 1402.12 亿元，同比增长 19.99%（见图 3、图 4）。2018 年，厦门在中国最佳旅游目的地城市名列第 9 名。厦门旅游人口基数大，无论如何是一种优势，必须善加利用，从中挖掘消费源泉，并以此带动文创产业，带动其他相关的旅游体检、旅游健身、保健产业等。

当然，厦门与具有可比性的香港、澳门还存在相当大的差距。一是与港澳相比，入境旅客总数少得多，不到香港的 1/6；二是入境旅游人均收入只有香港的一半，不到澳门的 1/4。这说明厦门的国际化程度还有很大的提升空间，旅游产品服务供给质量也有待提高。目前旅客在厦门旅游消费规模不

---

① 厦门市统计局. 厦门市 2018 年国民经济和社会发展统计公报［EB/OL］. http：//tjj. xm. gov. cn/tjzl/ndgb/201903/t20190322_2238302. htm.

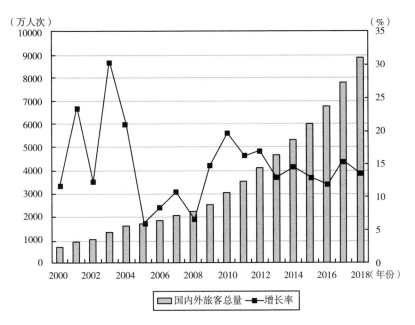

图3　2000～2018年厦门旅客总量与增长率

资料来源：根据历年的厦门市国民经济和社会发展统计公报数据整理。

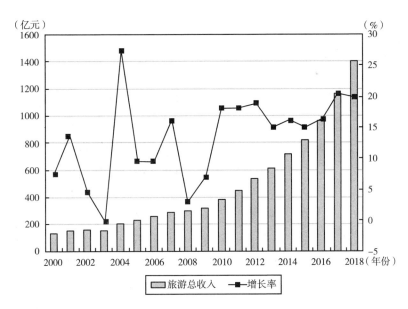

图4　2000～2018年厦门旅游收入与增长率

资料来源：根据历年的厦门市国民经济和社会发展统计公报数据整理。

大，来自旅游的人均消费（收入）也偏小，说明各种购物中心和旅游产品没有形成有效的供给，或供需不对路，这是旅游资源的巨大浪费。不过，厦门旅游人口基数大，无论如何是一种优势，必须善加利用，从中挖掘消费源泉，并以此带动文创产业，带动其他相关的旅游体检、旅游健身、保健产业等。

（四）消费购物潜力大

改革开放以来，厦门市获得长足发展，城镇居民人均可支配收入稳步增长，人均收入较高，消费意愿也在同步提升，消费品市场一直保持稳步上升态势，2014 年突破千亿大关。2018 年实现社会消费品零售额 1542.42 亿元，同比增长 6.6%①。如今，消费结构正在悄然发生着变化，与信息相关的商品消费已成为厦门消费品市场增长的主要拉动力。如互联网电视、智能手机、平板电脑更新换代加速，居民消费正由过去的耐用品转变为快速消费品。当然，厦门的消费品市场也面临升级，需要向中高端发展，尤其是高质量的文化产品的供求矛盾比较突出。

（五）医疗健康需求旺盛

由于地缘区位优势和优质医疗资源相对集中，现在不仅闽南地区，就连闽西、闽中乃至海峡西岸经济区（简称"海西经济区"）的其他地市，很多患者都愿意来厦门看病。但厦门的医疗资源仍存在很多短板，导致供求严重不匹配。医疗资源如高端、大型医用设备与更优越的一线城市相比，厦门存在较大差距。需求很大，供给不足，这对矛盾既是厦门非常突出的短板，同时又是厦门巨大的潜在优势。厦门应以需求为导向，通过政府引导扶持和市场化发展，深入推进医疗卫生供给侧改革，特别是加大对公立医院的改革力度，同时大力引入社会力量或公私合营设立医疗机构，并加强监督和规范管理，通过发展优质的民营医院来有效增加供给，实现高质量发展。

---

① 厦门市统计局. 厦门市 2018 年国民经济和社会发展统计公报［EB/OL］. http：//tjj. xm. gov. cn/tjzl/ndgb/201903/t20190322_2238302. htm.

（六）人文历史特色鲜明

秦代置闽中郡，中原文化开始与闽南文化交流融合。汉晋时期，大批中原汉民涌入闽南地区，闽南文化初具雏形，历经唐、宋、元、明、清，日臻丰富与成熟。闽南文化源远流长，是博大精深的中华文化的一个重要支系，它吸收融合了土著百越文化以及阿拉伯文化、南洋文化、西方文化等外来文化元素，具有传统性、连续性、包容性、多元性、开放性和开拓性等鲜明特色，这在中华文化里是比较少见的。闽南文化虽是一种地区性文化，但它与海外有着千丝万缕的联系，特别是伴随着海外华人华侨的足迹传播，已产生广泛的世界影响，国际化的基因非常强劲。另外，闽台一衣带水，"五缘"关系非常密切①，闽台文化渊源深厚，如同根同祖同文、通用闽南语、共同供奉妈祖等，具有鲜明的区域文化特色。再者，厦门是闽南文化的中心城市，闽南话以厦门话为标准音，这些都彰显了厦门的人文历史优势。

（七）最宜居城市

厦门是中国最宜居的城市之一，先后获得"联合国人居奖""全国十佳人居城市""国家花园城市""国家环保模范城市"等荣誉。"一城春色半城花，万顷波涛拥海来"，城在海上，海在城中，厦门因此博得高颜值生态花园之城的美誉。总体上说，一方面，厦门城市建设精致、温馨，市容干净整洁，兼因公共报务设施完善，交通便利，生活质量高，成为许多人心仪的滨海城市；另一方面，厦门依托互联互通的大数据平台、人工智能和云计算，通过一系列数字化、信息化的应用，大力推动智慧城市建设，不断提升城市的宜居度和人文关怀，凸显城市的文化软实力，增强城市吸引力。

（八）先进制造业初具竞争力

近年来，厦门加快结构优化和转型升级，提升集聚化、高端化、智能化水平，计算机与通信设备、机械装备等优势产业不断发展壮大。2018年规模以上

---

① 所谓"五缘"，指闽台之间地缘相近、血缘相亲、文缘相承、商缘相连、法缘相循。

工业增加值 1611.35 亿元，同比增长 8.8%，占全市生产总值的 33.6%，电子、机械两大支柱行业完成工业总产值 4443.99 亿元，同比增长 11.8%，占全市规模以上工业总产值的 69.5%。其中电子行业完成工业总产值 2520.99 亿元，同比增长 11.3%，占规模以上工业总产值比重为 39.4%；机械行业完成工业总产值 1923.00 亿元，同比增长 9.5%，占规模以上工业总产值比重为 30.1%①。同时，战略性新兴产业也加快发展，如集成电路形成覆盖设计、制造、封装、测试的全产业链，产值居全国第 5 位。根据赛迪发布的"中国先进制造业城市发展指数"，厦门在全国城市中排名第 21 位，厦漳泉大都市区被定义为"先进制造业与现代服务业融合发展的先行区"，成为 2018 年中国先进制造业十大代表性集群之一。

近年来，厦门加快结构优化和转型升级，提升集聚化、高端化、智能化水平，计算机与通信设备、机械装备等优势产业不断发展壮大。2018 年，厦门共有 6 家制造业企业跻身"百亿俱乐部"②。

三、厦门经济持续稳定高质量发展的战略定位

（一）总体思路

在改革开放 40 年的历史节点上，厦门市提出了以"双千亿"为抓手③，全面提升产业核心竞争力和城市可持续发展能力的战略思路和发展目标。2018 年有 8 条产业链群产值（收入）突破千亿大关，其中 3 条为高端制造业，5 条为现代服务业④。最近，厦门正为"双千亿"掀起新一轮的招商引资热潮，这对促进厦门经济社会发展肯定是有很大推动作用的。不过，我们认为，"双千亿"本身仍是一种数量型目标，体现的是一种以 GDP 为纲的思维惯

---

① 厦门市统计局. 厦门市 2018 年国民经济和社会发展统计公报 [EB/OL]. http：//tjj. xm. gov. cn/tjzl/ndgb/201903/t20190322_2238302. htm.

② 大力培育和发展高端装备制造业 [N]. 厦门日报，2020 – 02 – 26.

③ "双千亿"，即"千亿产业"和"千亿投资"。"千亿产业"指重点打造 12 条产值或营收超千亿元、具有更高产业水平与带动力的产业链群。"千亿投资"指实施 10 个拉动投资快速增长、提升城市承载力和宜居度的工程项目，涵盖产业投资、基础设施、新城建设、乡村振兴、民生保障、城市更新各个领域。

④ 沈华玲. 2018 年厦门大力实施"双千亿"工作 8 条产业链群产值突破千亿 [N]. 海峡导报，2018 – 12 – 30.

性，所以厦门应适时转变思路。从长远眼光看，由于土地、人口规模受限，加上技术和人才储备不足、聚集效应不强，厦门制造业占地区生产总值的比重不可能太高，这也是厦门有别于北京、上海、广州及其他副省级城市的一个最重要原因。立足于自身的优势和特色，厦门经济发展的重头戏应是现代服务业，要从现代服务业着手，以服务创新推动经济持续稳定高质量发展。创新不仅仅是技术创新，更包括品牌创新、商业模式创新、理念创新、管理创新、制度和机制创新等。厦门不能跟其他地方比总量、比块头，而应该比辐射、比引领、比服务，更要站在海峡西岸经济区的角度，通过辐射、引领、服务来促进经济的发展。简而言之，厦门市的发展理念和发展思路需要转变和创新。

事实上，现代服务业更能聚合力量，突出厦门的发展优势和特色，而且现代服务业还有较大的发展空间。因此，厦门应充分利用多区叠加优势，优先发展现代服务业，特别是航运、转口贸易、旅游会展、大型购物、现代物流、医疗健康、文化创意、金融服务等。在制造业方面，厦门不宜铺摊子、拼数量，而在于做精做强、有所为有所不为，要把重点放在高附加值、以现代数字技术为支撑的高端制造业上，实现高质量、高层次的发展。同时，要积极创造竞争中性的营商环境，大力发展民营经济和外资经济。基于上述分析，我们认为厦门应有选择性地确定一些发展重点。

（二）发展重点

1. 加快推进国际航运中心建设

厦门是连接 21 世纪海上丝绸之路和丝绸之路经济带的交通枢纽港口城市，国家"十三五"规划纲要明确提出大力推进厦门国际航运中心建设，这是继上海、天津、大连之后第四个国家规划标准建设的国际航运中心，也是厦门第一次跻身国家构建五大港口群建设的战略层面。然而，对标国际航运中心的建设要求，厦门港仍存在差距和不足，如国际集装箱中转量占比低、厦门邮轮母港国际影响力不够、口岸通关水平有待继续优化，以及港航领域的投资、贸易便利化水平需要提升等（照宁，2018）。因此，应加快推进厦门国际航运中心建设，通过改革与创新，不断挖掘自身潜力，用好用足国家赋予自贸区的各种优惠政策，进一步提高港口航运的国际竞争力，把它打造成为跨越海峡、对接东盟、横贯欧亚的重要门户和"桥头堡"，形成更高层次的开放型经济，以有利于带动闽西南、海峡西岸经济区的经济发展，增强厦门作为中心城市的引领作用和辐射能力。

2. 发展贸易，特别是以转口贸易为重点

目前厦门港在全球集装箱吞吐量排名靠前，但国际中转箱占比不足 5%，而国际枢纽港这一比重至少在 20% 以上，相比之下厦门仍存在较大差距。从可持续发展的角度看，厦门港应把转口贸易作为重点，并以此作为贸易增长的主要来源，这是关键的一着。为推进转口贸易的发展，增强外向型经济的辐射能力，厦门应进一步完善口岸基础设施和集散功能，提高转口贸易的竞争力，扩大货源，提高效率，降低成本，进一步增强吸引力。一是要加快发展国际中转集拼业务，拓展海运国际中转集拼业务试点范围，实现中转集拼业务规模化运作，缩短物流时间并节约物流成本；二是要增设班轮航线，为国际集装箱管理和调配、空港联运、船舶换装和修造提供一体化服务，建设国际船舶燃料供应中心，完善物流产业链；三是要申请过境口岸资质，开展过境业务，实施过境中转货物港口一站式直通通关模式及一站式检验检疫模式；四是要优化口岸服务软环境，创新沿海捎带业务监管模式，深入推进转口贸易与信息技术融合，深入实施"大通关"工程，便利货物的快速流转，提高货物贸易通关效率，促进现代物流业大发展。

3. 做大做强旅游业

鉴于来厦旅游的游客体验不高、获得感不强等问题，一方面，厦门要注意"量"的扩张，即增加旅游设施、旅游产品的供给，在广度上做文章；另一方面，更要注重"质"的提升，提高旅游的品位和档次，在深度上做文章。就像联合国世界旅游组织旅游专家委员会委员徐汛指出的，"文化是旅游的灵魂，旅游是文化的载体"[1]，所谓深度旅游，就是要促进文化与旅游的融合发展。因此，厦门旅游产业要实现高质量发展，首先必须从文化方面发力，挖掘文化资源和内涵。例如，厦门华侨博物院是由爱国华侨领袖陈嘉庚先生创办的综合性博物馆，也是国内唯一一座全面、系统展示华侨历史的侨办博物馆，特色非常鲜明，其文化内涵值得深度挖掘。脍炙人口的《英雄小八路》故事情节就发生在厦门，主角是何厝小学的 5 位小学生。可以说，厦

---

① 这是徐汛在 2009 年 7 月 3~4 日在济南举行的"山东文化旅游产业融合发展高端论坛"发言时所说的。

门拥有独一无二的红色文化、战地文化，遗憾的是，目前还没有比较像样的纪念馆或博物馆来记录那段战火纷飞的岁月。这说明，厦门的旅游资源、旅游产品还有待从深度上挖掘。其次，要从旅客身上挖掘商机。近几年，来厦旅客的人数迅猛增加，这是一个巨大的潜在资源，要充分地、有效地从各方面加以挖掘，消费、购物以及文创产业等都应以此作为工作或者发展的出发点。比如，夜间出行被视为一个城市人气集聚、夜生活活跃程度以及城市繁荣的指标，厦门可重点打造几个特色观光夜市，配套建设闽南小吃一条街以及其他娱乐、休闲设施，让夜间经济活跃起来。

4. 建设多层次、综合性的大型购物中心

厦门市常住人口加上旅游人数，如果再考虑到辐射整个海西经济区，人口基数庞大，消费潜力非常可观。中共十九大报告指出，中国特色社会主义进入新时代，我国社会主要矛盾已经转化为人民日益增长的美好生活需要和不平衡不充分的发展之间的矛盾。建造集购物、休闲、娱乐、餐饮于一体的综合性大型购物中心以及配套的观光饭店，可迎合、引领甚至培养消费者的新需求，特别是"体验式"的消费新需求。厦门应及时捕捉消费市场的这些新变化、新动向，充分利用自贸片区先行先试政策优势，在自贸片区内规划建设大型购物中心，商场里的部分或全部商品享受免税优惠，这样将大大增强对旅客、本地居民以及周边地区消费者的吸引力，提升对区域经济的辐射力。购物中心可根据消费目标群体进行市场细分，如划分不同区域实行集约化经营，有针对性地发展低端购物区、中端购物区和高端购物区等，提供各种不同档次的商品，其中包括闽南风味的特色商品。目前，金门正在倾力打造"精致商城＋文化体验新天地"的消费模式，其目标是成为"亚洲的迪拜"。厦门和金门已形成"一日生活圈"，厦门与金门的关系越来越密切，金门打造一站式的"购物天堂"，就等着吸引厦门人前往消费了。对此，厦门要有危机感、紧迫感，要向香港等地学习，发展区域性的购物中心，为不同层次的消费群体提供不同档次的商品，避免消费源流失。

5. 发展现代物流业

国际航运中心、国际旅游城市、区域性购物中心的发展将带来对物流业的巨大需求。目前厦门已形成海、陆、空一体化的交通网络，是东南地区重要的交通枢纽，也是东南沿海的物流集散中心，在全国物流业格局中占有突出地位。同时，厦门对外贸易发达，正朝着区域性购物中心方向努力，发展现代物流业适逢其时。为此，厦门应加快整合海、陆、空物流网络，探索港铁、空铁之间的联动联运，增强各物流网络的优势互补，促进双向多维发展。一是对接"一带一路"，打造贯通海峡、东盟、欧亚的国际物流大通道，提升对区域经济的辐射力和带动力；二是利用大数据和人工智能技术，建设智慧物流平台，优化集疏运系统，提高物流效率，降低物流成本；三是大力发展国际中转、港内驳运、内贸中转等业务，拓展海陆联运产品，放大航运物流的辐射作用；四是在已有中欧（厦门）国际物流新通道的基础上，将中欧（厦门）班列延伸至东南亚，争取开通与"一带一路"沿线国家更多的站点，进一步推动陆路互联互通，设立多式联运监管中心，推动铁路运单向铁路提单功能转变，提升枢纽节点的物流服务功能；五是整合厦台航运、物流口岸、海外仓等重要节点优势，逐步形成覆盖金砖国家的便捷物流网络体系；六是以航空城建设为契机，推动航空物流发展，做大高崎机场客货吞吐量、航班起降架次、通航城市数量及航线数量等规模。

6. 打造区域性医疗卫生中心

海峡西岸经济区，特别是闽南地区，民众对医疗健康的巨大需求与厦门高质量医疗健康供给之间，存在巨大缺口，形成强烈的反差，这个矛盾是厦门发展区域医疗卫生中心的巨大动力。未来 30 年，对医疗健康的需求将急剧增加，医疗健康产业毫无悬念地成为全球性的朝阳产业。据国家卫计委预测，到 2030 年，我国健康服务业规模将达 16 万亿元之巨（王宾，徐晓洁，2017）。因此，在发展战略性新兴产业时，应将其纳入统一规划范畴（张俊祥等，2011）。厦门已具备较好的基础设施条件、技术装备水平和医疗服务能力，应破除思想观念、制度体制方面存在的阻碍，充分发挥地缘区位、卫生资源、技术力量和信息化水平等方面的优势，深化供给侧结构性改革，大力发展医疗服务、保健养生、医药制造、健康信息等医疗健康产业，以满足人们日益增长的美好生活需要。与北京、上海、广州等一线城市相比，厦门还缺乏高精尖的品牌医院、医疗设备和医疗团队，应抓住发展机遇精准施策，尽快补齐医疗健康短板，创建国内一流医院，着力提升医疗服务水平，打造区域性医疗卫生中心，让厦门的医疗健康服务惠及海峡西岸经济区。适时引导社会资本参与、探讨社会办医模式创新，推动形成医康养一体化的发展模式。另外，台湾地区拥有优质高端的医疗资源，医疗水平享有盛誉。厦门应充分利用自贸试验区的便利条件，鼓励两岸医疗企业、大医院加强合作，共建

"医疗特区"，特别是加快引入台湾的精准医疗技术，争取在基因和分子检测、干细胞治疗等方面走在全国乃至世界前列，服务海峡西岸经济区民众。

7. 打造以闽南文化为内核的文化创意产业

2018 年厦门文化创意产业产值首次突破千亿，成为厦门市经济发展的支柱产业。厦门的文化创意产业一定要跟闽南文化紧密结合在一起，以闽南文化为内核，积极弘扬"爱拼才会赢"的"闽南精神"。厦门是闽南经济文化中心，发展文化创意产业有其优势，但目前文化创意产业起点不高，规模不大，体现闽南文化内涵的文创产品数量偏少，质量良莠不齐，这是一个矛盾。文化创意产业要把闽南文化当作自己的"灵魂"，努力在原创性方面开辟出一片新天地。闽南文化分布范围甚广，除福建南部和港澳台，还包括浙江、广东、海南的部分地区以及东南亚等地。厦门应推动实施"文化＋"战略，以闽南文化为特色的文化创意产业应实行差异化发展战略，同时立足本土资源，采取多渠道、多层次的合作方式，与台湾以及东南亚华人华侨聚集地区有机对接，共建共筑文化创意产业高地，共同开拓国际市场。

8. 建设区域性金融服务中心

五口通商后，厦门迅速成为闽南地区的金融中心。现在，金融业已是厦门市现代服务业的支柱产业，是培植和壮大区域产业、推动厦门经济转型升级跨越发展的重要支撑。2014 年厦门市金融业产值（营业收入）首次突破千亿大关，2018年实现增加值 524.17 亿元，同比增长 5.3%，占全市生产总值的 10.9%①。海峡西岸经济区是中国民营企业最活跃的地方之一，在福建，以"泉州模式""晋江经验"为代表，中小企业众多，创新性强，迫切需要金融服务。现在民营企业面临最大的困难是融资难问题，厦门是海西经济区的中心城市，拥有高端的金融财务管理人才，金融体系相对完善，具备建设区域性金融服务中心的良好基础和条件，金融服务不能局限在厦门本区域内，而应辐射到海西地区，为包括泉州在内的民营企业提供金融服务。另外，还要充分利用中央政府赋予的金融改革试点和多项先行先试的政策，立足于对台特色鲜明、金融业市场化程度高等优势，在两岸金融合作方面可以发挥独特作用。通过推动城市一体化进程，在三个维度上大力拓展区域性金

---

① 厦门市统计局. 2018 年厦门市经济运行情况分析［EB/OL］. http://tjj. xm. gov. cn/tjzl/ndgb/201903/t20190312_2232159. htm.

融服务中心的功能，积极优化金融服务，助推区域经济发展。一是以面向中小企业的金融创新为主，推动金融体制创新、产品创新和管理创新，特别是绿色金融、科技金融、知识产权金融创新，扩大金融服务范围，加快辐射到闽南地区以及海西经济区，发挥市场配置金融资源的决定性作用，助力本区域的实体经济发展和产业转型升级；二是进一步完善多元化金融市场体系，促进两岸金融合作，通过建设两岸银行货币、资本市场和保险业合作平台，在人民币跨境双向融资、清算、现钞调运与反假币等方面加快与台湾的融合，形成两岸一体的两岸货币业务合作支点；三是加强与自贸试验区金融改革试验的有效联动，逐步扩大跨海峡人民币代理清算群规模，将清算群向"一带一路"沿线国家和地区延伸，拓展清算业务范围，探索建设"一带一路"人民币跨境支付子系统。

9. 瞄准以数字经济为核心的高端制造业

厦门以现代服务业为主的发展战略，并不是说不要发展制造业，而是要有选择地发展某些高端制造业。重视制造业特别是先进制造业，是保持经济总量持续发展、推动产业转型升级的重要保证。因此，厦门不能完全撇开制造业，而是需要通过发展先进制造业来提升城市的核心竞争力。对厦门市来说，目前高新技术企业已成为经济高质量发展的主导力量。2018 年厦门市国家级高新技术企业突破 1626 家，占福建省高新技术企业数量的 42.79%[①]。2018 年厦门市规模以上高新技术产业增加值 1093.99 亿元，占全市规模以上工业增加值的 67.9%[②]。数字经济是中国经济发展的新动能，基于技术储备上的优势，厦门应进一步厚植创新基础：一是瞄准以数字经济为核心的、技术知识密集、高端人才聚集、占地少、低能耗、绿色环保、生长性好、关联性强、带动性大、附加值高的高端制造业，大力促进制造业向全球价值链的中高端发展；二是在高性能计算机与通信设备、高端装备制造、高智能工程机械等领域取得新突破，同时应加大在芯片、人工智能、无人机、机器人研发等领域的投入，争取在新一轮的制造业角逐中抢占竞争制高点和关键核心技术先机；三是以技术创新为引领，利用"互联网＋"推进传统制造业的信息

---

① 王东城. 1626 家我市国家级高新企业占全省近半 ［N］. 厦门晚报，2019 - 02 - 19.

②② 厦门市统计局. 2018 年厦门市规模以上工业保持高质量发展 ［EB/OL］. http://tjj. xm. gov. cn/tjzl/tjfx/201901/t20190130_2214148. htm.

化、智能化和服务化，加快培育和发展生产性服务业。高端制造业要与厦门的优势特点、产业布局、城市定位和高质量发展目标相匹配，不能盲目铺摊子，应坚持有所为有所不为，有选择性地发展，目的是较快地形成经济新动能，保持厦门中高速的持续发展。台湾的电子信息、高级材料、生物制药和精密机械等高科技产业在全球具有较强竞争力，尤其是电子信息产业形成全球最完整的产业链，产业聚集效应独领风骚。厦门应进一步优化营商环境，为台湾高素质人才和台湾中小科技型企业来厦创业提供平台，吸引更多的台湾高科技企业登陆厦门。

10. 大力发展民营经济和外资经济

民营经济和外资经济是中国经济的重要组成部分。厦门的民营经济是在改革开放的大潮中成长壮大的，但与其他地区相比，民营经济总体上还不够强大，尤其是没有培育出像阿里、华为、腾讯、百度、京东、蚂蚁金服、滴滴、小米这样的"独角兽"。厦门经济要搞活，对岛外形成辐射，在国际上有竞争力，既要靠国企，也要靠民企，必须充分发扬企业家的创新精神，让民企壮大起来，才能快速地把经济"蛋糕"做大。改革开放后，厦门特区充分利用国际市场资源，大力发展外向型经济，形成多层次、全方位的对外开放格局，外资、港澳台资经济获得了较快的发展。2018 年，厦门外商投资及港澳台商投资实现工业增加值 937.71 亿元，占全市规模以上工业增加值的 30.9%，同比增长 5.6%[②]。在改革开放 40 多年后的今天，厦门已成为海上丝绸之路的支点城市，要抓住发展契机，依托自贸区和"一带一路"建设，加快外向型经济的转型升级，努力打造更具吸引力的国际化营商环境，积极有效地利用外资，推动高端要素积聚，实现以高水平开放推动厦门经济高质量发展的目标。

新一轮的招商引资热潮，不能把注意力放在单纯追求数量即地区生产总值增速上，而应引入市场主体，培育市场主体，创造竞争中性的营商环境，实现市场主体的多元化、层次丰富，形成良性竞争的局面，特别是让民营、港澳台资和外资企业发展壮大起来，而不是让国企一股独大。民企、港澳台企、外企不仅是出口的主要力量，也是技术创新与商业模式创新的主力军，是经济活力的主要驱动力，对厦门发展国际航运中心、转口贸易等举足轻重。

以上十个方面的内容，是基于厦门的优势和特色、已有基础或巨大需求凝练出来的，从这些方面着手，做起来事半功倍，且迅速有效。如果十个方面能同时推进，其综合效果一定能够推动厦门持续稳定高质量发展。

四、突破"小岛"意识，增强厦门的辐射力

（一）突破"小岛"意识

1980 年 10 月厦门获批经济特区时，面积只有 2.5 平方千米，到 1984 年才扩大至全岛范围，从那时开始，特区优惠政策一直仅限于岛内，岛内岛外完全是两个世界。直到 2010 年厦门经济特区再次扩容，城市建设重心从岛内转向岛外，"一市两法"的局面才被打破。但由于历史惯性思维，厦门在实施经济社会发展战略时，不可避免地打上了"小岛"意识的烙印。跳出厦门岛谋发展，加快推进岛内岛外一体化，这个跨岛发展战略虽然是正确的，但仍未摆脱"小岛"意识。历史上厦门就是闽南的经济文化中心，在近现代历史发展过程中扮演了国际化的角色，这是它作为闽南和海西中心城市的优势所在，完全有能力充当本区域现代服务业的龙头，充分发挥辐射和服务功能。因此，厦门首先要把闽南金三角撑起来，其次引领带动闽西南协同发展区，最后逐步辐射到海峡西岸经济区其他地区、海峡对岸的台湾地区以及"一带一路"沿线的东南亚国家。"不谋全局者，不足以谋一域"，厦门要克服"小岛"意识，就要有观大势、谋全局的视野、理念和方法。同时，中国经济已进入一个新的高质量发展阶段，做大做强现代服务业，也是厦门面临的现实选择。

（二）推动厦漳泉同城化

基于厦漳泉区域一体化的视角，厦门应加强同泉州、漳州的联动，凸显中心城市的龙头作用，勇于担当，主动作为，提升辐射海西经济区、服务海西经济区的能力。现阶段，应重启同城化议程，通过政府推动和市场推动这"两个轮子"，加快三个城市的融合。在产业发展方面，要充分发挥市场机制在资源配置中的决定性作用，由市场机制去促进三个城市比较优势的分工，

实现优势互补，共赢发展。与此同时，积极探索区域一体化的体制机制，推动建设"大厦门市"。唯有如此，才能形成人才、资金、技术等的聚集效应，才能更好地发挥厦门经济的引领力和辐射力，同时也为闽西南的协同发展区的经济协作和山海协作①打下坚实的基础。

（三）建设两岸共同家园先行示范区

鉴于福建与台湾两地之间早已存在的深厚而特殊的历史渊源关系，厦门在推动两岸关系和平发展、推进祖国和平统一进程方面，有着不可替代的优势。厦门应立足于得天独厚的区位优势，致力于先行先试，加快促进两岸经济一体化，特别是厦台产业深度对接，包括对接台湾的先进制造业、现代服务业。通过高质量发展，建设"两岸共同家园先行示范区"。以先行示范区建设促进两岸同胞感情融和、心灵契合，以此增强对台吸引力，发挥对台的示范效应和灯塔作用，让厦门成为台湾年轻人来大陆创业、居住的首选城市，成为台胞台企登陆的第一家园。现阶段，厦门要加快与金门的融合。除了解决金门各方面的资源瓶颈，厦门还可以在港口、经贸、旅游、文化教育、医疗卫生、社会保障等方面加强与金门的合作。厦金两地携手共建共治共享，建设共同市场、共同家园，实现基本公共服务均等化、普惠化、便捷化，实现共同发展、共同繁荣。总体而言，厦门要利用一切有利的条件，加快海峡两岸经济、政治、法律、社会、历史、文化等各方面的有机融合，夯实和平统一的基础，为两岸融合发展探索新路，为实现祖国统一大业做出应有的贡献。

五、结语

改革开放40多年来，经济特区勇立时代潮头，充分发挥对全国改革开放和社会主义现代化建设的重要窗口和示范作用。当前，我国经济已由高速增长阶段转向高质量发展阶段，正处于攻关期，经济特区应努力成为展示新

---

①　山海协作指山区与沿海地区的协作。

时代全面深化改革开放成就的重要窗口，成为探索新时代全面深化改革开放路径的试验平台，成为发现新时代全面深化改革开放规律的开拓者，以及推动新时代全面深化改革开放进程的实干家。作为最早设立的经济特区之一，厦门要在这一重要的历史节点上，努力把握好新的战略定位，克服"小岛"意识，增强引领带动作用，实现高质量发展和赶超发展，为新一轮的全面改革开放再立新功。回顾经济特区的发展历程，厦门面临一些短板，同时也积累了自身的优势，所以应扬长避短，以发展现代化服务业作为主要目标，同时兼顾若干高附加值、以现代数字技术为支撑的高端制造业，成为具有国际竞争力的区域经济中心，让经济发展辐射到海西经济区、海峡对岸以及东南亚国家。

参考文献

［1］王宾，余晓洁. 国家卫计委：2030 年我国健康服务业规模将达 16 万亿元［N］. 经济参考报，2017－08－18.

［2］习近平. 决胜全面建成小康社会夺取新时代中国特色社会主义伟大胜利——在中国共产党第十九次全国代表大会上的报告［M］. 北京：人民出版社，2017：11.

［3］张俊祥，李振兴，田玲，等. 我国健康产业发展面临态势和需求分析［J］. 中国科技论坛，2011（2）：50－53.

［4］照宁. 夏先鹏等 4 位委员：支持厦门国际航运中心建设［N］. 人民政协报，2018－03－12.

后　记

本课题是洪永淼教授所主持的"中央高校基本科研业务费专项资金资助"项目（项目编号：20720191062）和教育部哲学社会科学发展报告资助项目（项目批准号：11JBGP006）——《海峡西岸经济区发展报告》2020年的阶段性成果。2012～2016年的阶段性成果——《海峡西岸经济区发展报告2012》《海峡西岸经济区发展报告2013》《海峡西岸经济区发展报告2014》《海峡西岸经济区发展报告2015》和《海峡西岸经济区发展报告2016》已由北京大学出版社出版，2017～2019年的阶段性成果——《海峡西岸经济区发展报告2017》《海峡西岸经济区发展报告2018》《海峡西岸经济区发展报告2019》已由经济科学出版社出版。

在研究过程中，本课题得到了厦门大学社科处的大力支持，王亚南经济研究院科研秘书许有淑，课题组秘书处秘书、研究助理张怡璇也为本课题付出了辛勤的汗水，在此一并致谢。

本课题的最后统稿工作由蔡伟毅、郑若娟完成。各章内容的撰写具体分工如下：

前言（蔡伟毅、郑若娟）

专题一　福建自贸区产业培育与升级研究（蔡伟毅、苏集贺）

专题二　基于自贸区对接视角的厦台跨境电商物流融合发展路径研究（郑鸣、张彦、彭钦、于欢、刘博、高之远）

专题三　福建省共建"一带一路"中的国际投资及风险防范（杨权、谭欣、刘大威、王子源）

专题四　数字普惠金融与福建县域经济发展（戴淑庚、谷亦清）

专题五　区域性股权市场的融资效率及其对策研究——以福建省为例（徐宝林、胡瑶、李常琳、黄勤翔、廖洪凯）

专题六　科技型中小企业新三板市场融资效率：基于福建省企业面板数据的实证（徐宝林、姬文哲、刘云星、吴悦）

专题七　在闽台资企业转型升级发展路径及支持体系研究（郑鸣、张彦、国晓菲、李思佳、信驰宇、高伟）

专题八　福建省中小企业高质量发展研究（任力、马欣）

专题九　应对疫情下的海西文化产业发展（林细细、施雯静、龚福孝）

专题十　厦门市建立企业类国有资产管理评价体系研究（刘晔、苏才立）

专题十一　推动厦门经济持续稳定高质量发展的战略思路（洪永森、张兴祥、黄秀惠、孙弘宇）

后记（郑若娟、蔡伟毅）

课题组主要成员（以英文姓氏为序）：

蔡伟毅：厦门大学经济学院金融系副教授，经济学博士，现任厦门大学经济学院工会主席

戴淑庚：厦门大学经济学院金融系教授，经济学博士、博士后，现任金融系国际金融教研室主任

洪永森：发展中国家科学院院士、世界计量经济学会会士、美国康奈尔大学经济学与国际研究讲席教授、厦门大学经济学院与王亚南经济研究院教授

林细细：厦门大学经济学院财政系副教授，经济学博士

刘晔：厦门大学经济学院财政系教授，经济学博士，现任厦门大学经济学院财政系副主任

任力：厦门大学经济学院经济系教授，经济学博士

徐宝林：厦门大学经济学院金融系助理教授，经济学博士

杨权：厦门大学经济学院国际经济与贸易系教授，经济学博士

张兴祥：厦门大学经济学院经济系教授，经济学博士，现任厦门大学劳动经济研究中心主任，《中国经济问题》常务副主编

郑鸣：厦门大学经济学院金融系教授、博导，现任中国金融学会理事

郑若娟：厦门大学经济学院经济系教授，经济学博士